경성대학교 한국한자연구소 HK+사업단 교양총서
동아시아 한자인문로드

한자의 역사

경성대학교 한국한자연구소 교양총서 **01**

강윤옥 김병기
김은희 류동춘
박흥수 심현주
윤창준 이강재
이경원 조정아
최남규

한자의 역사

한자문명연구사업단 엮음

동아시아 한자 인문로드

역락

서문

　　인간이 문명을 일구어 만물이 영장이 될 수 있었던 것은 말과 문자에 힘입은 바 큽니다. 특히 문자는 사람을 더욱 지혜로운 인간으로 만들었습니다.

　한자는 인류의 가장 중요한 문자의 하나입니다. 그래서 인류가 걸어온 길을 살피는데도 큰 도움이 됩니다. 게다가 우리와 중국, 일본, 베트남 등은 한자를 기반으로 문명을 일구어 온 민족입니다. 그래서 한자는 소위 한자문화권의 문명을 이해하는 출발점이자 해석하는 가장 중요한 도구이기도 합니다.

　한자를 기반으로 이룬 문명, 이를 "문자중심문명"이라 부릅니다. 이는 음가 중심의 알파벳으로 만들어진 문명이라는 뜻으로 서구가 "음성(로고스)중심문명"이라고 하는 것과 대칭되는 개념입니다. 문자중심문명은 글자 속에 의미를 담은 문자를 사용함으로써 음성중심문명과는 또 다른 방식의 문화적 전통을 만들었습니다.

　한자를 사용하면서 구축한 "문자중심문명", 바로 동아시아 각국이 이룩한 문명은 어떤 특징과 장단점을 갖고 있을까요? 한자의 근원과 의미 확장 과정, 그리고 한자어의 형성과 이동 및 변용, 이들 배후에 숨어 있는 문화적 특성은 이들 문명의 문명적, 사유적 특징을 밝히는 가장 직접적이고 구체적인 자료가 될 것입니다.

한자문화권 국가의 한자(어)의 비교 분석을 통해, 또 이들의 특징을 서구 문명과 비교하여 문자중심문명의 문명적 특징을 밝히고자 하는 것이 우리 인문한국플러스(HK+)사업단의 궁극적인 목표입니다. 이렇게 해석된 "문자중심문명"의 문명적 공통성과 개별 국가 간의 세밀한 차이점은 동아시아를 이해하는 데, 나아가 인류 문명을 해석하는 데 큰 힘이 될 것입니다.

『한자의 역사』는 이 거대한 출발의 시작점이 될 것입니다. 이 책은 한자가 갖는 문명사적 의미를 전문 학자 혹은 전공자들에게 한정하지 않고 우리 시민들에게 널리 알리기 위해, 우리 사업단에서 진행한 시민강좌의 결과물이기도 합니다.

너무나 감사하게도 국내의 저명 한자 학자들 모두가 기꺼이 이 일에 동참해주셨습니다. 한자가 갖는 문명사적 의의를 공유하자는, 학자들의 희생이라 할 만합니다. 감사합니다.

강윤옥 교수님 이하 11분의 글은 한자의 기원부터 응용과 미래까지를 다양한 시각에서 모두 아우르고 있습니다. 4차 산업혁명이 한창인 지금, 호모 사피엔스의 운명까지도 함께 논의되고 있는 지금, 인류를 지혜로운 존재로, 또 만물의 영장이 되게 했던 문자의 가장 중요한 한자의 역사와 미래를 체계적으로 살피는 것은 매우 의미 있는 일이라 생각합니다.

여러 선생님들의 고귀한 헌신이 한자의 역사를 통해 인류를 더 지혜롭게 하고, 우리의 미래를 내다볼 수 있게 하는 좋은 계기가 되기를 기원합니다.

2020년 4월
경성대학교 한국한자연구소 HK+한자문명사업단을 대표하여
하영삼 씁니다

차례

1. 한자의 기원과 갑골문

류동춘
(서강대학교)

1. 그림과 문자

　　　　　현재 언어학계의 일반적 견해는 문자는 언어보다 늦
게 출현하였다고 보는 것이다. 그런데 언어를 사용하기 전이나 사용하고
있을 때도 짐승과 마찬가지로 사람들의 의사소통에서 몸짓 같은 것이 큰
역할을 했었을 것이다. 오늘날처럼 언어와 문자가 널리 이용되는 시기에도
의사소통의 많은 부분은 표정을 포함한 다양한 몸짓을 통하여 이루어지는
것을 보아도 이러한 추정이 설득력이 있음을 알 수 있다. 그러나 인간 사회
의 발전에 따라 더 많아진 생각을 정밀하고 완정하게 표현하고자 하는 수
요를 몸짓만을 통해서 만족시키는 것은 한계가 있으므로 자연스레 언어가
발달하기 시작했다. 이 시기에 언어는 확실히 가장 편리한 소통의 수단이
었을 것이다. 그러나 인간 사회의 확장과 더불어 출현한 새로운 문물과 개
념 등을 나타내는 과정에서 언어의 불완정성도 드러나기 시작한다. 즉 언
어는 공유하던 동일 집단을 떠나면 소통이 되지 않고, 동일 집단 내에서도

시간과 공간적인 제약이 존재하는 것이다. 이러한 언어의 불완전성을 극복하는 과정에서 그림이 중요한 역할을 담당하게 되었다. 물론 언어 사용 이전에도 그림을 통하여 몸짓의 시간과 공간적 한계를 극복하였을 가능성도 있다. 그림으로 표현하는 소통의 방법에 대하여 이스트린(Istrin)은 "원시적 그림을 통해서 세상을 인식하고, 예술적 욕구를 채우거나 무술巫術 또는 제사祭祀의 목적을 달성할 뿐만 아니라, (부분적이지만) 교제와 사건기록의 목적- 즉 정보의 표현(구술의 보충으로서) 혹은 이런 정보의 보존(화자와 청자의 기억 속에 보존)할 때, 비로소 그림문자가 시작되었다고 볼 수 있을 것이다."(『文字的産生和發展』(B.A.伊斯特林[V.A.Istrin]저, 左少興역 北京大學出版社 1987: 57)라고 하였다. 그는 이 책에서 다른 목적으로 출발한 그림이 교제와 기록의 도구로 변화하는 과정을 설명하고 있다. 여기에서 말하는 그림문자는 현재의 엄격한 기준으로는 문자로 볼 수 없지만, 문자의 발생에 있어서 그림의 역할에 대하여 살펴볼 수 있는 좋은 견해라 할 것이다.

그런데 사회의 지속적인 발전에 따라 사람들이 소통해야 할 것도 이전 사회보다 더 복잡하고 많아졌다. 이 때문에 그림이나 그림문자도 이런 수요를 감당할 수 없게 되고 다시 언어를 분절적으로 표현하는 문자가 나타나게 된 것이다. 언어 자체도 근본적으로 시간적 공간적 제약이 있기 때문에 문자의 출현은 어쩌면 필연적이라고 할 수 있다. 언어의 제약을 극복하기 위한 수단은 돌과 같은 물건으로 대신하거나, 매듭을 묶거나, 표식을 칼로 새기거나 쓰는 등 여러 방식을 사용해봤지만, 결국 음성을 시각화한 문자만이 그 효율성 때문에 체계를 갖추며 독주하게 되었다.

이처럼 문자의 탄생에 있어서 시각화가 중요한 기제가 되므로, 문자의 판정에는 그림과의 차별성이 중요한 요건이 된다. 문자와 그림은 모두 언어의 시간적 공간적 제약을 극복하고 정보를 전달하지만, 그림과 다르게 문자는 음성언어의 요소와 대응된다. 대응하는 음성언어의 요소는 문자체계 별로 음소, 음절, 단어 등 각각 다를 수 있다. 반면 그림은 언어를 거치지 않고 생각을 그대로 표현한다. 즉, 그림은 사물을 모양대로 나타낸 것이며 그 자체로는 아무 것도 말하지 않고(말과 대응하지 않고) 단지 관념이나 생각만을 표현한 것이다. 그리고 현대의 기호처럼 양식화되지도 합의되지도 않아서, 보는 사람에 따라 다양한 해석이 가능하다. 반면에 문자는 구성원들이 공인하는 의미와 발음을 가지고 있으며, 언어의 순서(좌우상하의 방향은 자유롭다.)와 일치하는 순서로 배열이 된다.

다음 그림은 암각화(巖刻畫)와 갑골문(甲骨文)이다. 이 그림들을 통해서 그림과 문자는 어떻게 구분되는지 알아본다. 이미 문자로 인정받고 있는 갑골문의 거(車)자(그림2)와 아직 그림 단계로 보는 암각화에 출현하는 마차의 모습(그림 1)을 비교해보면 별 차이가 없음을 알수 있다. 그리고 그림1에서 갑골문에 있는 글자와 유사하게 표현된 사물이나 동물, 동작 등을 각각 하나씩 떼어내어 해당

【그림 1】 내몽고(內蒙古) 음산(陰山) 암각화
(蘇北海,『新疆岩畫』1994: 537, 新疆美術攝影出版社)

【그림 2】 갑골문 거(車)
(馬如森,『殷墟甲骨文實用字典』2008: 314, 上海大學出版社)

하는 갑골문과 비교해 보면 거의 차이점을 발견할 수 없을 정도이다. 수레 외에도 활을 쏘는 사람에서 활과 손 부분을 떼어내면 갑골문의 사(射)자(그림 3)와 완전히 같은 구조이다. 암각

【그림 3】 갑골문 사(射)
(李宗焜,『甲骨文字編』 2012: 951, 中華書局))

화는 사람의 전신과 손으로 활을 당기는 모습을 전체적으로 표현했다면, 갑골문의 射자는 사람의 전신은 생략하고 활과 이를 당기는 손 모양으로만 표현한 차이만 있다. 회화적인 입장에서 보면 전자의 모습이 보다 사실적이지만, 그림과 달리 문자체계 내에서는 실체를 과감하게 생략하여 단순화한 표현을 사용한 것이다. 또 활을 쏘는 사람 주위에 등장하는 산양의 경우는 갑골문에는 양의 머리를 단순화 시켜 표현해서 모습에 차이가 있지만 길게 말린 뿔을 특징적으로 묘사한 취지는 같다고 볼 수 있다. 갑골문에서 희생물로 자주 등장하는 羊은 문자로서의 실용성을 위하여 과감하게 몸통을 생략한 것이다. 그렇다면 수레를 나타낸 것이 하나는 문자이고 하나는 문자가 아닌 구별 기준은 무엇일까? 바로 우리가 앞에서 언급한 '문자는 언어의 기록이다.'라는 구절이 바로 기준이라 할 수 있다. 즉 갑골문의 車(거)자는 언어를 기록한 것이고, 암각화의 수레는 언어의 기록이 아니기 때문에 전자는 문자이고 후자는 문자가 아닌 것이다. 갑골문은 지금의 한자와 뚜렷한 계승관계를 보여주고 있으며, 청각적인 언어부호로 환원이 가능하다. 반면에 암각화는 사냥의 풍요를 기원하거나, 긴박한 사냥의 상황을 묘사한 것 같은 느낌을 받을 수 있지만, 모든 사람이 같은 언어부호로 환원할 수 없기 때문이다. 이런 이유로 한자의 대부분이 그림에서 변화했을 것

이라는 추정이 설득력을 가지지만 진정한 문자로서의 지위를 갖게 된 것은 그림과는 확연히 구분되는 지사자(指事字, 한자의 구성 원리인 육서(六書)의 하나로, 上(상)과 下(하)와 같이 추상적 부호로 개념을 표시하는 글자)나 가차자(假借字, 의미를 시각적 부호로 표현하기 어려운 경우 발음이 같거나 유사한 기존 문자의 모양을 빌려서 사용하는 글자)가 있고 나서이다. 여러 개의 부호가 출현하는데 그 속에 가차자나 지사자가 섞여 있으면 나머지 부호도 이미 문자로 쓰인 것이라 인정할 수 있기 때문이다.

다음에서는 그림과 문자의 중간단계로 볼 수 있는 문자화(文字畵, 그림의 형식을 통하여 의사를 전달하는 것)와 현대 사회에서 사용하는 기호가 문자와 어떻게 다른지 살펴본다.

1) 문자화

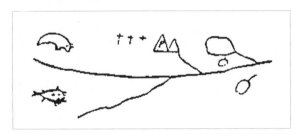

【그림 4】 오지브와족 인디안 연서
(黃建中·胡培俊, 『漢字學通論』 1990:45, 華中師範大學出版社)

위의 문자화는 남아메리카 오지브와(Ojibwa)족 인디안 여성의 연애편지이다. 나무껍질에 써서 연인에게 보낸 것인데, 왼쪽 위의 곰 토템 부족의 여성과 왼쪽 아래의 메기 토템 부족의 남성이 만나는 약속을 그린 것이다. 두 연인은 이 나무껍질 위에 그려진 편지의 내용을 잘 이해했기에 여성이 남성에게 건네주었을 것이다. 그러나 당시에도 문화를 공유하지 않는 사람이나 지금의 우리는 내용을 정확하게 파악하기 어렵다. 암각화의 표현 보다는 발전된 것임이 분명하지만, 이 문자화도 언어를 분절적으로 표기한 기록으로 볼 수 없다. 그러므로 당시의 같은 문화권의 사람들도 대체적 내용을 알겠지만 똑같은 언어로 재생할 수는 없었을 것이다.

현대에 와서도 문자와 유사하게 시각적으로 의미를 표현하는 방법으로 기호(記號)가 있다. 기호는 수신자와 발신자가 어떠한 개념의 표시인지를 아는 양식화된 체계를 가리키는데, 아래의 몇 가지처럼 기호 사이에도 약간씩의 차이가 존재한다.

2) 기호

위의 기호들 가운데 일부는 문화권이 다름에 따라 정확한 의미를 알 수 없거나 다르게 읽힐 수 있지만, 기본적으로는 대부분 내용을 짐작할 수 있다. 첫째 기호는 거의 그림과 같은 형태로 '날씨가 구름이 낀 다음에 해가 나온다'는 의미를 나타내고 있으며, 두 번째 표지는 한국에서는 횡단보도를 나타내는데, 한국 표지에 익숙하지 않은 사람들도 사람이 걸을 수 있다는 의미는 파악이 가능할 것이다. 셋째는 온천이나 샘물 표시 혹은 김이 나는 (뜨거운) 것 등을 나타낸다는 것을 알 수 있다. 넷째 것

은 당구장 표시, 중요하다는 표시 등등 쓰임에 따라 각기 다른 의미 부여가 가능할 것이다. 그 다음 두 개의 부호는 국제적 약속으로 남성과 여성을 상징하는 기호이다. 그러나 위의 부호들과는 다른 다른 특정 집단만이 공유하는 약속 부호도 있다. 예를 들면 한국에서 특정기업을 나타내는 로고는 외국인들이나 한국인들 가운데에도 접해보지 않은 사람은 이것이 무엇을 대표하는지 알 수 없는 것으로, 이것은 특정 집단만이 공유하는 약속 부호라 할 것이다. 결론적으로 말하자면 한국에서 특정기업이나 기관을 나타내는 로고 등은 외국인들이나 한국인들 가운데에도 접해보지 않은 사람은 알 수 없는 특정 집단만이 공유하는 약속 부호라 할 것이다. 결론적으로 말하자면, 기호가 어떤 측면에서는 문자보다 의미의 전달이 더 명확할 수도 있지만, 언어를 기록한 것이 아니라는 점에서 문자와는 구별되는 것이다.

2. 한자의 기원

어느 문자를 보더라도 문자가 처음 출현했을 때부터 언어를 완벽하게 기록할 수 있는 완전한 문자 체계를 갖추기까지는 상당히 긴 시간이 경과되었다. 그러므로 한자의 기원을 이야기할 때는 한자가 어떻게 그림에서 완전한 문자체계로 발전했는가와 한자라는 이 문자체계의 형성과정이 어느 시기에 시작되고 어느 시기에 완성되었는가라는 두 가지 측면을 살펴보아야 한다.

한자는 여타 문화권에서 언급하는 문자의 기원과 대체적으로 같은 경로

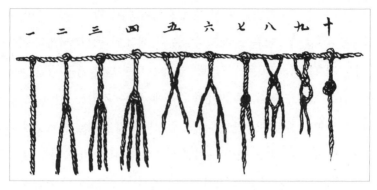

【그림 5】 결승
(牟作武, 『中國古文字的起源』 2000: 10, 上海人民出版社)

를 거쳐서 탄생했을 것이다. 다만 지역적 특수성에 따라 차이가 있을 수도 있다. 『역(易)·계사(繫辭)하(下)』를 보면 포희(包犧)씨가 처음에 팔괘(八卦)와 결승(結繩)을 만들어 의사소통을 했고, 후세의 성인이 서계(書契)로 대체했다는 기록이 있다.[01] 포희씨는 전설에 자주 등장하는 복희(伏犧)이다. 서계는 한(漢)대 말기 정현(鄭玄)의 주(注)에 의하면 문자가 쓰여진 나무로 만든 계약서를 가리킨다. 후에 이 단어는 왕왕 문자의 동의어로 사용된다. 동한(東漢) 시대 허신(許愼)은 『설문해자(說文解字)·서(叙)』에서 『역·계사하』의 내용을 고쳐서 "결승이치(結繩而治)"를 신농(神農)씨가 시행했고, 서계로 대체한 후세의 성인을 직접 황제(黃帝)의 사관(史官) 창힐(倉頡)이라 지칭했다. 그러나 『역·계사하』나 『설문해자·서』 모두 팔괘를 문자와 직접 연관시키지는 않았다. 도문(匋文)·갑골문(甲骨文)·금문(金文)의 자료를 보면 3개 혹은 6개의 수자조(數字組)로 구성된 부호(符號)가 자주 보이는데, 이것들은 역괘(易卦)의

---

01 『易·繫辭下』: "古者包犧氏之王天下也……始作八卦, 以通神明之德, 以類萬物之情, 作結繩而爲罔罟, 以佃以漁……", "上古結繩而治, 後世聖人易之以書契.

【그림 6】 팔괘

【그림 7】 섬서(陝西) M113호묘(——三號墓) 출토(出土) 동력(銅瓯) 명문(銘文)(허성도 외, 『중국어학개론』 2008: 32)

초기형태이다. 이후에 숫자 가운데 홀수가 양효(陽爻)로 변했고, 짝수가 음효(陰爻)로 변해서 주역의 음양효(陰陽爻)가 된 것이다. 이로 따져보면 음양효가 출현한 시기가 한자가 생겨난 시대에 비해서 한참 뒤라는 것이 분명하다. 그러므로 한자가 팔괘에서 비롯됐다는 설이 성립할 수 없는 것이다. 사실의 정확성 여부를 떠나 결승이나 팔괘 같은 생각을 고정해주는 보조적인 수단을 사용하다가 결국 언어를 기록하는 문자를 사용하게 된다고 보는 것이 합리적일 것이다. 계각(契刻)은 나무와 같은 재료에 간단하게 새기는 것을 가리킨다. 결승과 마찬가지로 기억을 돕는 보조 수단의 역할을 한다는 점은 분명하지만, 사람들의 의사소통의 도구로 볼 수는 없다.

  그럼 한자는 누가 만들었을까?『설문해자·서』에 언급한 것과 같이『세본(世本)』,『여씨춘추(呂氏春秋)』,『한비자(韓非子)』등 전국시기 말기의 문헌에서는 황제의 사관이었던 창힐(倉頡)이 짐승의 발자국을 본떠서 한자를 만들었다고 전해진다. 그러나 한 개인이 한자와 같은 방대한 규모의 문자 체계를 만든다는 것은 불가능하다. 물론 한글과 같이 정확한 의도를 가지고 기획된 문자가 있기는 하지만, 이런 문자들은 모두가 간단한 표음체계

【그림 8】 창힐상상도
(趙峰, 『漢字學槪論』 2009: 53, 廈門大學
出版社)

를 갖춘 문자들이다. 따라서 창힐이 한자를 만들었다는 설에 대하여 전국시대 말기의 『순자(荀子)』에서도 이미 부정적 의견을 피력하고 있다.[02] 이렇게 전해지는 말을 제외하고 보다 객관적으로 한자의 기원을 살펴볼 수 있는 방법은 없을까? 다행히 근대 이후로 고고학의 발달에 따라 중국 각지에서 새로운 자료들이 계속 발굴되었다. 이 자료들은 암각화, 청동기 족휘(青銅器 族徽), 도기부호(陶器符號) 등으로 현재까지는 한자의 기원을 밝히는데 가장 객관적 자료들이다. 지금으로서는 현재까지 발굴된 이런 고고학적 자료를 가지고 한자의 기원을 추정할 수밖에 없다.

암각화는 시베리아부터 중국의 영하(寧夏), 청해(青海), 내몽고(內蒙古), 서장(西藏), 광서(廣西) 등의 지역에 분포하는 바위나 동굴에 나타나는 그림으로 당시 사람들의 생각을 생생하게 읽을 수 있는 자료이다. 특히 앞에서 언급했듯이 내몽고 음산(陰山) 암각화 속의 마차 모습, 활 쏘는 사람 모습 등은 하나씩 떼어 놓고 보면 갑골문의 해당 글자와 차이가 많지 않다는 것을 알 수 있다. 그렇지만 이 암각화가 담고 있는 내용을 해독하면, 문자의 기록과는 달리 다양한 말로 표현될 수 있다. 비록 그 말이 표현하고자 하는 대략적인 의미는 같더라도 같은 언어표현으로 환원되지 않는 것이다. 그러므로 우리는 이것을 아직 그림이라고 부를 수밖에 없다. 우리는 다만 암각화 속에서 그림으로 생각을 표현하고, 또 그 표현 방법이 발전해가는 것을

02 　허성도 외, 『중국어학개론』(2008: 34-35), KNOU PRESS.

확인할 수 있으며 이는 한자가 탄생할 여건이 성숙되어가는 과정이라 할 수 있는 것이다. (앞 절의 내몽고(內蒙古) 음산(陰山) 암각화(2~3000년 전)참조)

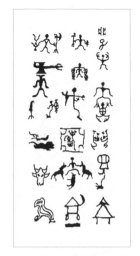

【그림 9】청동기 족휘
(張玉金·夏中華, 『漢字學槪論』 2001: 65, 廣西敎育出版社)

암각화와 마찬가지로 생각을 직접적으로 표현한 것으로 상(商)대 말부터 서주(西周)시기의 청동기에 종족을 나타내기 위하여 기물의 일정한 부위에 문양을 새겨놓은 족휘(族徽)가 있다. 이런 족휘들도 그림을 통하여 자기 종족의 정체성을 나타내는 역할을 한다. 그림을 통하여 전달하고자 하는 의미는 대략적으로 파악이 가능하지만, 누구나 같은 음성언어로 읽었다는 증거를 찾을 수 없다.

암각화와 족휘는 모두 그림을 통하여 생각을 나타내는 방식을 사용하고 있다. 즉 당시 사람들이 생각을 시각화하는 방식을 사용할 수 있다는 것을 알려준다. 위에서 언급한대로 이것들을 문자로 볼 수는 없지만, 이것들을 통해서 문자적 표현 방법은 이미 사용되고 있었다는 것을 확인할 수 있다.

1950년 이래로 꾸준히 발굴되고 있는 도기(陶器)에 새겨진 부호들도 한자의 기원에 관한 정보를 제공하고 있다. [그림10, 그림11, 그림12] 이 부호들을 일반적으로 도기부호라 부르는데, 모두 도기의 일정 부위에 의도적으로 새긴 것들이다. 도기 부호는 앙소(仰韶)나 임동(臨潼) 부호처럼 기하학적 문양과 산동(山東) 대문구(大汶口) 부호처럼 그림형태에 가까운 부호로 나눌 수 있다. 이 도기부호들도 갑골문과 비교해보면 형태가 일치하거나 거의 비

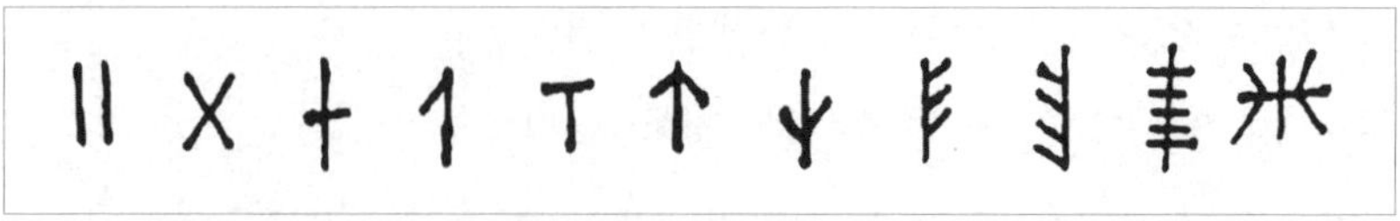

【그림 10】 BC 4000-4770 앙소(仰韶) 서안(西安) 반파(半坡) 도부(『서안반파(西安半坡)』1963: 197, 문물출판사(文物出版社))

【그림 11】 BC 4000-4500 임동(臨潼) 강채(姜寨) 도부
(李大遂, 『簡明實用漢字學』 2003: 20, 北京大學出版社)

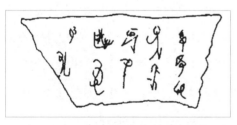

【그림 12】 BC 2800-3500 산동(山東) 대문구(大汶口) 도부
(裘錫圭, 『文字學槪要』 2013: 25, 商務印書館)

【그림 13】 BC2200 산동 추평(鄒平) 정공촌(丁公村) 용산문화 말기
의 회도(灰陶)
(張玉金·夏中華, 『漢字學槪論』 2001: 69, 廣西敎育出版社)

슷한 모양을 가진 것도 있지만, 암각화와 마찬가지로 음성언어를 기록한 증거를 찾을 수가 없기 때문에 문자로 볼 수 없다. 한편 산동 정공촌(丁公村)에서 발굴된 회도(灰陶)에 보이는 일련의 부호들은 언어를 기록한 것과 같은 순서로 배열되어 있지만 갑골문과 같은 한자체계내의 고문자들과 연계성이 전혀 보이지 않아서 이전에는 위작으로 보는 견해가 지배적이었다. 하지만 후에 중국 곳곳에서 유사한 형태의 부호들이 계속해서 발견되어, 현재는 한자체계 이외의 다른 계열의 문자로 보는 견해도 있다.

1) 한자체계 형성과정의 추정

문자가 만들어지기 전에 사람들은 이미 그림이나 각종 부호를 사용하여 일을 기록했다. 문자는 사회가 발전하며 일이 복잡해짐에 따라 사람들이 언어를 기록하여 정보를 저장하고 전달할 필요성을 느끼기 전까지는 출현할 수 없다. 약속한 부호를 사용하여 언어를 기록하는 것만이 문자출현의 정확한 표지이다. 가장 먼저 생겨난 문자는 일반적으로 상형자(그림처럼 사물의 모양을 그대로 표현한 글자)일 것이라 생각한다. 그러나 실제로는 앞에서 언급한 것처럼 그림과 상형자는 구분하기가 쉽지 않기 때문에 문자로서의 필요성은 그리 크지 않았을 것이다. 사람들이 문자로 표현할 필요성을 절실하게 느낀 것은 아무래도 상형의 방법으로 표현하기 힘든 숫자나 허사 그리고 사물의 속성을 표시하는 단어 등이었을 것이다. 일(一), 이(二), 삼(三) 같은 숫자는 단순한 도형의 형태로 계각에서 이미 사용하던 방법이다. 상징적인 표현법을 이용한 것으로 대(大)자가 있는데, 성인이 두 팔을 벌리고 서있는 모습으로 '크다'는 의미를 표현하였다. 이 글자는 외형상으로는 여전히 그림과 구분되지 않지만, 근본적으로 그림과는 상당한 차이가 있다. 그림으로 큰 사슴을 표현할 때는 사슴을 크게 그리면 되지만, 문자로 표현할 때는 대(大)자와 록(鹿)자를 연결하여, 대록(大鹿)이라고 기록한다. 이런 방법은 외형상으로는 사슴을 그린 모습이라는 점에서 큰 차이가 없지만, 본질적으로 그림과는 상당히 다른 표현방법이다. 그림으로 보면 사람과 사슴이 되는 것이고, 문자로 읽으면 큰 사슴인 것이다. 그러므로 록(鹿)과 같은 구체적인 상형부호는 대(大)와 같이 그림과 명확히 구분되는 문자가 생긴 다음에 자신도 비로소 그림과 구분되기 시작하여 진정한 문자가 되었을 것이다.

글자의 모습이 의미와 관련이 있지만, 발음과는 관계가 없는 글자를 우리는 표의자(表意字)라 한다. 그리고 글자의 모습이 의미와 아무런 관련이 없는 고문자에서의 X(五)·∧(六)·┼(七) 같은 글자를 기호자(記號字)라 부르는데, 이런 글자는 완전히 약속에 의한 것이기 때문에 익히기도 기억하기도 힘들다. 그런데 표의자로 표현하기도 어렵고, 또 기억하기 어려운 기호자를 무한정 만들 수도 없기 때문에, 사람들이 생각해낸 방법이 있는데 바로 표음(表音)이다. 이 방법은 기존의 글자를 발음부호로 활용하는 것인데, 이 글자로 언어 속에 이미 존재하는 같은 음 혹은 비슷한 음을 기록하는 것이다. 이 방법을 통해서 표의의 방법으로 표현할 수 없는 언어들도 문자로 기록할 수 있게 되었다. 이렇게 사용되는 글자들을 가차자(假借字)라 부른다. 이렇게만 보면, 표의자가 생겨난 다음에 가차의 방법이 생겼을 것이라고 생각하기 쉬우나, 표의의 방법과 가차의 방법은 거의 동시에 생겨난 것이다. 문자로서의 체계를 갖추려면 가차까지도 사용되어야 표의자도 문자로 인정되기 때문이다. 가차방법의 보급은 문자의 언어기록 기능을 대폭 강화시켰다. 그러나 가차자가 많아지면서 새로운 문제가 생겼다. 즉 한 글자가 여러 의미를 나타낼 수 있기 때문에 혼동하기 쉽게 되어서 글을 읽을 때 글자의 정확한 의미를 파악하기 어려운 경우가 많이 생긴 것이다. 그래서 이런 문제를 해결하기 위해서, 가차자에 표의자나 표의부호를 덧붙여 글자의 의미를 구분해 주었다. 예를 들면 은허갑골문에서, '날개'를 나타내는 翼(익)의 상형자는 ⺆인데, 가차해서 '내일'을 나타내는 翊(익)이라는 의미를 나타내기도 하였다. 후에 '날개'의 뜻인지 '내일'의 뜻인지를 구분해 주기 위해 '내일'의 뜻에는 일(日)자를 보태서 ⺆으로 썼다. 이런 과정을 거쳐 최종적으로 만들어진 표음 부호와 표의 부호로 구성된 글자가 바로 형성자(形聲字)이다. 위의 경우와 반대로 표의자에 소리를 나타내는 요소를 보태어 형성자를 만들기도 하였다. 🦅은 봉황의 모습을 그린 상형자로 봉(鳳)자이다. 이 봉자에 소리를 나타내는 📗(凡)자를 보태어 형성자 🦅을 만들었다. 이렇게 형성자는 이미 있는 문자에 글자의 뜻을 나타내는 형부(의부, 표의부호)나 발음을 나타내는 성부(음부, 표음부호)를 덧붙여 만든 것이다. 형성자의 발명을 통해서 한자의 언어 표기성이 강화되어, 한자는 비로소 중국어를 완벽하게 기록할 수 있는 문자체계가 되었다.

현재까지의 자료로는 한자의 정확한 생성 시기는 밝히기 힘들지만 위에서 언급한 도문, 갑골문, 금문 등의 시각화 표현 수준을 통해서 대략적인 시대를 추정할 수 있다. 고고학 발굴자료에 근거하여 학자들은 한자가 대략 BC2800년 이전 신석기시대 농업이 발달한 이후에 황하유역의 대평원 지역에서 시작되었을 것이라고 추정한다. 상대 후기의 갑골문을 보면 대략 이런 견해가 사실과 그리 어긋나지 않음을 확인할 수 있다. 상대 후기의 갑골문에서 일부 글자들은 그림 같은 사실적 표현을 고집하지 않고 서사의 편의를 위해서 자형의 방향을 바꾸었다. 예를 들면 🐕(犬)자·🐖(豕)자 등은 네 다리가 땅을 향하지 않고 사람처럼 두발로 서있다. 이는 이 갑골문이 초기의 그림 같은 글자형태에서 이미 많이 변화했음을 알려준다. 그러나 한편으로는 아직도 원시문자의 흔적을 간직한 면도 있다. 즉 언어 환경에 따라 자형을 바꾸는 표의자들이 그 예이다. 예를 들면 뢰(牢)자는 희생으로 쓰는 동물에 따라, 각각 ∩(宀) 속의 동물이 우시양(牛豕羊)으로 바뀌어 🐂·🐷·🐑로 썼다. 이런 현상들로 보아 상대 후기는 한자가 완전한 문자체계를 갖춘 지 그리 오래되지 않은 시기일 것으로 추정할 수 있는 것이다.

3. 갑골문

갑골문이란 명칭은 구갑수골문자(龜甲獸骨文字)를 줄여서 부른 것으로 기원전(前)1200년~기원전(前)1045년 은대[殷代, BC14경에 상(商)나라 왕인 반경(盤庚)이 쇠락하는 왕조의 면모를 일신하기 위하여 도읍을 은(殷)지역으로 옮겼는데 역사책에서는 이 시기 이후의 상(商)나라를 은(殷)이라 부른다] 상왕(商王)과 정인(貞人, 점복을 시행하는 사람)이 갑골로 점(占)을 친 후에 점에 관한 내용[복사(卜辭)]과 점과 관련 없는 일부 내용[기사각사(記事刻辭)]을 갑골 위에 새기거나 써놓은 문자이다. 갑골은 1899년 처음 발견되어 지금까지 대략 십만여 조각이 출토되거나 수집되었는데, 지금까지 단자(單字) 약 5000자(字)가 발견되었고 이중에 해석이 가능한 글자는 대략 1500자(字) 정도이다. 갑골은 대부분 소뼈와 거북 껍질에 새겨진 것이지만, 사슴이나 코끼리 등 다른 짐승과 심지어 사람의 뼈에 새겨진 것도 발견되었다. 그리고 갑골은 은나라의 옛 도읍 유적지인 하남성(河南省) 안양(安陽)시 은허(殷墟)[36.04 ; 114.2]에서 주로 발굴되어 은허문자라고 불리기도 하였는데, 50년대 이후 산서성(山西省), 북경시(北京市)와 섬서성(陝西省) 등지에서 은허의 갑골과는 다른 형식의 갑골이 발견되고, 1977년과 1979년에는 섬서성에서 300여 편의 서주 갑골 발견되는 등 은허 이외의 지역에서도 갑골이 발견되어 지금은 가장 일반적인 명칭인 갑골문이라 부르는 것이다.

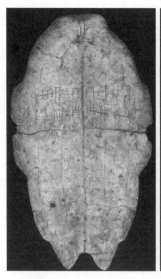 

【그림 14】乙 867 복갑(腹甲)
(李宗焜,『當甲骨遇上考古-導覽YH127號』 2006: 43, 中
央研究院歷史語言研究所)

【그림 15】乙778 붓의 흔적
(李宗焜,『當甲骨遇上考古-導覽YH127號』 2006: 43, 中央研究院歷史語言
研究所)

1) 문자 체계와 형체 구조상 특징

갑골문 가운데 수량이 가장 많고 중요한 것은 역시 은
허의 갑골인데, 이것은 은대 후기의 몇몇 왕조에서 사용한 것이다. 이 은허
갑골문은 이미 형성자가 22% 가량 차지하고 실제로 가차의 방법을 많이
사용하여 기록을 하고 있는 완벽한 문자체계를 갖추고 있지만, 앞에서 언
급한 것처럼 원시문자의 흔적 또한 적지 않게 포함하고 있다. 다음은 갑골
문에 보이는 다양한 특징이다.

(1) 은허 갑골문은 이미 후대의 자전(字典)류에서 말하고 있는 육서(六書)
의 방법이 모두 사용된 완벽한 문자체계이다. 다음은 갑골문에 보이는 육

서에 해당하는 글자의 예이다.

상형 象形: 🐘(象) 코끼리의 긴 코를 특징적으로 표현하였다.

지사 指事: 二·ᅳ(上) 중심선을 기준으로 짧은 획을 위에 넣어
위쪽을 표시하였다.

회의 會意: 🐄·🐂(牧) 🐂(牛) 또는 🐑(羊)과 🖐(攴)으로 이루어졌
다. 손으로 막대를 잡고 소나 양을 치는 뜻을 나타낸다.

형성 形聲: 🌟(星) 하늘의 많은 별들을 표현한 모양과 발음을
표시하는 生을 결합하였다.

전주 轉注: 👴(老)·👴(考) 모두 나이든
사람을 가리키는 말로 서
로 바꿔 쓸 수 있다.

가차 假借: 🧺(其) 원래는 곡식에서 돌
을 고르는 키의 모습을 그
대로 그린 것인데, '그'라
는 뜻의 지시사(指示詞)로
빌려쓰인다. (류동춘 『아시
아 아홉 문자 이야기』 2012:
195, 한림출판사)

【그림 16】합(合)14294 우견갑골(牛肩
甲骨)

(2) 갑골문은 문자 체계가 갖추어진 지 오래되지 않은 흔적도 많이 보이
는데, 한자의 형체 구조가 아직 완전히 정형화되지 않은 것이다. 아래 그림
의 정(鼎)자는 한 글자가 여러 가지 자형을 사용하고 있다.

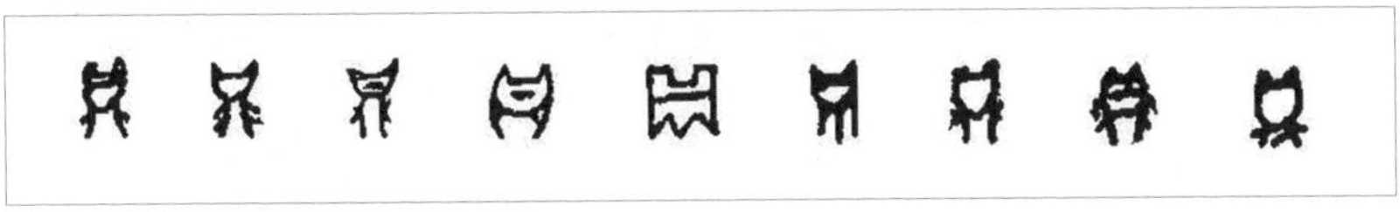

【그림 17】 갑골문 정(鼎)자의 다양한 글자체(허성도 외, 『중국어학개론』, 2008: 55)

또 令자는 명령을 내리는 입과 그 아래 명령을 듣는 꿇어앉은 사람의 모습인데, 꿇어앉은 사람의 방향이 좌우의 구분 없이 ✦, ✦으로 썼으며, 해 아래 여러 사람이 일하는 모습을 그린 衆자도 아래의 사람이 ✦ ✦처럼 둘 또는 셋이 될 수 있다.

(3) 갑골에서는 둘 이상의 글자를 한 글자 공간에 쓰는 합문(合文)이 보이는데, 두 글자를 함께 쓴 것으로 ✦(十月)·✦(祖丁)·✦(十牢)·✦(報丙) 등이 있고, 세 글자를 함께 쓴 것으로 ✦(十三月)·✦(七十人)·✦(四祖丁) 등이 있는데 이런 것들은 대부분 수량사나 조상의 이름 등인데, 한 글자가 하나의 공간을 차지하는 서사의 형식이 아직 완전히 확립되지 않고 그림의 성격이 남아 있는 흔적이라 할 수 있다.

(4) 갑골문에는 하나의 자형으로 서로 다른 글자를 나타내는 이자동형(異字同形) 현상이 보인다. 예를 들면 자손(子孫)을 나타내는 子(자)자와 지지(地支)를 나타내는 巳(사)자를 모두 ✦로 쓰고; '정벌하다'는 의미의 正(정, 征의 본래 글자)자와 다리를 나타내는 疋(족)자를 모두 ✦으로 쓰는데, 이런 글자들은 문맥에 따라 구분하는 수밖에 없다.

(5) 대부분의 갑골은 딱딱한 뼈에 새긴 글자로서 필획이 가늘고 긴 형태

를 가지고 있다. 이는 이후의 금문이나 전서 등과는 다른 풍격이다.

2) 복사의 형식

갑골문의 대부분을 차지하는 복사는 기본적으로 네 부분으로 구성되었다. 점을 치는 시기와 주관하는 정인을 나타내는 부분, 점복의 주요 내용, 점복 시행 후에 갈라진 모양을 보고 점괘에 대해 내린 판정, 판정 이후에 실제 결과를 기록한 것이다. 이 네 부분은 순서에 따라 전사(前辭), 명사(命辭), 점사(固辭), 험사(驗辭)라 부른다. 이 밖에 점복의 내용과는 관계없이 복사의 주변에 점복의 순서나 주변적 상황을 기록한 것이 있는데 조측각사(兆側刻辭)라 한다. 한 편의 완정한 복사는 네 가지 부분을 모두 가지고 있지만, 반복해서 점복을 행하는 복사의 성격상 대부분은 네 부분을 모두 기록하지 않고 한 두 부분 심지어 세 부분을 다 생략하는 경우가 많다.

(1) 전사(前辭) 명사(命辭) 점사(固辭) 험사(驗辭)

甲辰卜, 洹貞: 今三月光呼來.

王固曰:其呼來, 乞至唯乙.

旬有二日乙卯允有來自光, 以羌芻五十

〈합(合)〉94

갑진(甲辰)일에 점을 쳐 원(洹)이 묻
는다: "삼월에 광(光)을 불러온다."
왕(王)이 판단 내려 말하길: 불러

【그림 18】〈합(合)〉94

올 것이다. 을(乙)이 들어간 날까지. 12일째 되는 을묘(乙卯)일에
과연 광(光)에서 와서 강(羌)족 추(芻)노 50명을 바쳤다.

네 부분을 다 갖추고 있는 복사이다. 우선 전사 부분을 보면, 갑진은 점
복을 행하는 날짜를 나타내고, 복(卜)은 '점치다'는 뜻의 동사로 쓰였다. 원
(洹)은 점복을 주관하는 사람인 정인(貞人)의 이름이다. 정인의 이름은 대개
종족명 혹은 출신 지역명을 사용한다. 여기에서 정(貞)은 '묻다'는 동사 의
미로 쓰였다.

명사 부분에서 금삼월은 시간을 나타내는 시간사로 금(今)은 '현재'라는 의
미이다. 광(光)은 종족명 혹은 방국명으로 여기에서는 호래(呼來)의 목적어로
서 전치되었다. 명사의 성격이 의문문이냐 평서문이냐에 대해서는 아직도
논란이 그치지 않고 있다. 본문에서는 잠정적으로 평서문으로 번역하였다.

점사 부분을 나타내는 표지는 '왕점왈(王固曰)'이다. 여기의 점(固)은 점
복을 행한 후에 갑골에 생기는 균열을 보고 왕이 판단을 내린다는 뜻이다.
왈(曰)은 입에서 소리가 나오는 모양을 본떠서 '말하다'는 뜻으로 쓰였다.
기(其)는 '미래'나 '추측'의 어기를 나타내는 성분으로 조동사의 성질에 가
까운 것이다. (『갑골문에 보이는 '기(其)'의 용법과 어법화 과정』 참조) 호래(呼
來)라는 동사의 앞에 쓰여서 '불러 올 것이다'라는 의미를 나타낸다. '걸지
유을(乞至唯乙)'은 시간을 나타내는 구절로 걸(乞)과 지(至)는 모두 '이르다'
는 뜻으로 을(乙)이 들어간 날까지라는 시한을 나타낸다. 즉 앞 구절의 광
(光)을 불러올 시한을 판단하는 것이다. 유(唯)는 주로 초점을 나타내는 표
지로 쓰인다.

험사 부분은 판단의 결과를 기록하는 것인데, 먼저 시간을 나타내는 '순

유이일을묘(旬有二日乙卯)'에서 순(旬)은 열흘을 나타내고, 유(有)는 우(又)와 같이 쓰였다. 즉 점을 친 갑진일로부터 12일째인 을묘일을 가리킨다. 그리고 '윤유래자광(允有來自光)'의 윤(允)은 험사에 자주 등장하는 관용어 인데, 판단을 내린 대로 결과가 나왔다는 것을 나타내는 '과연'의 뜻이다. 자(自)는 시간이나 장소의 기점을 표시하는 전치사로서 이 구절은 과연 광(光)으로부터 온 것이 있다는 것이다. '이강추오십(以羌芻五十)'에서 이(以)는 사람이 물건을 들고 있는 모양으로 '바치다'는 뜻의 동사로 쓰였다. '강추(羌芻)'는 강족으로서 꼴을 베는 노예를 가리키고, '오십(五十)'은 노예의 수량을 나타낸다. 갑골에서 수사는 명사의 앞이나 뒤에 모두 올 수 있다.

(2) 전사(前辭) 명사(命辭) 험사(驗辭)

丙寅卜, [㱿貞: 翌丁]⁰³卯帝不[令]雨. 允▨⁰⁴

병인(丙寅)일에 점쳐 각(㱿)이 묻는다: 내일 정묘(丁卯)일에 상제
께서 비를 내리게 하지 않는다. 과연 --

丁卯卜, 㱿貞: 翌戊辰帝不令雨. 戊辰
允陰.
⟨합(合)⟩14153정(正)
정묘(丁卯)일에 점쳐 각(㱿)이 묻
는다: 내일 무진(戊辰)일에 상제

【그림 19】 ⟨합(合)⟩14153正

---

03 [ ]속의 글자는 문맥에 따라 추정하여 넣은 것임.

04 ▨은 복사의 뒷부분이 끊겼음을 나타냄.

께서 비를 내리게 하지 않는다. 무진(戊辰)일에 과연 흐렸다.

점사가 없이 전사, 명사, 험사만 보이는 복사이다. 날씨를 물어보는 내용인데, 점사가 보이지 않는 것은 아마도 다른 복사에서 이미 판단을 내린 점사가 있었을 것이고, 반복적으로 묻는 복사의 특성상 이 복사들에서는 점사를 생략했을 가능성이 높다. 여기에서 익(翌)은 새의 날개 모양인데 내일을 나타내는 시간사로 가차하여 쓰였고, 후에 날개 羽(우, 翼자의 고자)와 구분하기 위하여 일(日)을 보태서 새로운 翌자를 만들었다. 이런 과정을 거쳐서 가차자는 성부(聲符)에 의미를 나타내는 형부(符形, 의부)가 더해져 형성자로 변화하는 것이다. 갑골문의 제(帝)는 모든 자연현상과 인간사를 주재하는 상제를 가리키는 단어이다.

3) 명사(命辭)의 세분

때로 명사가 단순한 문장이 아니라, 여러 문장이 포함된 긴 형태로 나타나는 경우도 있는데, 아래의 예문처럼 그 성격에 따라 시간배경문, 주체동작문, 길흉문(혹은 개체변화문)세 개의 부분으로 나눌 수 있다.(張玉金, 『甲骨金文中'其'字意義的硏究』 2001: 14)

其侑父己, 叀莫酒, 王受祐

〈합(合)〉27396

【그림 20】
〈합(合)〉27396

부기(父己)에게 유(侑)제를 지낼 때, 술을 바치지 않으면, 왕이 (하늘의) 도움을 받는다.

위의 복사에서 '기유부기(其侑父己)'는 시간배경문으로 점복을 행하는 전체적 시간 배경을 나타낸다. '혜막주(叀莫酒)'는 주체동작문인데 주어가 행하는 구체적 행위를 나타낸다. 혜(叀)는 唯와 마찬가지로 초점표지로 쓰였다. '왕수우(王受祐)'는 길흉문으로서 점복에서 최종적으로 알아보려는 내용이다. 길흉문은 때로 '方其殺我史〈합(合)〉6771: 방이 우리 사를 죽인다.' 같은 객체변화문으로도 나타난다.

4) 명사(命辭)의 점복(占卜) 유형

명사는 또 그 묻는 형식에 따라 다음의 몇 가지 유형으로 나눌 수 있다.

(1) 선정(選貞)

명사에서 여러 가지 경우를 일일이 제시하고, 이 가운데 하나를 선택하게되는 점복을 가리킨다. 아래의 복사는 그 예이다.

【그림 21】〈합(合)〉12870A

【그림 22】〈합(合)〉12870B

癸卯卜, 今日雨	계묘(癸卯)일에 점친다:
	오늘 비가 온다.
其自西來雨	서쪽에서부터 비가 올 것이다.

| 其自東來雨 | 동쪽에서부터 비가 올 것이다. |
| 其自北來雨 | 북쪽에서부터 비가 올 것이다. |

〈합(合)〉12870

위의 복사는 비가 오는데 어느 방향에서 오는 지를 점치는 내용이다.

(2) 정반대정(正反對貞)

복사 속 두 개의 명사가 긍정과 부정으로 서로 대구를 이루는 점복이다.

辛酉卜, 殼貞: 今者王比望乘伐下危, 受有又.

【그림 23】〈합(合)〉6482正

신유일에 점쳐 각이 묻는다: 지금 왕께서 망승과 함께 하위를 정
벌한다. (하늘의)도움을 받는다.

辛酉卜, 殼貞: 今者王勿比望乘伐下危, 弗其受有又.〈합(合)〉6482正
신유일에 점쳐 각이 묻는다: 지금 왕께서 망승과 함께 하위를 정
벌하지 않는다. (하늘의)도움을 받지 못한다.

위의 두 구절은 하나의 복갑(腹甲, 거북이 배껍질)에 천리로(千里路, 복갑의
좌우를 나누는 중심선)를 중심으로 좌우에 새겨진 복사이다. 우측 복사는 명
사에 부정사 없이 긍정형 문장을 사용했고, 좌측 복사는 명사 속 두 문장에
각각 부정사를 하나씩 사용하여 부정형 문장을 구성하였다.

5) 점복(占卜) 내용

문헌의 기록을 보면 상나라 사람들은 점치는 것을 숭
상하였다고 하는데, 실제 출토된 갑골문들을 보면 기록대로 여러 가지 내
용을 점쳤음을 알 수 있다. 아래는 『갑골문합집(甲骨文合集)』의 분류 항목
인데, 이 항목들만 보아도 복사에서 담고 있는 내용의 다양함을 확인할 수
있다.

> 노동계층(勞動階層)과 평민(平民), 왕실귀족(王室貴族), 관리(官
> 吏), 군대(軍隊)·형벌(刑罰)·감옥(監獄), 전쟁(戰爭), 방역(方域), 공
> 납(貢納), 농업(農業), 어렵(漁獵)·축목(畜牧), 수공업(手工業), 상업
> (商業)·교통(交通), 천문(天文)·역법(曆法), 기상(氣象), 건축(建築),
> 질병(疾病), 생육(生育), 귀신숭배(鬼神崇拜), 제사(祭祀), 길흉몽환
> (吉兇夢幻), 복법(卜法), 문자(文字) 등 21가지 주제

6) 갑골문에 보이는
인칭대명사의 수(數)와 격(格)체계

1인칭대명사	我 ŋa	余(予)ʎia	朕 dʼïəm
2인칭대명사	爾(尔)ŋïa	汝 ŋia	乃 nə

갑골문에 보이는 인칭 대명사는 현대 중국어와 다르게 수와 격에 따라 상보적으로 쓰였다. 즉 1인칭 대명사는 아(我)는 복수로 쓰이고, 여(余)와 짐(朕)은 단수로 쓰이는데 짐(朕)은 소유격에, 여(余)는 주격과 목적격에 쓰인다. 2인칭 대명사의 경우에도 이(爾)는 복수로 쓰이고, 여(汝)와 내(乃)가 단수로 쓰이는데 내(乃)는 소유격에 여(汝)는 주격과 목적격으로 엄격하게 그 쓰임이 나뉘어 있다. 이러한 갑골문 속 인칭대명사의 특징은 이 시기 중국어가 굴절성을 가지고 있는 증거의 하나로 볼 수 있다. (백은희, 〈상주시기 인칭대명사 용법의 변이양상과 유형학적 의미〉, 『중국문학』 제64집 2010: 268 참조)

7) 하나의 자형으로 상반된 의미를 나타낸다

갑골문은 모양으로 의미를 나타내는 대표적 형의문자(形義文字)이다. 그런데 어떤 동작을 모양으로 나타내려면 정지된 화면으로 표현할 수 밖에 없기 때문에 동작의 방향성을 구별해줄 수 없다. 따라서 수(受)와 란(亂)자 같은 경우, '주다'와 '받다'라는 동작과 '어지럽게 엉키다'와 '(엉킨 것을) 풀다'라는 행위를 동시에 담고 있을 수밖에 없다.

庚申卜, 貞我受黍年. 三月
〈합(合)〉10024정(正)

경신(庚申)일에 점쳐 묻는
다: 우리가 기장의 풍년을
맞는다.
삼월이다.

【그림 24】〈합(合)〉10024정(正)

이 복사에 보이는 수(受)는 배와 그 위와 아래의 손으로 구성된 글자인데, 배 위에서 주고받는 교역의 장면을 통해서 '주다'와 '받다'는 의미를 모두 나타낸다. 후에 이 글자는 의미의 혼동을 피하기 위하여 원래 자형인 수(受)는 '받다'는 의미로만 쓰고, 손을 나타내는 수(扌)를 보태어 만든 수(授)로 '주다'는 의미를 나타내게 되었다.

란(亂)자는 방직기에 엉켜있는 실을 위아래의 손으로 풀려는 모습을 그린 것이다. 또 엉킨 실을 풀기위해 이용하는 꼬챙이 같은 도구를 옆에 더 그려 넣었다. 따라서 이 글자는 '엉키다'는 뜻과 엉킨 것을 '풀다'는 두 가지 뜻을 다 나타낼 수 있는 것이다. 이렇게 한 글자가 상반된 의미를 모두 나타내는 것은 그림에서 출발한 한자가 가지고 있는 특성인데, 후대의 학자들은 이를 반의상훈(反意相訓)이라는 용어로 풀이 하였다.

8) 글자를 통해서 의식의 변화를 볼 수 있다.

갑골문을 통해서 우리는 중국 고대 사회에 대한 인식의 폭을 확장할 수 있다. 아래의 재(災)자와 빈(賓)자의 갑골문과 후대 문자들과의 비교를 통해서 우리는 재앙과 손님에 대한 고대인들의 인식의 변화를 확인할 수 있다.

갑골문에서 재앙을 나타내는 글자는 집에서의 화재와 하천의 범람 등으로 나누어 표현하였는데, 전국시대에는 수재와 화재를 모두 합한 재(災)자로 표현하였음을 알 수 있다. 이후 설문해자에서는 주로 화(火)자가 들어간 재(灾)자와 과(戈), 재(才), 화(火)를 합한 글자로 표현하고 있다. 즉 灾는 집과 불, 烖는 창과 불(才는 발음을 나타낸다), 災는 물(홍수)과 불을 구성요소로 하여 재앙의 주요한 원인이 어떻게 변화했는지를 이 자형들을 통해서 엿볼 수 있는 것이다.

빈(賓)자는 갑골문에서는 입구를 나타내는 구(口)와 발을 나타내는 지(止)로 주거지 입구로 사람이 찾아오는 것을 표현했다. 그런데 주대 금문에 와서는 집으로 온 사람과 그 아래에 화폐를 나타내는 패(貝)자가 추가되어 남의 집을 방문할 때 선물을 가져가는 예절을 반영하였다. 주대에 예악이 정비되어 가고 있음을 이 문자를 통하여 추정할 수 있다.

9) 어순

갑골문의 어순은 선진 한문이나 현대 중국어와 마찬가지로 '주어(S)+동사(V)+목적어(O)'를 기본으로 한다. 다만 선진 한문이나 현대 중국어는 최대 두 개의 목적어를 가질 수 있는데, 갑골문은 세 개의 목적어까지 가질 수 있다는 점이 다르다. 아래는 하나의 목적어를 가지는 문장과 세 개의 목적을 가지는 문장의 예이다.

SVO

貞: 我其喪衆人 〈합(合)〉50正

묻는다: 우리가 중인(衆人)을 잃는다.

己巳卜, 貞: 余受年. 〈합(合)〉 21747

기사(己巳)일에 점쳐 묻는다: 내가 풍년을 맞는다.

첫째 복사에서는 아(我)가 주어, 상(喪)이 동사, 중인(衆人)이 목적어이다. 둘째 복사에서는 여(余)가 주어, 수(受)가 동사, 년(年)이 목적어이다.

(S)+V+O_1+O_2+O_3

癸酉卜: 其禱田父甲一牛 〈합(合)〉28276

계유(癸酉)일에 점친다: 사냥을 위해 부갑(父甲)에게 소 한 마리로 도(禱)제를 지낸다.

이 복사는 목적어를 세 개 갖고 있는데, '田'이 원인목적어, '부갑(父甲)'이 제사대상목적어, '일우(一牛)'가 희생물목적어이다.

한편 갑골문에는 일반적 SVO어순과 다른 어순도 적지 않게 보인다. 아래는 각각 선진 한문이나 현대 중국어와는 다른 어순의 예이다.

주어후치(主語後置):

戊申卜, 貞: 受年王.(正) 貞: 呼婦井黍, 受年□／(反)〈영(英)〉810

무신(戊申)일에 점쳐 묻는다: 왕께서 풍년을 맞는다[正面, 갑골편의 앞면] 묻는다: 부정(婦井)을 시켜 기장을 심는다. ▨가 풍년을 맞는다.[反面, 갑골편의 뒷면]

일반적인 어순은 '왕수년(王受年)'인데 주어인 王이 목적어 뒤에 위치했다.

빈어전치(賓語前置):

王勿唯沚戛比伐巴方, 帝不我其受佑〈합(合)〉6473정(正)

왕께서 지알(沚戛)과 함께 파방(巴方)을 치지 않는다. 상제가 우리에게 도움을 주지 않는다.

王穽麋／貞: 其麋穽〈합(合)〉10361

왕께서 고라니를 함정으로 잡다./ 묻는다: 고라니를 함정으로 잡다.

두 복사 모두 목적어가 동사 앞에 놓였다. 앞의 복사의 경우 일반적 어순은 '비지알벌파방(比沚戛伐巴方)'인데 지알(沚戛)과 비(比)의 순서가 바뀌었다. 복사에서는 대개 부정문에서 초점표지 '물유(勿唯)'를 써서 빈어를 전치시키는 예가 많이 보인다. 이 복사의 뒷 구절에서도 수(受)의 목적어 아(我)가 동사 앞에 놓였는데, 선진시기 문장에서도 부정문에서 대명사 빈어가 동사 앞으로 가는 것과 같은 현상이다. 뒤의 복사에서는 앞 구절에서는 목적어 미(黻)가 동사 정(鼎)의 뒤에 왔지만, 뒷 구절에서는 정(鼎)의 앞에 위치한다. 이 복사에서 전치된 목적어 앞에 '기(其)'가 왔는데, 이 '기(其)'를 목적어를 전치시키는 초점표지로 보기도 한다.

시간사후치(時間詞後置):
癸亥貞: 酒彡翌甲子.〈합(合)〉34506
계해(癸亥)일에 묻는다: 다음 갑자(甲子)일에 주(酒)제와 융(彡)제를
지내다.

일반적으로 문장의 앞에 오는 시간사인 '익갑자(翌甲子)'가 문장의 뒤에 위치한다.

2. 금문에
대하여

최남규
(전북대학교)

1. 금문의 명칭과 청동기

금문(金文)이란 주로 은상(殷商)·양주(兩周)시기와 진한(秦漢)시기의 청동기 위에 새겨진 문자를 가리킨다. 금속을 총칭하여 '금(金)'이라 한다. 청동기(靑銅器)는 그 용도에 따라 크게 예기(禮器) 즉 제기(祭器)와 악기(樂器)로 나눌 수 있다. 정(鼎)이 예기(禮器)를 대표할 수 있고, 종(鐘)이 악기를 대표할 수 있다. 따라서 금문은 종정문(鐘鼎文)이라고도 하며, 관지(款識)를 추가하여 종정관지문자(鐘鼎款識文字)라고도 한다. '款(새긴 글자 관, kuǎn)'이란 양각이나 혹은 기물의 내부에 새겨진 문자를 말하고, 識(표할 지, zhì)는 음각이나 혹은 외부에 새겨진 문자를 말한다.

청동기는 주로 제사를 지낼 때 종묘(宗廟)에서 사용하는 기물이다. 따라서 청동기를 이기(彝器)라고도 칭한다. '彝(술병 이, yí)'는 종묘에서 사용하는 제기(祭器)의 총칭이다. 그래서 금문을 이기문자(彝器文字) 혹은 이기관지(彝器款識)라고 부르기도 한다.

금석(金石)에 새겨진 문자를 '銘(새길 명, míng)'이라 한다. 그래서 청동기 명문(靑銅器銘文)이라 부르며, 명문(銘文) 중에 "賜吉金."[01] 혹은 "擇其吉金."[02]라는 구절이 보이기 때문에 길금문자(吉金文字)라고도 한다. '길금(吉金)' 중의 '길(吉)'은 '상스럽다'와 '결실하다'나 '견고하다'의 의미이다. '길금'이란 '견고하고 질 좋은'이라는 뜻이다.

'길금문자(吉金文字)'를 줄여서 '금문(金文)'이라하고, '금문'이 가장 일반적인 명칭으로 쓰인다.

2. 청동기의 종류

청동기의 종류는 매우 다양하다. 아래에서는 청동기를 식기(食器)·주기(酒器)·수기(水器)·악기(樂器)·병기(兵器)와 생산용구(生産用具) 등으로 나누어 간략하게 살펴보기로 한다.

1) 식기(食器)

식기로는 음식물을 만들 때 사용하는 팽기(烹器) 즉 정(鼎)·역(鬲)·언(甗)·대(敦) 등과 음식물을 담는 것은 궤(簋)·두(豆)·보(簠)·수

---

01 《鮮鐘》: "王易(賜)鮮吉金.(왕은 선鮮에게 질 좋은 청동을 하사하다.)"

02 《繼書缶》: "敦(擇)其吉金.(질 좋은 청동을 선택하다.)"

동아시아 한자인문로드 한자의 역사

(盨) 등이 있다.

'鼎(솥 정, dǐng)'은 아랫배가 원형이고 다리가 세 개이며 귀가 두개인 것이 많고, 상대적으로 다리가 네 개이고 네모난 형태 즉 사족방정(四足方鼎)이 비교적 적다. 정은 원래 종묘의 제사 용기로 사용되었지만, 상주(商周) 시기에는 이미 식기로 사용되었을 뿐만 아니라, 왕과 나라의 권위를 상징하는 상징물로 궁전의 중요한 위치에 놓았다. 상나라 때의 《사모무방정(司母戊方鼎)》은 무게가 무려 875 kg이나 되는 점을 미루어 볼 때, 정이 권력이나 왕권을 상징한다는 의미를 짐작케 한다. 정은 또한 천자자리를 이어받는 상징이 되기도 했다. 중국어로 '문정(問鼎)'이란 '남의 제위나 권력을 노리다', 즉 '찬권(簒勸)할 야심이 있다'는 뜻으로 쓰인다. 강대해진 초(楚)나라가 주(周)의 국경에서 주 왕실에 놓여있는 청의 크기와 무게를 묻는데서 유래한 말이다.[03]

'甗(시루 언, yǎn)'은 아래는 물을 끓이는 솥 즉 '鬲(솥 력, lì)'이고, 위 부분은 '甑(시루 증, zèng)' 즉 삶을 물건을 넣는 부분으로 되어있는 시루다. 역(鬲)과 증(甑) 두 분을 분리할 수 있는 것도 있다. 《부호삼련언(婦好三連甗)》은 역(鬲)이 하나로 연결되어 있고, 증(甑) 부분이 세 개로 되어 있어 서로 분리할 수 있다.

'역(鬲)'은 정과 유사하나, 일반적으로 입이 크고 세 개의 둥근 엉덩이 다

---

03 《左傳·宣公三年》: "定王使王孫滿勞楚子, 楚子問鼎之大小輕重焉……桀有昏德, 鼎遷于商, 載祀六百. 商紂暴虐, 鼎遷於周.(주나라 천자인 정왕(定王)이 왕손 만(滿)으로 하여금 초나라 군주를 위로케 하니, 초나라 군주는 왕손 만에게 천자를 상징하는 정의 크기와 무게를 물었다.……하나라 걸왕(桀王)이 악독하자, 정은 상나라로 넘어가 육백년이 지났다. 그러다가 주나라 주왕(紂王) 포학하여 정은 주나라로 넘어가게 되었다.)"

리와 혹은 두개의 귀가 달려 있다. '역'은 '정'과 흡사하기 때문에 '역'과 '정'을 혼용하기도 한다. 예를 들어, 《공길력(公姞鬲)》을 《공길정(公姞鼎)》이 라고도 한다.

'敦(제기 대, duì)'는 덮개와 몸통이 둥글고, 다리는 정보다는 상대적으로 짧다. 대(敦)는 '簋(제기 궤, guǐ)'의 일종이나, 궤보다는 둥근 형태를 후에 따 로 분리하여 대(敦)라 한다. '대'와 '궤'의 명칭은 상호 혼용하여 쓰는 경우 가 많다. 예를 들어, 《대궤(大簋)》를 《주대중대(周大中敦)》라기도 한다.

《망백항력(望伯亙鬲)》(서주시기)

《공길력公姞鬲(공길정公姞鼎)》(서
주중기)

《대궤大簋(주대중대周大中敦)》(서주중기)

'궤(簋)'자를 '궤(殷)'·'궤(軌)'·'궤(匭)'나 '궤(櫃, 朹)'로 쓰기도 한다. 정(鼎) 과 함께 귀족의 지위 등급을 표시하는 예기(禮器)이다. 제기를 사용할 때 천자는 구정(九鼎)과 팔궤(八簋)를, 제후는 칠정(七鼎)과 육궤(六簋)를, 경 대부(卿大夫)는 오정(五鼎)과 사궤(四簋)를, 원사(元士)는 삼정(三鼎)과 이이 궤(二簋)를 사용했다. 궤는 일반적으로 서직(黍稷)을 담았다. 《설문해자(說 文解字)》에서는 '궤(簋)'자에 대하여 "서직을 담는 네모 형 용기"이며, "'궤

(匭)'나 '궤(朹)'자로 쓰기도 한다"라고 하였다.[04] '궤'의 모양은 매우 다양하나, 일반적으로 크게 두 종류로 나눌 수 있다. 첫째는 초기에 보이는 주로 보이는 형태로, 입이 크고 배는 원형이며 손잡이나 혹은 귀가 있고 다리는 둥근 원형이나 혹은 그 밑에 둥글거나 네모난 좌대가 있다. 예를 들어《이궤(利簋)》·《의후측궤(宜侯夨簋)》등이 있다. 둘째는 첫 번째 형태에 세 개의 짐승무늬 다리가 달려 있는 형태다. 예를 들어《반궤(班簋)》등이 있다.

《이궤(利簋)》(서주초기)　　　《의후측궤(宜侯夨簋)》(서주초기)　　　《반궤(班簋)》(서주초기)

　'豆(제기 두, dòu)는 고기나 채소 요리를 담는 용기로, 아래 부분이 긴 형태이다. 기물의 형태도 '豆'자와 유사하다. 예를 들어,《주생두(周生豆)》가 있다.
　'簠(제기 이름 보, fǔ)'는 일종의 밥을 담는 용기로 몸이 길고 불룩한 형태이고, 짧은 다리와 양 옆에 귀가 있다. '보(甫)'·'보(固)'나 '포(鋪)' 등으로 쓰기도 한다. 예를 들어,《백공보궤(伯公父簠)》가 있다. 이외에도 '盨(그릇 수, xù)'가 있다. '수(盨)'는 '구수(裏數)'라고도 하며, 일반적으로 서직이나 쌀로 지은 밥을 담는 제기 중의 하나다. 둥근 몸통과 짧은 다리와 앞 옆으로 손

04　《說文解字》: "黍稷方器也. 从竹·从皿·从皀. 匭, 古文簋, 从匚, 飢. 匦, 古文簋或从軌. 朹, 亦古文簋."

잡이가 달려 있다. 예를 들어,《노사도백오수(魯司徒伯吳盨)》가 있다.

《주생두(周生豆)》(서주말기)

《백공보궤(伯公父簠)》(서주말기)

《魯司徒伯吳盨》(서주중기)

2) 주기(酒器)

주기로는 작(爵)·각(角)·가(斝)·고(觚)·시굉(兕觥)·준
(罇, 尊, 樽)·유(卣)·화(盉)·방이(方彝) 등과 물도 같이 담을 수 있는 뇌(罍)와
호(壺) 등이 있다.

'爵(잔 작, jué)'은 다리가 셋이고, 앞부분에 술을 따르는 곳이 있으며, 뒤에
는 뾰족하고 긴 꼬리가 있다. 또 윗부분에 하나 혹은 두 개의 주(柱)가 있고,
옆에는 손으로 움켜 쥘 수 있는 손잡이가 있다. 예를 들어,《장작(牆爵)》이
있다.

'斝(술잔 가, jiǎ)'는 작(爵)과 비슷하나 좀 크고, 배 모양이 역(鬲)과 유사하
다. 예를 들어,《자어가(子漁斝)》가 있다. '觚(술잔 고, gū)'는 높이가 높고, 위
가 넓고 아래가 좁은 술잔이다.

'尊(술잔 준, zūn)'자는 금문에서 주로 '준(罇)'자로 쓴다. '준'은 주기(酒
器)의 총칭으로 쓰이기도 한다. 일반적으로 입이 크고, 방형(方形)과 원형
(圓形)이 있는데, 서주(西周) 이후에는 원형이 많다. 예를 들어,《이준(彝

동아시아 한자인문로드 한자의 역사

尊)》이 있다.

'盉(조미할 화, hé)'는 주둥이가 있는 술잔이다. 예를 들어, 《백헌화(伯憲盉)》(서주초기)가 있다.

《장작(牆爵)》(서주중기)

《자어가(子魚斝)》(상대말기)

《이준(盉尊)》(서중중기)

《백헌화(伯憲盉)》(서주초기)

《공구고(斝姤觚)》(상대말기)

3) 수기(水器)

물을 담는 수기(水器)는 반(盤)·이(匜)·감(鑑)·부(缶)·부(瓿)와 분(盆) 등이 있다.

'盤(소반 반, pán)'은 얼굴을 씻을 때 사용하는 소반이다. 예를 들어, 《산씨반(散氏盤)》이 있다. '匜(주전자 이, yí)'는 손을 씻을 때 물을 따르는 용기이다. 예를 들어, 《이왈이(夷曰匜)》가 있다.

'鑑(동이 감, jiàn)'은 큰 동이이다. 《설문해자(說文解字)》는 '감(鑑)'자를 "큰 물동이이다."라 하였다.[05] '감(鑑)'자는 원래 '監(볼 감, jiàn)'자에서 파생된 문자로, 거울이 없었을 때 동경(銅鏡) 같은 기능을 할 수 있다. 목욕을 할 때도 사용했던 용기다. '缶(장군 부, fǒu)'는 술을 담는 때 준부(尊缶)와 물을 담는 때 욕부(浴缶)로 사용된다. 준부(尊缶)는 《난서부(欒書缶)》가 있고, 욕부(浴缶)는 《붕부(倗缶)》가 있다.

《산씨반(散氏盤)》(서주말기)

《오왕부차감(吳王夫差鑑)》(춘추말기)

《이왈이(夷曰匜)》(서주초기)

《난서부欒書缶》(춘추)

《붕부倗缶》(춘추말기)

---

05 《說文解字》: "鑑, 大盆也."

'瓿(단지 부, bù)'자는 '瓮(독 옹, wèng)' 혹은 '甂(자배기 변, biān)'이라고도 한다. 《설문해자》에서는 '부(瓿)'자에 대하여 "'부(瓿)'는 '편(甂)이다."라 설명하고, '편(甂)'자에 대해서는 "작은 항아리로 입 모양은 넓고 아래로 쭉 내려온 형태로 음식을 담는 용기이다."[06]라 하였다. 따라서 '부(瓿)'는 '옹(瓮)'이나 '편(甂)'과 크기에서 차이가 있는 것으로 보이나, 사실상 그것보다는 방언으로 인하여 다양한 명칭이 생겨난 것이 아닌가 한다.

이외에도 '斗(말 두, dǒu)'가 있다. 술이나 물을 푸는데 사용하는 용기다. 두(斗)는 용량을 측정하는 용기(容器)와 구별하기 위하여 '두(枓)'로 쓰기도 한다.

4) 악기(樂器)

청동기 중 악기는 종(鐘)·요(鐃)·정(鉦)·박(鎛)·탁(鐸)·영(鈴)·고(鼓)·순우(錞于, 錞釪) 등이 있다.

'鐃(징 뇨, náo)'는 집종(執鐘)이라고도 하며, '鉦(징 정, zhēng)'이나 '鈴(방울 령, líng)'과는 모양이 비슷하나, 영(鈴)보다는 크고 정(鉦)보다는 작다. '鐸(방울 탁, duó)'은 '용(鐃)'보다 작은 타악기이다.

'고(鼓)'와 '순우(錞于)'는 고대 타악기 중의 하나로, 이 두 악기는 같이 합주한 것으로 보인다.

'鎛(종 박, bó́)'은 유종(紐鐘)과 형태가 유사하나, 형체가 특별히 크다. '박(鎛)'자를 '박(鑮)'으로 쓰기도 한다. 《설문해자》는 "박(鑮)은 큰 종으로 순

---

06 《說文解字》: "瓿, 甂也." "甂, 似小瓿, 大口而卑, 用食."

우(淳于)의 일종이다. 이 악기는 종경(鐘磬)과 같이 합주되는 악기이다."[07]라 하였다. 예를 들어,《극박(克鎛)》이 있다.

《극박(克鎛)》(서주말기)　　《성주왕령(成周王鈴)》(서주말기)　　《호뉴순우(虎鈕錞于)》(춘추)

5) 병기(兵器)

병기(兵器)는 과(戈)·모(矛)·극(戟)·월(鉞)·도(刀)·검(劍)·촉(鏃)과 주(冑) 등이 있다.

6) 생산공구(生産工具)

생산공구(生産工具)는 일상생활에서 사용하는 청동기 기물로 경(鏡)·대구(帶鉤)·잔등(盞燈)·산(대패 산, chǎn)이나 錛(자귀 분, bēn) 등이 있다.

위와 같은 분류는 일반적인 특징에 따른 것이다. 같은 용기라고 해도 술

07　《説文解字》: "鎛, 大鐘, 淳于之屬, 所以應鐘磬也."

을 담는 그릇으로 쓰면 주기(酒器)이고 물을 담는 용기면 수기(水器)가 될 수 있다. 칼 또한 요리를 할 때 사용하면 일상용구이지만, 사람을 해치는 무기로도 사용될 수 있다.

상나라 시기에는 주기(酒器)가 가장 많고, 다음은 식기(食器)와 수기(水器) 순이며, 악기는 매우 적게 보인다. 주기 중에는 '고(觚)'와 '작(爵)'이 가장 많다. 주나라 시기에는 식기가 주를 이루며, 주기가 그 다음으로 많다. 그 중에서도 정(鼎)·궤(簋)·반(盤)·이(匜)와 호(壺)가 가장 많이 보인다.

아래 그림은 서주 시기의 주요 기물들을 시기적으로 살펴볼 수 있게 나열한 것이다.[08]

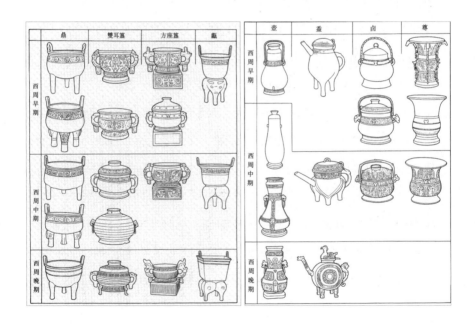

---

08   吳鎭烽, 《中國靑銅器全集5》, 18-19 쪽 참고.

3. 금문의 내용

1) 상나라 시기

상나라 전기(前期)의 청동기에는 거의 명문이 새겨져 있지 않고, 말기에 이르러 점점 많아지고는 있으나, 그 숫자는 주나라와는 비할 바가 못 된다.

상나라 시기의 명문은 내용상으로 크게 두 가지로 나눌 수 있다. 첫째는 전명(專名) 명문이고, 두 번째는 기사(記事) 명문이다.

'전명(專名)' 명문은 부족의 명칭이나 기물 소유자의 이름을 표시하거나 혹은 제사를 지내는 대상 등을 표기한다. 부족이나 기물 소유자의 명칭은 '우(牛)'·'호(虎)'·'어(魚)'·'양(羊)'·'녹(鹿)' 등과 같은 토템을 표시하거나, 혹은 '￼'·'￼'·'￼' 등과 같이 특수한 물건이나 행위동작들을 표현하는 명문으로 표시하는 경우이고, '부호(婦好)' 등과 같이 이름을 쓰는 경우도 있다. 제사자(祭祀者)를 기록하는 경우로는, 《조제부과(祖諸父戈)》와 같이 '祖日乙'·'大父日癸'·'中父日癸'·'父日癸'·'父日辛'·'父日己' 등을 기록하거나, 《사무무정(司母戊鼎)》과 같이 제사를 지내는 대상인 '사모무(司母戊)'를 표시하는 경우가 있다. 이러한 명문들은 다른 명문에 비하여 매우 단순한 형태를 취하여, 표지를 나타내거나 혹은 어떤 일을 기념하기 위한 주조한 경우가 대부분이다. 이러한 초기 전명(專名) 명문은 그 형식이 점점 복잡해져 몇 가지 내용들을 동시에 종합적으로 표시하는 경우도 있다. 예를 들어 '자기

동아시아 한자인문로드 한자의 역사

부을(子旣父乙)'⁰⁹이나 '도부신(叔父辛)'¹⁰ 중의 앞 내용은 기물 주인이나 씨족 이름이고, 뒤 부분은 제사를 지내는 선조를 가리킨다.

기사(記事) 명문으로는, 제을(帝乙)이나 제신(帝辛) 시기에서 주로 보이며, 40여 자가 되는 긴 명문도 있다. 내용은 기물을 제작하게 된 이유와 시간, 제사나 상사(賞賜)에 대한 내용들을 기록하고 있다. 예를 들어,《수사자정(戍嗣子鼎)》에서는 "병오(丙午) 일에 왕이 수관(戍官) 사(嗣)에게 조개 화폐 20 묶음을 난(闌) 지방의 종묘에서 하사하다."¹¹라 하였고,《사사필기유(四祀切其卣)》에서는 "을사(乙巳) 일에 상나라 왕 재신(帝辛)은 '문무 제을(帝乙)에게 술과 안주를 바치는 의제(宜祭)를 거행하여라.'라고 했다. 제사는 소대정(召大庭)에서 거행하였는데, 이 날은 선왕 태을(太乙)에게 익제(翌祭)를 올리는 날이기도 한다."¹² 등이 있다. 이외에도《소신유서준(小臣兪犀尊)》"때는 왕이 인방(人方)을 정벌하고 돌아오는 시기."¹³ 구절과 같이 정벌한 내용을 기록하고 있는 경우도 있다. 그러나 상대 시기의 명문은 서주에 비하여 기사(記事) 내용이 다양하지 않다.

---

09 《子갯 父乙卣》: "자기(子旣)가 부친 을(乙)에게 제사드릴 때 사용하는 술통 유(卣)를 만들다." '갯'자는 '기(旣)'나 '시(繺)'자 등으로 예정하는 등 의견이 다양하다. 본문에서는 잠시 '기(旣)'자로 해석하기도 한다.

10 《叔父辛尊》: "도(叔) 씨족이 부친 신(辛)에게 제사하기 만든 기물이다." '도(叔)'자는 의미부가 '우(又)'이고 소리부가 '도(刀)'가 아닌가 한다.

11 《戍嗣子鼎(戍嘼鼎)》: "丙午, 王商(賞)戍嘼(嗣)貝卄朋, 才(在)斎(闌)宇(宗)."

12 《四祀切其卣》: "乙子(巳), 王曰: 障(尊)文武帝乙宜. 才黽(召)大廂(庭). 僑(遘)乙羽(翌)日."

13 《小臣艅犧尊(小臣兪犀尊)》: "隹(唯)王來正(征)人方."

2) 서주 시기

　　서주(西周) 시기의 금문은 분량이나 내용 체제 등 각 방면에 있어 최고의 극성기라 할 수 있다. 《하존(何尊)》은 12줄 119자, 《대우정(大盂鼎)》은 19줄 291자, 《대극정(大克鼎)》은 28줄 290자, 《산씨반(散氏盤)》은 19줄 305자이고, 《홀정(曶鼎)》은 24줄 380자, 《모공정(毛公鼎)》은 32줄 479자 등과 같이 서주 명문은 그 분량이 긴 것들이 많다. 《모공정(毛公鼎)》은 479자로 현재 발견된 명문 중 가장 글자가 많다. 서주 명문은 대략적으로 아래의 내용들을 포함하고 있다.[14]

(1) 송조(頌祖)

　‘송조(頌祖)’란 조상을 가공송덕(歌功頌德)함을 말한다. 《사장반(史牆盤)》은 선조들을 찬양하는 전형적인 명문 중의 하나이다. 전반부에서는 먼저 선왕(先王)인 문왕(文王)·무왕(武王)·성왕(成王)·강왕(康王)·소왕(昭王)과 목왕(穆王) 등 일곱 명의 제왕이 이룩한 위대한 업적을 찬양하고, 후반부에서는 사장(史牆) 자신의 사대(四代) 선조인 고조(高祖)·을조(乙祖)·조신(祖辛)과 문고을공(文考乙公)의 업적을 찬양하였다. 이외에도 《대극정(大克鼎)》은 선부극(膳夫克)의 조부祖父인 사화보(師華父)를 찬양하였다.

14　명문은 여러 내용을 동시에 포함하는 경우가 대부분이다. 주요 내용에 따라 그 내용을 살펴보기로 한다.

　　　　　　　　　　　동아시아 한자인문로드 한자의 역사

(2) 제사(祭祀)

신이나 조상에게 지내는 제사는 주(周) 나라 사람들에게는 중요한 일 중의 하나였으며, 국가의 안녕이 개인의 생존과 밀접한 관계가 있다고 믿었기 때문에, 제사와 관련된 명문이 상당히 많다. 예를 들어,《아방정(我方鼎)》은 어제(禦祭)와 약제(礿祭) 등의 제사를 지내며, 제사를 마친 후에 제육과 조개를 하사품으로 받았다는 내용을 기록하고 있다.

(3) 봉분(封分)

《좌전(左傳)·정공4년(定公四年)》에 주 나라의 성왕(成王)이 강숙(康叔)을 제후로 봉하면서 "주서(周書) 강고(康誥)로써 훈계하고 은허의 제후로 봉한다."[15]라는 내용이 있다. 금문 중에는 이와 같은 봉분(封分)에 관한 내용들이 상당히 많다.《의후측궤(宜侯矢簋)》는 강왕(康王)이 우후(虞侯)인 측(矢)에게 "너에게 의(宜) 지방의 제후로 봉함과 동시에 너에게 담가놓은 술과 이를 퍼 낼 수 있는 것으로 상나라에서 획득한 제기(祭器)를 하사한다)"라 하였다.[16]《의후측궤》에는 의후에게 하사한 물품·병사·하인들의 숫자에 관하여 상세하게 기록하고 있다.

---

15 《左傳·定公四年》: "命以康誥而封于殷墟."
16 《宜侯矢簋》: "医(侯)于宜, 易(賜)鬯圖一卣."

(4) 정벌(征伐)

《묵자(墨子)·노문편(魯問篇)》에 "이웃 나라를 침범하고, 인민들을 살해한 일을 종정(鐘鼎)에 기록하여 후세 자손들에 전해준다."[17]라는 기록들이 있 듯이, 고대사회에서는 전쟁은 매우 빈번하게 발생했을 뿐만 아니라, 또한 매우 중대한 일 중의 하나였다. '정벌(征伐)'을 기록한 명문은 전쟁이 일어 난 장소, 시간, 전적(戰績) 등의 내용을 상당히 상세하게 기록하였다.

1976년에 섬서성(陝西省)에서 발견된 《이궤(利簋)》는 무왕이 상나라를 정벌하였으며, 주왕(紂王)을 정벌한 날이 갑자(甲子) 일 임을 "무왕이 상나 라를 정벌하고, 이 때는 갑자 일로 세성(歲星)이 마침 출현한 시기다. 전쟁 에서 혼주(昏主)인 주(紂)를 정벌하고 상을 계승하였다."[18]라 기록하고 있는 데, 이는 《상서(尙書)》와 《일주서(逸周書)》의 기과 완전히 일치한다.

《혜갑반(兮甲盤)》은 혜갑(兮甲)이 왕을 따라 험윤(獫狁)을 정벌하고 전공 이 있으므로, 왕이 혜갑에게 말 네 필과 준마와 수레를 하사함과 동시에, 그를 성주(成周) 사방의 제후들과 회이(淮夷) 지역의 조세를 관리하도록 명 령한 내용을 서술하고 있다. 이러한 금문의 내용은 서주 후기의 정치와 경 제 실상을 이해하는데 매우 중요한 의미를 갖는다.

《다우정(多友鼎)》은 험윤이 경사(京師)를 침범하자 왕이 무공(武公)에게 추격할 것을 명하자, 무공이 다우(多友)에게 명하여 서쪽을 추격할 것을 명 하였으며, 그 결과 많은 전쟁 노획물을 획득했었음을 기록하였다. 이외에 도 《작책측령궤(作冊夨令簋)》와 《과백궤(過伯簋)》는 주왕(周王)이 형초(楚

---

17 《墨子·魯問篇》: "攻其鄰國, 殺其民人, 以爲銘于鐘鼎, 傳遺後世子孫"
18 《利簋》: "珷(武)征商, 隹(唯)甲子早歲鼎. 克䵼(昏), 歾(夙)又(有)商."

동아시아 한자인문로드 한자의 역사

荊)을, 《반궤(班簋)》는 동국(東國)을, 《괵계자백반(虢季子白盤)》은 험윤(玁狁)을, 《요생수(翏生盨)》와 《우정(禹鼎)》은 회이(淮夷)를 정벌하는 내용을 서술하였다.

(5) 조명(詔命)

'조명(詔命)' 명문은 주왕(周王)이 신하나 백성들에게 명령이나 훈계 등을 하달하는 내용으로, 《상서(尙書)》 중의 《소고(召誥)》·《주고(酒誥)》·《고명(顧命)》이나 《문후지명(文侯之命)》의 내용과 형식이 유사하다. 《대우정(大盂鼎)》은 강왕(康王)이 대신 우(盂)에게 책명을 내리는 내용이고, 《하준(何尊)》은 왕이 소자(小子) 하(何)에게 내리는 조명(詔命)을 기록하고 있다.

(6) 상사(賞賜)

주나라 왕이나 주공(主公)이 신하나 백성들에게 상사(賞賜)를 한다는 것은 받는 자에게는 대단히 영광스런 일 중에 하나다. 청동기의 대부분이 기물 소유주의 공적을 기리기 위해 제작한 것으로, 그 명문들은 일반적으로 기물의 소유주의 공적을 기록하고, 또한 군주에게 어떤 포상을 받았는지 등을 기록한다. 명문에는 하사를 하게 된 날짜나 배경, 그리고 물품과 노예들에 관하여 자세하게 기록하는 경우가 많다. 《대우정(大盂鼎)》에는 주왕(周王)이 노예 2720여명을 하사한 내용이 기록되어 있다. 이외에 《천망궤(天亡簋)》는 도광(道光) 말년에 《모공정》과 함께 섬서성(陝西省) 기산(岐山)에서 발견되었는데, 이 명문은 무왕이 문왕의 제사를 지낼 때 천망이 제사를 도와준 공로로 포상을 얻었으며, 그리하여 기물을 주조하게 되었다는 사실을 기록하고 있다.

(7) 책명(冊命)

주나라 왕이나 제후들이 신하를 임명하거나 관작을 수여할 때에는 항상 책명을 거행하였다. 임명을 받는 사람은 모두가 청동기를 주조하여 책명의 경과를 상세히 기록하고 기념으로 삼았다.

《선부산정(膳夫山鼎)》은 주왕이 주(周)의 태실(太室)에 내려 와 남궁(南宮)으로 하여금 선부산(膳夫山)을 불러 문안으로 들게 하여, 궁 중앙에 세워두고 얼굴을 북쪽으로 향하게 하였다. 그리고 왕이 사관에게 명령하여 책서(冊書)를 읽게 하고 선부산으로 하여금 관리들을 관리하도록 명령을 내리는 한편 그에게 현의(玄衣)·수레와 복식을 하사하였다. 선부산은 책서를 받은 뒤 물러나와 이에 대한 감사를 표시하고 근장(瑾璋) 등을 헌상하였다. 이외에도《송정(頌鼎)》에는 왕이 송(頌)에게 시장을 관리하도록 하는 책명(冊命)을 내리는 과정이 자세히 설명되어 있다.

(8) 토지교역(土地交易)

《구위화(裘衛盉)》와《구년구위정(九年裘衛鼎)》은 토지 교역에 관한 내용을 서술하고 있다. 구위(裘衛)는 주나라 때 가죽의 생산을 담당하는 관리로《주례(周禮)》중의 사구(司裘)를 말한다. 이 명문 중에는 그와 구백(矩伯)간에 있었던 세 차례의 교역에 관한 내용을 서술하고 있는데, 어떤 경우에는 토지와 토지를 교환하기도 하고, 어떤 경우에는 토지와 토지에서 수확한 물품으로 구위(裘衛)의 털가죽·피혁 등과 교환하기도 하였다.《구위화(裘衛

盂)》내용 중에는 "3년 3월 기생패 기간 중의 임인(壬寅) 일에, 왕은 풍(豊)에서 깃발을 세웠다. 구백(矩伯)의 관리인은 구위(裘衛)로부터 조개 화폐 80묶음의 가치에 해당되는 근(瑾)과 장(璋)을 취하고, 그 댓가로 구백(矩伯)은 구위에게 땅 십전(十田)을 주었다. 구백은 또한 구위로부터 조개 화폐 이십묶음에 해당되는 호피 두 장과 사슴 가죽으로 만든 폐슬 두 장, 장식무늬가 있는 슬갑 한 장을 가져왔다. 이 댓가로 땅 삼전(三田)을 주었다."[19]라는 기록이 있는데, 서주 때 왕이 대열(大閱)과 같은 예전(禮典)을 거행할 때 커다란 깃발을 세워 알현하고자 하는 제후와 신하들에게 알현할 수 있도록 하였다. 그래서 구백은 구위로부터 왕을 알현할 때 필요한 몇 가지 필수품을 구입했다. 근장(瑾璋)을 구입하는데 조개화폐로 80붕이고, 토지로 환산할 경우 밭 10전에 해당되며, 호랑이 가죽과 암사슴가죽과 문식이 새겨진 슬갑은 조개화폐로 환산할 경우 20붕으로 이를 토지로 환산하면 밭 3전 해당되는 가격이다. 이러한 사실은 토지가 당시 이미 전매가 가능했으며, 화폐로 계산된 가격이 존재하고 있었다는 것을 증명해주고 있다. 이 청동기 명문은 중국 고대경제사를 연구하는데 중요한 자료이다.

　이외에도 토지의 교역 명문은《사여우(師永盂)》가 있고, 토지의 전매와 양도를 서술한 것으로는《산씨반(散氏盤)》등이 있는데, 명문은 이러한 고대의 토지제도를 알 수 있는 매우 소중한 자료이다.

19　《裘衛盂》: "隹(唯)三年三月旣生覇壬寅. 王爯旂于豐. 矩白(伯)庶人取堇(瑾)章(璋)于裘衛, 才(裁)八十朋 㡊賓(貯)㡊(其)舍田十田. 矩或(又)取赤虎(琥)兩麀夆(韍)兩夆(韍)韐一, 才(裁)廿朋, 㡊(其)舍田三田."

(9) 소송(訴訟)

소송은 법률사무에 관한 내용이다. 이 내용 또한 고대 법률제도를 이해할 수 있는 중요한 자료 중에 하나이다.

《잉이(艅匜)》는 섬서성(陝西省) 기산현(岐山縣) 동가촌(董家村)에서 발견되었는데, 몸체와 뚜껑에 7 줄 등 모두 157자의 명문이 있다. 《잉이(艅匜)》의 내용은 백양보(伯揚父)가 목우(牧牛)의 죄상을 선고하는 내용에 대해 기술하고 있는데, 그가 관리와 소송을 벌여 서약을 위반한 죄가로 채찍 1천대와 묵형(墨刑)에 처해져야 마땅하나 감형을 얻어 채찍 5백대와 나머지는 벌금 삼백렬(약 2천량)로 대체하기로 했으며, 목우(牧牛)는 다시 서약을 한후 벌금을 지불했다는 내용이다.

이외에도 《홀정(曶鼎)》이 소송 명문으로 유명하다.

위에서 언급한 이외에도 향연(饗宴)·조근(朝覲)·전렵(田獵)·외교(外交)·혼인(婚姻)이나 맹약(盟約) 등 매우 다양한 내용을 포함하고 있다. 당시 상류층 사회에서 발생하는 모든 일을 명문에 기록하고 있다고 할 수 만큼 풍부하다. 이러한 내용들은 서주 문화를 연구하는 매우 귀중한 자료이다. 고대 관제(官制)에 대하여 청 나라 이전 학자들은 일반적으로 주로 《주례(周禮)》를 참고하였으나, 《서주금문관제연구(西周金文官制硏究)》[20]는 곽말약(郭沫若) 《주관질의(周官質疑)》 등을 참고하고, 명문을 참고하여 서주(西周) 관직 213 종을 종합정리하고 있다. 이와 같이 서주 금문은 중국 고대 사회와 고대문화를 연구하는 매우 중요한 자료이다.

---

20 張亞初·劉雨, 中華書局, 1986年.

3) 동주(東周) 시기

　　주나라는 여왕(厲王) 때 왕권이 땅에 떨어지고 쿠데타가 일어나 왕이 13년간 다른 나라로 망명하고, 공백화(共伯和)라는 귀족이 실권을 잡아 공화(共和) 시기라는 불리는 시기를 맞기도 하였다. 이 시기를 '공화시대'라 하며 '공화국(共和國)'이라는 말이 여기서 유래되었다. 여왕(厲王)이 죽고 난 다음 선왕(宣王)이 호경(鎬京)으로 도읍지를 옮기고 재도약을 시도하였지만, 이미 민심을 잃고 쇠약해져 갔다.《모공정(毛公鼎)》이 이 시기에 제작된 것으로 보인다. 선왕(宣王)의 아들 유왕(幽王)은 견융족(犬戎族)의 침임을 받아 큰 타격을 입었고, 태자(太子) 의구(宜臼) 즉 평왕(平王) 때는 결국 호경을 버리고 동쪽인 BC 770년에 낙읍(洛邑)으로 천도하였다. 이 때부터 진 나라가 전국을 통일한 BC 221년 까지를 동주(東周)라 한다. 동주는 다시 춘추(春秋)와 전국(戰國) 시기로 나눈다. 춘추는 공자가 지었다는 노(魯) 나라 연대기《춘추(春秋)》에서 유래하였다.《춘추》는 노(魯) 은공(隱公) 1 년(BC 722)부터 애공(哀公) 14년(BC 481年)까지의 12제후의 기록이지만, 일반적으로 평왕(平王)이 동천한 시기부터 춘추시기의 시작으로 본다.[21]

21　전국(戰國)시기의 상한선에 대하여 진(晉)나라가 조(趙)·한(韓)·위(魏)의 세 나라로 분리된 해인 BC 453년으로 보는 설(貞定王 16년), 이들의 나라가 정식으로 제후의 나라로 인정받은 BC 403년으로 보는 설(威烈王 23년), 이외에도, BC 475년 설(周 元王 元年), BC 468년 설(周 貞定王 元年) 등 매우 다양하다. 중국 문자 자료와 역사의 연대와는 별개의 문제일 수 있고, 시기상으로 상당히 큰 차이를 보일 수도 있다. 따라서 본 문은 중국문자 발전이해를 위한 중국 각 시대를 구별하는 것이기 때문에 일반적으로 많이 언급이 되어지는 주왕을 기준으로 하여 원왕(元王) 원년(元年)인 BC 475년의 설을 따르기로 한다.

전국(戰國) 시기는 이미 철기시대이기 때문에 예악기(禮樂器)의 수량이 줄어들고, 반면에 병기(兵器)가 많이 제작되었다. 명문도 전국(戰國) 중기부터는 '물륵공명(物勒工名)' 즉 '제작자의 이름 새김'이 많아져, 독조관리(督造官吏)나 제조공장(制造工匠)의 이름 등을 새기기도 하였다. 명문의 글자 수 또한 서주명문에 비하여 일반적으로 상당히 짧아졌다. 기물의 종류는 《중산후월(中山侯鉞)》과 같은 병기(兵器), 《상앙방승商鞅方升》²²과 같은 양기(量器), 《신처호부(新郪虎符)》와 같은 병부(兵符), 《악군계절鄂君啓節》과 같은 금절(金節), 《후마맹서(侯馬盟書)》와 같은 맹서, 《증후을편종(曾侯乙編鐘)》과 같은 악기 등이 있다.

혼인(婚姻)에 관한 내용으로는, 시집가는 여자에게 주기 위해 만든 잉기(媵器)가 있다. 잉기의 종류로는 세수와 목욕에 사용되는 반(盤)과 이(匜)가 가장 많다. 1955년 5월 안휘성(安徽省) 수현(壽縣) 채후묘(蔡侯墓)에서 출토된 《채후신반(蔡侯講盤)》은 채나라 소후(昭侯) 원년에 태맹희(太孟姬)가 오왕(吳王)에게 시집갈 때 주기 위해 제작한 것으로 명문을 통하여 당시의 채나라와 오나라 양국 간의 정치관계를 이해할 수 있다.

《증후을편종(曾侯乙編鐘)》과 《중산왕방호(中山王方壺)》 등의 명문은 매우 길다. 《중산왕방호(中山王方壺)》와 《중상왕정(中山王鼎)》은 중산왕이 연(燕)나라를 정벌했던 전쟁에 관한 일을 서술하고 있는데, 그 속에서는 중산국의 재상이었던 주(賙)가 "작금 나의 대신 주(賙)는 친히 삼군(三軍)의 군대를 이끌고, 불의(不義)의 나라들을 정벌하기 위하여 전고(戰鼓)의 북을 울려 다른 봉후국(封侯國) 수백 리(里)의 지역과 수십 개의 성을 점령하는 등 대

---

22 《秦始皇卅六年詔書》라고도 한다.

《좌관지화(左關之鉌)》(전국초기)

국(大國)들과 능히 필적(匹敵)할 수 있었다.”[23]이라고 기록하고 있는데, 이러
한 문체는《전국책(戰國策)》이나《사기(史記)》와 유사하다.

　명문을 새기는 방법에 있어 전국 시기는 이전의 것과 다른 형태를 취하
고 있다. 일반적으로 전국 이전의 명문은 주조하고 있는 반면, 전국(戰國)의
많은 명문들은 기물을 만든 후에 칼로 새기거나, 혹은 새기고 난 다음에 착
금하기도 하였다. 착금한 예로《난서부(欒書缶)》등이 있고, 기물을 만든 후
에 칼로 새긴 것으로는《좌관지화(左關之鉌)》등이 있다.

23　《中山王鼎》: “含(今)虘(吾)老貫(賙)親(親)率㔬(參)軍之眾(眾), 㠯(以)征不宜(義)之邦, 敔
　　(奮)桴晨(振)鐸闢啓尌(封)疆, 方雩(數)百里, 刾(列)城雩(數)十克𢓶(敵)大邦.”

4. 금문의 상용자

　　서주 금문 2837개의 개별적 문자 중 1000 차례 이상 출현한 문자는 10자가 있고, 100에서 999번 출현하는 문자는 119개, 10에서 99번 출현하는 자는 513개, 5에서 9차례 출현하는 자는 288개, 3에서 4차례 출현하는 자는 278개, 두 차례 출현하는 자는 357개, 한번 출현하는 자는 1272개가 있다.

　아래 표에서는 서주금문 중 100번 이상 출현하는 문자를 살펴보기로 한다.

　아래 표 중 '《계통(系統)》'은 《서주금문문자계통론(西周金文文字系統論)》에서 제시한 서주금문의 출현 횟수이고, '《인득(引得)》'은 장아초(張亞初) 편저 《은주금문집성인득(殷周金文集成引得)》이 제시한 은상(殷商)과 주대(周代) 금문의 통계숫자이다. 필요에 따라서는 화동사범대학(華東師範大學)에서 출간한 《금문인득-춘추전국권金文引得-春秋戰國卷)》의 〈부록: 상주금문단대자빈표(商周金文斷代字頻表)〉에서 제시하고 있는 출현회수 통계 숫자를 참고하기로 한다. 《금문편(金文編)》은 '제4판(第四版)'의 번호와 쪽수를 표시하며, '서주금문실례(西周金文實例)'는 《금문편》에서 수록하고 있는 금문 중 하나이다. 출현 횟수의 순서는 서주(西周) 금문을 기준으로 하기로 한다. 학자마다 금문에 대한 인식이 서로 다르기 때문에 출현 횟수에 다소 차이가 있지만, 전체적인 출현 상황을 이해하는 데는 문제가 없을 것이다.

【표 100번 이상 출현 명문】

순서	문자	회수 《系統》	회수 《引得》	《金文編》	서주금문
1	乍	3445	乍·作 4359	'2058 乍', 835	乍 盂鼎
2	寶	2723	3094	'1200 寶', 516	寶 頌壺
3	用	2394	3244	'0563 用', 225	用 令簋
4	父	1924	3386	'0453 父', 182	父 仲師父鼎
5	子	1541	3719	'2378 子', 981	子 追簋
6	彝	1433	1631	'2122 彝', 864	彝 史頌鼎
7	尊	1419	障·尊 1533	'2418 尊', 1005	尊 立鼎 尊 輦卣
8	王	1344	1844	'0038 王', 15	王 散盤
9	其	1311	其(箕) 1927	'0723 其', 305	其 牆盤 其 仲師父鼎
10	永	1286	1766	'1861 永', 744	永 虘鐘
11	孫	999	2531	'2092 孫', 851	孫 格伯簋
12	年	988	1421	'1164 年', 501	年 仲師父鼎
13	白	849	伯(白) 988	'1300 白', 552	白 盂鼎
14	萬	834	843	'2354 萬', 951	萬 史賓簋

15	殷	699	殷·皀(簋) 725	'0714 簋', 296	競簋　叔姬簋
16	于	624	821	'0753 亏', 323	揚鼎
17	考	571	607	'1406 考', 595	師酉簋
18	令	535	令·盦·龠 541	'1500 龠', 641	井侯簋
19	旅	533	626	'1108 旅', 464	散盤
20	隹	516	唯·隹 889	'0137 唯', 62 '0598 隹', 251	矢方彝 我鼎
21	易	472	賜 551	'1594 易', 670	王錫貝簋
22	公	468	731	'0111, 公', 49	公貿鼎
23	中	463	仲 425	'0057, 中', 28	師酉簋
24	月	454	657	'1121 月', 473	晉鼎
25	休	438	424	'0952 休', 400	彔伯簋
26	丁	430	919	'2363 个', 963	王孫鐘
27	且	426	祖 671	'2272 且', 923	散盤
28	乙	424	982	'2359 乙', 961	矢方彝
29	大	398	723	'1665 大', 693	禹鼎
30	弔	397	弔(叔) 479	'1354 弔', 569	賢簋

31	鼎	380	429	'1146 鼎', 489	易鼎
32	乎	361	厥(乎) 425	'2027 乎', 817	班簋
33	皇	356	皇·皇·皇 528	'0039 皇', 21	追簋
34	朕	350	388	'1426 朕', 607	諫簋
35	天	348	425	'0003 天', 3	克鼎
36	才	347	在(才) 428	'0972 才', 411	師遽簋
37	亨	346	495	'0882 亯', 377	師㝨父鼎
38	女	335	425	'1947 虎', 783	者女觥
39	文	325	文(玟) 405	'1489 文', 635	利鼎
40	辛	325	649	'2370 辛', 972	孟辛父鬲
41	對	321	298	'0396 對', 155	大師虘簋
42	曰	311	396	'0739 曰', 314	師旋鼎
43	揚	303	308	'814 揚', 778	貉子卣 令簋 揚鼎
44	周	293	298	'0145 周', 70	何尊
45	敢	286	323	'659 敢', 276	師虎簋

46	師	282	師·自·帀 569	'0977 師', 418 '2312 𠂤' 935 '0976 帀' 417	𠂤 孟鼎 師 師湯父鼎 帀 師袁簋
47	不	281	451	'1894 不', 761	不 孟鼎
48	嗣 (辭)	266	290	'2375 辭', 976	辭 師虎簋
49	又	264	348	'0452 又', 180	又 庚嬴卣
50	事	252	342	'0472 事', 198	事 賢簋
51	吉	248	555	'0144 吉', 68	吉 師袁簋
52	宮	242	宮·寏·宮 359	'1250 宮', 539	宮 善鼎
53	史	233	332	'0471 史', 195	史 牆盤
54	癸	233	560	'2377 癸', 980	癸 此簋
55	冊	231	388	'0308 冊', 126	冊 令簋
56	壽	231	522	'1405 壽', 590	壽 伯侯父盤
57	初	211	368	'0684 初', 285	初 免卣
58	侯	210	493	'0869 侯', 370	侯 保卣
59	己	205	513	'2366 己', 967	己 我鼎
60	姬	204	280	'1950 姬', 787	姬 白狐

61	右	204	411	'0142 㪔', 66	㪔 伯康簋
62	旣	204	237	'0828 㪔', 353	㪔 遹簋
63	首	197	186	'1484 㪔', 630	㪔 休盤
64	人	194	299	'1308 㪔', 555	㪔 兮甲盤
65	母	191	285	'1961 㪔, 796	㪔 我鼎
66	立	185	209	'1701 㪔', 710	㪔 番生簋
67	臣	184	231	'0484 臣', 204	㪔 仲盤
68	頴 (稽)	180	170	'1485 㪔', 632	㪔 沈子它簋
69	䁅	178	眉·䁅(沐) 411	'0584 㪔', 237	㪔 散盤 㪔 追簋 㪔 對罍
70	生	177	193	'098 㪔', 421	㪔 師害簋
71	拜	176	拜·捧 170	'1933 㪔' 774	㪔 井侯簋 㪔 友簋
72	五	173	296	'2349 Ⅹ', 990	Ⅹ 師克盨
73	乃	173	190	'0743 㪔', 317	㪔 令鼎
74	宗	172	244	'1220 㪔', 533	㪔 盧鐘
75	無	172	無·䵃 402	'0996 㪔', 405	㪔 無憂卣
76	亞	168	791	'2348 亞', 946	㪔 亞耳尊

77	余	164	367	'0113 余', 51	余 何尊 余 余卑盤
78	十	164	424	'0321 十', 133	十 我鼎
79	庚	154	276	'2368 庚' 969	庚 揚簋
80	鬲	149	204	'0434 鬲', 170	鬲 令簋
81	各	149	139	'0150 各', 73	各 昌壺
82	金	147	326	'2222 金', 905	金 金 翏生盨
83	顯	147	140	'1480 顯', 628	顯 大師虘簋
84	疆	145	疆·畕·畺·彊·隬 288	'2206 畺' 895 '2083 彊', 849	畕 毛伯簋 彊 伊簋
85	室	144	158	'1184 室' 511	室 免卣
86	三	139	242	'0037 三', 17	三 明公簋
87	貝	138	187	'1000 貝', 428	貝 天君鼎
88	成	137	180	'2365 成', 965	成 德方鼎
89	康	136	153	'2369 康', 971	康 麗伯簋
90	乎	135	乎(評) 127	'0752 乎', 322	乎 柳鼎
91	馬	135	207	'1597 馬', 675	馬 公貿鼎
92	尹	134	173	'0456 尹', 186	尹 尹小弔鼎

동아시아 한자인문로드 한자의 역사

93	克	132	148	'1155 ', 497	辛伯鼎
94	從	132	178	'1369 ', 576	彭史从尊 遽從鼎
95	多	129	147	'1136, ', 485	召尊
96	孝	128	孝·養 190	'1407 ', 600	曼龏父盨 曾伯霥𠥍
97	命	128	296	'0134 ', 59	命甗
98	內	127	159	'0861 ', 366	散盤
99	正	126	331	'0198 ', 88	衛簋
100	魯	125	164	'0591 ' 245	善夫克鼎
101	先	125	156	'1441 ', 617	伯先父鬲
102	氏	124	192	'2026 ', 815	公貿鼎
103	季	123	169	'2381 ' 986	弔𥁕簋
104	日	122	204	'1082 ', 455	史頌簋
105	戊	122	244	'2364 ', 964	且戊簋
106	戈	120	410	'2029 ', 820	宅簋

107	屯	119	138	'0060 ᶻ ', 31	⻌ 士父鐘
108	四	119	三·四 280	'2346 Ⓜ ', 945	三 召伯簋 ⊕ 邵鐘
109	井	117	128	'0820 井 ', 350	井 麥鼎
110	甲	116	181	'2358 ⊕ ', 960	十 休盤 ⊞ 甲鼎
111	卽	116	117	'0827 卵 ', 352	卵 盂鼎
112	自	116	387	'0587 自 ', 243	自 彔伯簋
113	入	115	118	'0860 人 ', 365	人 休盤
114	覇	113	108	'1124 霸 ', 477 '1873 霏 ', 753	雨 衛簋 霏 鄭虢仲簋
115	田	113	143	'2194 田 ', 891	田 格伯簋
116	目	112	目·以 353 台 118	'2395 己 ', 995 '0140 首 ', 64	己 五祀衛鼎 首 歸父盤
117	赤	111	105	'1664 ⣿ ', 692	奓 麥鼎
118	唯	111	唯·隹 889	'0137 唯 ', 62 '0598 隹 ', 251	唯 矢方彝 隹 我鼎
119	壺	111	152	'1683 壺 ', 701	壺 事从壺
120	黃	107	173	'2207 黃 ', 898	黃 黃仲匜
121	姜	106	139	'1949 姜 ', 786	姜 魯侯尊

동아시아 한자인문로드 한자의 역사

122	眾	106	105	'0575 眔 ', 234 '0211 眔 ', 95	眔 永盂　眔 蠡方彝
123	卿	106	鄕(饗) 119	'1511 卿 ', 645	卿 甲盉
124	友	106	90	'0466 友 ', 192	友 辛鼎　友 毛公旅鼎
125	追	102	112	'0236 追 ', 102	追 召尊
126	頌	102	105	'1469 頌 ', 625	頌 史頌簋
127	受	100	191	'0657 受 ', 274	受 何尊
128	二	100	217	'2155 二', 880	二 同簋
129	市	100	市·芾 97	'1297 市 ', 550	市 盂鼎

5. 청동기 박물관

　　아래에서는 세계에서 가장 유명한 청동기 박물관 두 곳, 대만 '고궁박물관'과 섬서성 '보계시청동기박물관'만을 소개하기로 한다. 이외에도 '상해박물관'은 많은 청동기를 소장 전시하고 있다. 또한 중국의 거의 모든 박물관이 한 두 점 이상의 청동기를 보물로 여기고 전시하고 있다.

1) 대만 고궁박물관

대만 고궁박물관은 영국의 대영박물관, 프랑스의 루브르 박물관, 뉴욕의 메트로폴리탄박물관과 함께 세계 4대 박물관 중의 하나이다. 대만 고궁박물관은 송, 원, 명, 청, 네 왕조 황실이 수집해 온 중국 최고급 문화 예술품 62만점을 소장하고 있다. 1949년 국민당이 대만으로 건너오면서 전체의 약 4분의 1을 선별하여 옮겨온 최상품의 황실보물이다. 예술품은 수량이 많아 한꺼번에 전시할 수가 없고 인기 높은 품목을 제외하고는 옥, 도자기, 회화와 청동 보물들을 정기적으로 바꾸어 전시하고 있다.

대만 고궁 박물관이 소장하고 있는 청동기는 국민당이 대만으로 가지고 온 북평고궁박물관과 남경중앙박물관의 청동기가 주를 이룬다. 북평고궁박물관의 청동기는 청나라 궁궐에서 소장하였던 청동기를 말한다. 남경중앙박물관의 청동기는 청나라 심양(瀋陽)의 봉천행궁(奉天行宮) 즉 성경(盛京), 열하행궁(熱河行宮) 즉 피서산장(避暑山莊), 국자감(國子監), 이화원(頤和園), 정의원(靜宜園)에서 소장하고 있던 것과 선재(善齋)(유체지劉體智), 송재(頌齋)(용경容庚), 쌍검치雙劍誃(우성오于省吾)로부터 사들인 것, 진영인陳詠仁이 기부한《모공정(毛公鼎)》 등을 말한다.

대만 고궁박물관의 청동기는 새인(璽印)과 동경(銅鏡)을 포함해서 모두 4500여 점이 있다. 이 중 상태가 비교적 좋은 정품은 약 1000 여점이고, 명문(銘文)이 있는 청동기는 약 반수에 달하며, 서주 시대 금문은 약 350 여점이 있다.

소장하고 있는 청동기 중《모공정(毛公鼎)》과《산씨반(散氏盤)》의 뛰어난 예술미와 명문의 아름다운 풍격은 많은 사람이 감탄한다.《모공정》은 주나라 선왕(宣王)이 즉위한 직후 조정을 바로잡기 위해 숙부인 모공(毛公)으로 하여금 나라 안팎의 크고 작은 일을 돌보도록 부탁한 내용이고, 《산반》은 서주 시기 산국(散國)과 측국(夨國) 두 나라 사이에 일어났던 토지 분쟁 사건을 기록하고 있다.

2) 보계청동기박물원(寶鷄靑銅器博物院)

'보계청동기박물원(寶鷄靑銅器博物院)'은 2010년에 본래 보계시에 있던 보계청동기박물관(寶鷄靑銅器博物館)을 확장하여 보계청동기박물원(寶鷄靑銅器博物院, China Bronze Ware Museum)이라 개명하여 보계시(寶鷄市) 빈하남로(濱河南路) 석고산(石鼓山)에 세계 최초의 청동기 전용의 신관을 개관하였다. 청동기 12000 여 개를 전시하고 있는데, 그 중에는 《하존(何尊)》·《절굉(折觥)》·《호궤(胡簋)》·《사장반(史牆盤)》·《진공박(秦公鎛)》등은 국보급으로 차용이 금지되어 있는 청동기이다.

'보계청동기박물원'은 섬서성(陝西省) 서안시(西安市)에서 서보(西寶)고속도로를 이용하면, 함양(咸陽)을 걸쳐 자가용으로 약 2시간 거리의 보계시(寶鷄市) 공원남로(公園南路)에 위치하고 있다. 섬서성에서는 함양(咸陽), 한중(漢中), 연안(延安) 등과 함께 서안 다음으로 비교적 큰 도시이다. 서안을 중심으로 해서 진시왕병마용(秦始王兵馬俑)과는 반대방향인 서쪽 끝에 자리 잡고 있다. 보계시(寶鷄市)는 금대구(金臺區)·진창구(陳倉區)과 위빈구(渭濱區) 등 3개 구역(區域)과 풍상(風翔)·기산(岐山)과 부풍(扶風) 등 9개 현(縣)으로 나누어져 있고, 인구는 약 370만 명 쯤 된다. 이곳에서 많은 청동기가 발견되었다.

이 박물관이 소장하고 있는 2003년에 양가촌(楊家村)에서 발견된 《내정(逨鼎)》·《내반(逨盤)》·《내화(逨盉)》·《선오보호(單五父壺)》 등 모두 27개의 청동기는 명문이 총 4000여자에 달해 한 곳에서 발견된 청동기 명문 중 가장 많은 숫자라 하여 자부심이 대단하다.

　이외에도 섬서성에는 '섬서성역사박물관(陝西省歷史博物館)'·'임동현박물관(臨潼縣博物館)'·'기산현박물관(岐山縣博物館)'·'부풍현박물관(扶風縣博物館)' 등이 참관할 만하고, 북경시에서는 '중국역사박물관(中國歷史(國家)博物館)'·'고궁박물관(故宮博物館)'·'수도박물관(首都博物館)' 등이 참관할 만한 가치가 있다.

3. 전국시대 문자 기록의 다양성과 그 특징

강윤옥
(명지대학교)

1. 전국시대 문자 기록의 다양성

전국시대 문자는 서체사 측면에서 살피면 위로는 상대의 갑골문과 서주의 금문을, 아래로는 진(秦)나라의 소전과 초기 예서(隸書)를 잇는 중요한 교량 역할을 하였다. 이 시대 사람들은 기록을 위해 다양한 서사도구, 청동, 비단, 죽간, 석각, 토기 등을 사용하였으며, 나라마다 제각기 다른 자형 구조를 사용하였기 때문에 문자의 의미를 파악하기도 쉽지 않다. 허신(許愼)은 당시의 상황을 『설문해자·서(說文解字·叙)』에서 "제후가 난립하여 천자에 의해 다스려지지 않았다.(諸侯力政, 不統於王。)", "땅 경계가 다르고, 수레바퀴 크기가 다르며, 율령이 각기 달랐고, 의관이 각기 다르며, 언어의 소리가 다르고, 문자의 형태가 달랐다.(田疇異畝, 車涂異軌, 律令異法, 衣冠異制, 言語異聲, 文字異形。)." 라며 여섯 가지 차이점으로 정리한 바 있다. 이렇듯 허신이 전국시대 각 나라 간의 차이점을 부각시킨 면도 있지만, 진시황이 문자 통일 정책을 펼 수 밖에 없었던 시대적 배경과 원인 또한 잘 설명하고 있다.

현재 우리가 볼 수 있는 전국문자(戰國文字)는 각종 유물에 기록된 진시황 "분서" 이전의 "출토문물" 기록과 "분서" 이후 제작된 "전래문헌"상의 기록이다. 전래되고 있는 문헌상의 관련 기록은 "『설문해자(說文解字)』의 고문(古文)과 주문(籒文)", "삼체석경(三體石經)의 고문" 및 "한간(漢簡)", "고문사성운(古文四聲韻)의 고문" 등이 있다. 출토문물 기록은 죽간문(竹簡文), 백서(帛書), 석각(石刻), 새인(璽印), 화폐(貨幣), 도문(陶文) 등에 담겨있는데, 이 가운데 분량이 가장 많은 것이 장사(長沙), 강릉(江陵), 형문(荊門) 등지에서 출토된 초나라 죽간이다. 이 죽간들은 주로 견책(遺策: 亡者를 매장할 때 친척이나 벗들이 보내는 선물이나 장례물품 명단), 죽서(竹書: 논설문 및 서적) 및 찰기(札記: 질병, 축도, 점복, 기사류 등 신변잡기에 대한 기록) 등의 내용을 초기 예서체를 사용하여 기록하고 있으며, 최근 출토된 초죽간의 수가 점점 많아짐에 따라 전국문자 연구의 주류를 형성하고 있다. 전래문헌에 수록된 전국문자 역시 충분한 연구 가치가 있으나, 전해져 내려오는 과정에서 수정되어 자형이 변형되었을 가능성이 있다. 따라서 전국시대 문자는 이 두 가지 문헌 자료를 함께 비교 연구하는 것이 가장 효과적이다.

2. 전래문헌에 수록된 전국문자

1) 『설문(說文)』의 고문(古文)과 주문(籒文)

『설문·서(說文·敍)』를 살피면 "今敍篆文, 合以古籒"라 하였는데 "篆文"은 소전(小篆)을, "古"는 고문(古文)을 "籒"는 주문(籒文)을 말한다. 본래 주문(籒文)은 15편으로 구성된 『사주편(史籒編)』의 책이름으로 학동(學童)들에게 글자를 가르칠 때 사용하였다. 진대(秦代) 역서(易書)와 함께 분서(焚書)에서 제외되었으나 왕망(王莽)의 난으로 인해 6편이 유실되었으며, 한대(漢代) 이후에 남은 9편 마저 유실되었다.[01] 한대 장제(章帝 75~88년)시기 이 책에 대하여 왕육(王育)이 해설을 붙였는데 허신(許愼)이 인용하였으며, 당시 남겨진 9편을 근거로 『설문(說文)』에 225자의 주문(籒文)을 수록하였다.

주문(籒文)은 서주시기 선왕(宣王)부터 유왕(幽王)까지 약 50년에 걸쳐 중앙에서만 통행하였을 뿐 널리 보급되지는 못하였다. 그 결과 춘추전국시기에도 진(秦) 지역에서만 사용이 되고, 육국(六國)에서는 통용이 되지 않았기 때문에 나라마다 문자의 차이가 생겨나는 요인이 되었다.[02]

고문(古文)은 노(魯)나라 공왕(恭王: BC 155-129)이 공자의 고택을 증축하기 위해 벽을 허물면서 발견된 『예기(禮記)』, 『상서(尙書)』, 『춘추(春秋)』, 『논어(論語)』, 『효경(孝經)』에서 발견된 "벽중서(壁中書)"의 서체나 민간에

---

01 王國維(1984), 『史籒篇疏證序』, 『觀堂集林』, 中華書局.

02 강윤옥(2012), 『說文 籒文과 兩周 金文의 比較를 통한 "籒文時地" 考察』, 中國人文科學 제51집.

서 헌납한 고문경과 하간왕(河間王)이 바친『주례(周禮)』,『모시(毛詩)』등에서 택한 서체를 말하며,『설문(說文)』에 500자 수록하고 있다. 고문(古文)의 또 다른 출처는 정(鼎)과 이(彝), 즉 금문이다.『설문·서(說文·敍)』에 "여러 나라에서도 역시 산천에서 종종 청동기를 얻었는데, 그 명문이 선대의 고문(古文)으로 대개 서로 비슷하였다. 비록 그 원류를 다시 찾아볼 수는 없지만, 그 상세함에서 대강을 얻을 수 있다.(郡國亦往往于山川得鼎彝, 其銘卽前代之古文, 皆自相似, 雖叵复見遠流, 其詳可得略說也。)"라 하였는데, 이를 통해 허신(許愼)이 전국시대 정(鼎)과 이(彝)에 수록된 명문 수집을 알 수 있다. 서문에서 명문이 "선대의 고문(古文)"이라 판단한 점과 "그 상세함에서 대강을 얻을 수 있다"라는 문구가 그 근거가 될 수 있다. 다만 허신이 청동기 명문을 보았다고 하였는데 "설문(說文)에는 왜 금문을 한 자도 수록하지 않았을까?"라는 의문은 여전히 존재한다.

주문(籀文)과 고문(古文)의 서체는 정체와 속체의 차이이자, 번체와 간체의 차이라고도 할 수 있다. 이러한 사실은『한서·예문지(漢書·藝文志)』에 처음 등장하는 "사주편은 주나라 사관이 아동을 가르치는 책이었으며, 공자의 옛집 벽에서 나온 고문과는 다른 자형이다. (史籀篇者, 周時史官敎學童書也, 與孔壁古文異體。)"라는 내용을 통해서 확인할 수 있다. 주문은 주로 아동에게 글자를 가르치는데 사용하였으므로, 서체가 정갈하며 단정하였다. 반면, 고문은 서적을 베낄 때 주로 이용하던 서체이므로 민간에서 유행했던 간체나 속체자를 주로 사용하였기 때문이다. 예를 들어, "棄"자의 주문은 "𠄊", 고문은 "𠫓"로 쓰였고, "農"자의 주문은 "𦦮"로, 고문은 "𦦧 𦦨"로 쓰였으며, "雷"자의 주문은 "𩇓"로, 고문은 "𢄼"로 쓰였으므로 번간의 차이를 알 수 있다. 전국시대 출토문물과 비교해보면 주문은 석고문과 비숫하며, 고문은 주로 도기(陶器)문자, 새인(璽印)문자, 화폐(貨幣)문자와 유사하다.

2) 삼체석경(三體石經) 고문

삼체석경에 수록된 고문은 사실 위진남북조시대 사람들이 보았던 전국시대의 문자이다. 이 석경은 위(魏)나라 정시(正始) 2년에 국가가 제정한 경서 사본이기 때문에 "정시석경(正始石經)"이라고도 한다. 35개의 돌에 고문(古文), 소전(小篆), 한예(漢隸) 세 가지 서체를 사용하여 『상서』, 『춘추』, 『좌전』의 일부를 새겨놓았다. 세 글자씩 종서(縱書)로 대부분을 기록하였지만, 횡서(橫書) 품자식(品字式)도 종종 사용하였다. 실물은 서진(西晋)시기 영가(永嘉)의 난을 거치면서 훼손되었고, 탁본만 전하며 수록된 글자 수는 14만 7천자 정도이며, 300여 자의 고문이 수록되어 있다. 송대의 서적 『한간(汗簡)』에는 122자 수록하고 있다. 청나라 말기부터 석경이 지속적으로 출토되어 지금까지 발견된 고문은 700여 자이며, 중복된 글자를 제외하면 석경의 고문은 440자이다. 이 자료들을 『설문(說文)』에 수록된 고문(古文)과 비교해보면 70자는 자형 구조가 같고, 전문(篆文)과 같

【그림 1】삼체석경(三體石經) 고문

은 문자는 155자, 갑골문 금문과 같은 문자는 87자, 전국시대 육국문자와 같은 자는 56자이며, 그 자형이 와변되어 문자 판독이 불가능한 것도 65자 정도 된다.[03] 이 석각 유물은 전국시대에 제작된 것이 아니므로, 새겨진 고문의 상당수는 기존의 전국문자에서 볼 수 없는 자형을 많이 담고 있다. 그러나 위(魏)나라 사람들이 전래문헌 자료를 근거로 새긴 것이기 때문에 문헌상의 전국문자로 분류하는 것이다.

3) 『한간(汗簡)』, 『고문사성운(古文四聲韻)』의 고문

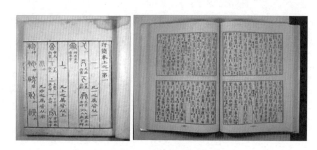

【그림 2】 『한간(汗簡)』, 『고문사성운(古文四聲韻)』의 고문

『한간(汗簡)』은 북송 시기 곽충서(郭忠恕)가 쓴 문헌으로 책 이름만 보아도 죽간을 기본 자료로 삼았음을 알 수 있다. 좀이 먹는 것을 방지하고 쓰기 쉽게 하기 위하여 불로 구운 후 물기를 빼는 "살청(殺青)" 작업을 했기 때문에 얻어진 서명이다. 이 책의 구성은 『설문(說文)』의 체례를 따랐으며, 중화인민공화국 수립 후 발굴된 전국문자를 고석하는데 많은

---

03   曾憲通(1982:273), 『說文古文與石經古文合證』, 『古文字研究』제7집.

동아시아 한자인문로드 한자의 역사

참고가 되었다. 1970년대 하북성(河北省)에서 출토된 전국시대 중산왕(中山王) 청동기 명문 중 상당수의 자형이 『한간(汗簡)』을 근거로 고석이 이루어졌고, 이후에 출토된 전국문자 판독에도 중요한 참고자료가 되었다.[04]

『고문사성운(古文四聲韻)』은 북송 시기 하송(夏竦)이 편찬한 것으로, 곽충서의 『한간(汗簡)』보다는 제작 시기가 늦다. 『절운(切韻)』을 근거로 하였기 때문에 책의 체제를 4성으로 분류하였으며 수록된 자형과 내용은 비슷하지만, 학술적 가치는 『한간(汗簡)』보다 높지 않다는 평가를 받고 있다.

이상 소개한 두 권의 책은 북송시대 사람들이 보았던 전국시대 문자를 수록한 소중한 자료이다. 그러나 시간이 흐르면서 와변된 자형과 베껴쓰는 사람들이 위조한 "고문"자형도 많이 있으므로 참고할 때 주의를 기울여야 한다.

3. 출토문물에 수록된 전국문자

1) 죽간문(竹簡文)

죽간문의 호칭은 『묵자(墨子)』의 "죽백에 쓰다.(書于竹帛)", 『한비자(韓非子)』의 "선왕이 죽백에 이치를 맡겼다.(先王寄理于竹帛)"에서 원류를 찾을 수 있다. 이 밖에 "간책문"이라고도 하였는데 문자를 기

---

04   張頷(1981), 『中山王釁器文字編序』, 中華書局.
   강윤옥(2004), 『中山王銅器銘文所見的傳抄古文』, 古文字硏究, p236-242 참조.

록한 대나무 쪽을 "간(簡)", 이를 엮은 "책(冊)"(혹은 "策")을 의미한다. 간책(簡冊) 사용의 기원은 상대(商代)까지 거슬러 올라가며, 이는 『상서·다사(尙書·多士)』의 "은나라 선조들은 책(冊)과 전(典)이 있었다.(惟殷先人, 有冊有典。)"라는 내용을 통해 확인 가능하다. 갑골문에서 "冊"자는 "𠕋 𠕋", "典"자는 "𣍃"로 쓰였는데 죽간이 묶여있는 전(典)과 책(冊)

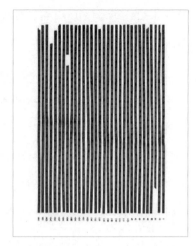

【그림 3】 청화대학장전국죽간(靑華大學藏戰国竹簡)

의 형태를 나타내고 있다. 뿐만 아니라 갑골문에 "工冊"이라는 문자가 있는 것으로 보아 상대(商代)에 이미 죽간을 사용하기 시작했다는 사실을 파악할 수 있다. 또한, 서주 청동기 『송정(頌鼎)』 명문에도 왕명을 죽간에 새겼다는 기록이 있다. "송(頌)은 공손히 절을 올리고, 책명을 받아 패를 달고 나간다.(頌拜稽首, 受命冊, 佩以出)"라는 글귀가 그 증거이다. 『시경·출거(詩經·出車)』에 "이 간서를 두려워하다.(畏此簡書)"라는 구절 역시 주대에 죽간을 사용했다는 사례가 된다. 춘추시대에 이르면서 죽간 사용은 더욱 보편화되었는데 『좌전(左傳)』 양공(襄公) 25년에 "태사공이 이르길 '최서(崔抒)가 그 군주를 시해하고' 최서(崔抒)의 아들은 아비를 살해한다. 그 동생이 書를 받는데 죽은 자는 모두 두 명이다. ……南史氏가 大史가 겨우 죽었다는 것을 듣고는 簡을 쥐고 왔다.(太史書曰: '崔抒弑其君', 崔子殺之。 其弟嗣書而死者二人。 ……南史氏聞大史僅死, 執簡以往。)"라고 죽간의 용도가 구체적으로 기록되어 있다. 이 문장은 죽간이 춘추시대 역사를 기록하는 중요한

동아시아 한자인문로드 한자의 역사

서사 도구였음을 전하고 있다. 『진서·무제기(晉書·武帝紀)』에 "咸寧 5년에 몰래 위양왕(魏襄王) 무덤을 팠는데 죽간(竹簡), 소전(小篆) 및 고서(古書)에서 10여만 자를 얻었다.(咸寧五年不准掘魏襄王冢, 得竹簡小篆古書十餘萬言。)"라 했는데, 이 무덤에 함께 묻혀 있던 『목천자전(穆天子傳)』, 『죽서기년(竹書紀年)』을 통해서 죽간을 부장품으로 널리 사용하고 있었다는 사실을 확인할 수 있다.[05] 다만 상주시대의 죽간 유물이 아직 출토되지 않고 있으므로, 더 이른 시기의 간책(簡冊) 제도와 문자의 풍격을 알기 위해서는 새로운 출토문물의 발견을 기대할 수밖에 없다.

현재 우리가 접할 수 있는 죽간은 대부분 전국시대의 출토문물이다. 중화인민공화국 수립 후 1차 발견은 1966년 장사(長沙), 신양(信陽), 강릉(江陵) 등 일곱 곳에서 초나라 죽간이 무더기로 출토된 것이다. 2차는 90년대 『곽점초묘죽간(郭店楚墓竹簡)』(『郭店楚簡』)의 발견을 시작으로 지금까지도 지속적으로 초나라 죽간이 발굴되고 있다.

발견된 죽간의 형태는 『남제서·문혜태자전(南齊書·文惠太子傳)』의 "양양(襄陽)이 옛무덤을 도굴하여 '죽간청사편(竹簡靑絲編)'을 얻었다.(襄陽盜古冢得竹簡靑絲編)"에서 알 수 있듯이 끈이나 비단으로 묶여 있었다. 발굴 당시 대다수의 죽간은 두 곳이 묶여져 있었는데 이 형태는 『설문(說文)』의 "冊"에 대한 자형 풀이인 "가운데 두 부분을 묶은 형태(中有二編之形)"와 부합한다. 종종 죽간의 크기에 따라 세 번이나 네 번 묶은 것도 발굴되고 있다. 일반적으로 간책(簡冊)은 일단 엮고 난 다음 기록하였다. 이러한 사실은

---

05 陳煒湛(1980), 『戰國以前竹簡蠡測』, 『中山大學學報』哲社版4期.

묶은 흔적의 아래 위 글자 사이가 벌어져 있는 것을 통해 판단할 수 있다.[06]

2001년『상해박물관장전국초죽서(上海博物館藏戰国楚竹書)』가 공표된 후 초죽서(楚竹書) 연구는 새로운 국면에 접어들게 되었다. 이 죽간은 당시 초나라가 郢都로 도읍을 옮기기 전에 묻었던 부장품으로『곽점초간(郭店楚簡)』의 두 배에 가까운 수량인 약 1,200매를 상해박물관이 홍콩을 통해 구입하였다.

최근 가장 주목을 받고 있는 초죽간(楚竹簡) 자료는『청화대학장전국죽간 (靑華大學藏戰国竹簡)』(『靑華簡』) 이다. 초죽간의 서사시기는 BC 4세기 후반에서 진(秦)나라가 중국을 통일하기 이전 즉 BC 221 이전으로 추정한다.

이상 거론한 초죽간의 제작시기는 호북성(湖北省) 운몽현(雲夢縣)의『수호지진묘죽간(睡虎地秦墓竹簡)』(BC256~BC217)과『천수방마탄진간(天水放馬灘秦簡)』(BC 239)보다 이르고,『신양장대관초간(信陽長臺關楚簡)』보다는 늦은 전국시대 중후기 문헌에 속한다. 학계는『곽점초간(郭店楚簡)』『상해박물관장초죽간(上海博物館藏楚竹簡)』『청화간(靑華簡)』등의 발견을 갑골문과 돈황 변문 발굴 이후 최대의 고고학적 발견이라 평가하고 있다. 이러한 전국(戰國)시대 초죽서의 발견은 문자학적으로도 중요한 의의가 있다. 초죽간의 서체를 현행본(今本)과 비교해 보면, 전국시기 문자들의 특징을 이해할 수 있고, 약정속성(約定俗成)의 규율을 통해 문자가 역사적으로 변화 발전한 과정을 파악할 수 있다. 이외에도 초죽간은 육국(六國) 문자의 사용과 초나라의 언어·문화·사상·풍습 등을 연구하는데 있어 중요한 자료를 제공하고 있다.

---

06   曾憲通(1978),『戰國楚竹簡槪述』,『中山大學學報』哲社版4期.

성질이 불확실한 몇몇 죽간문(竹簡文)을 제외하면 이상 거론한 죽간들은 수록된 내용을 세 가지로 분류할 수 있다.

(1) 견책(遣策)

이는 초나라 죽간 내용 중에서 가장 핵심이 되는 기록이다. 『의례·기석례(儀禮·旣夕禮)』에 "죽간에 보낸 물품을 기록하다.(書遣于策。)"라 하였는데 의례주(儀禮注)에서 "策은 죽간이다. 送은 보내다.(策, 簡也。遣, 猶送也。)"라 풀이하였다. 따라서 견책은 망자를 매장할 때 친척이나 벗들이 보내는 선물이나 장례에 사용된 물품 명부를 말한다. 종종 명부에 기재된 내용과 부장품이 완전히 일치하지 않는 경우도 있으나, 수현(隨縣) 뇌고돈(擂鼓墩)의 증후을묘(曾侯乙墓: 曾나라는 초나라 속국으로 초나라에 속한다)에서 출토된 죽간은 장례에 쓰인 마차, 병사, 무기 등과 마차 및 마부의 구성, 각종 운송 장비, 마차의 수량이나 종류, 거마 제도 및 수레의 부속 장식물 등이 상세하게 기록되어 있다. 수레가 69대, 말이 200여필, 극(戟)이 20개, 과(戈)가 40여개, 수(殳)가 16개 이상 기록되어 있으며 왕과 태자의 성명, 선물 증여자의 성명, 마부 관직명 등도 언급되어 있다. 예를 들어; "命尹, 游鎬公, 鎬城君, 左尹, 右尹, 大攻尹, 左司馬, 右司馬, 宮廐尹, 宮廐令, 鄰連敖" 등의 호칭과 직책명이 적혀 있으며, 기증자의 관직명 "許陽公, 右馬, 屯君" 등도 기록되어 있다. 특히 장사(長沙)의 오리패(五里牌)와 앙천호(仰天湖), 신양(信陽)의 장태관(長台關), 강릉(江陵)의 망산(望山) 2호 묘 네 곳에서 발견된 견책은 사용된 1,000여 건의 기물과 "鼎八", "金戈八", "鐘小大十又三" 처럼 수량을 기록하고 있다. 이 가운데 대다수의 기물은 전래문헌에 수록되어 있지 않은 장례용 물품들이기 때문에 상장례 문헌연구 시 참고 가치가 높다.

(2) 죽서(竹書)

신양(信陽)의 장태관묘(長台關墓)에서 발견된 500-600자 길이의 죽간은 문체가 상당히 뛰어나며 논설문 성격을 띠고 있다. 그 문장을 살피면 "주공이 돌연 안색을 바꿔 '오호! 천한 자가 상전에게 죄를 지으면 사형에 처한다'라고 말했다.(周公猝然作色曰: '烏夫! 戔人各(格)上, 則刑戮至。')", "군자의 도가 오곡(五谷)과 같이 거침없이 흐른다.(君子之道若五浴(谷)之溥。)"[07] 처럼 유가의 사상을 담고 있어 죽서에 해당한다.

또 다른 대표적인 죽서(竹書)로는 1993년 호북성(湖北省) 사양현(沙洋縣) 기산진(紀山鎭) 곽점촌(郭店村)에서 발견된 『곽점초간(郭店楚簡)』으로, 초나라 귀족묘의 군락지인 곽점촌(郭店村) 1호 묘에서 도굴꾼이 발견한 유물이다. 이 묘지에서 예기(禮器)·생활용구(生活用具)·병기(兵器)·상장기(喪葬器)·악기(樂器)·공구(工具)·장식품(裝飾品) 등과 함께 죽간(竹簡)이 발견되었으며, 모두 초(楚)나라 문화의 풍격(風格)을 고스란히 간직한 중요한 출토 문헌 자료이다. 이 죽서가 무엇보다 주목받는 것은 당시의 경서(經書)를 수록하고 있기 때문이다.

1998년 『곽점초간죽간(郭店楚墓竹簡)』이 文物出版社를 통해 고석된 죽간이 발표가 되었으며, 804매(枚)의 죽간 중에서 글자가 있는 것은 730매로 약 13,000자가 수록되어 있다. 이 중에서도 가장 이른 판본인 『주역(周易)』과 『치의(緇衣)』 등의 유가 서적 및 『항선(恒先)』의 도가사상 기록이 특히 중요하다.

『주역(周易)』은 길이 44cm로, 세 개의 편선(編線)으로 묶여져 있으며 한

---

07 『설문(說文)』: "泉出通川爲谷"을 근거로 하면 "五浴"은 "五谷"의 통가자이다.

개의 죽간에 44자의 문자가 기록되어 있다. 이 죽간에는 다른 문헌에서 볼 수 없었던 여섯 가지 부호가 빨간색과 검은색으로 사용되었다. 이 부호들은 음양괘의 순환이나 인과를 나타내는 역학(易學) 이론을 표현하고 있으며, 58개 중에서 35개 죽간이 괘(卦)와 관련된 내용으로 약 1,800여 자 수록하고 있다.[08]

『항선(恒先)』은 훼손된 내용없이 완전하게 발굴되었으며 길이 39.5cm의 13개 죽간에 479자가 수록되어 있다. 이 죽간 역시 세 개의 편선으로 묶여 있는데, 『주역(周易)』과 서체가 같은 것으로 보아 동일한 사람이 쓴 것으로 보인다.

『상해박물관장전국초죽서(上海博物館藏戰国楚竹書)』는 2001년 발표되었으며, 『공자시론(孔子詩論)』, 『시악(詩樂)』과 『시경(詩經)』에 수록되어 있지 않은 몇몇 시편이 수록되어 있어 특별히 선진시기 음악의 비밀을 해결할 수 있는 중요한 문헌자료이다. 『시론(詩論)』 가운데 공자가 시를 논한 부분은 수량 면에서 뿐 아니라, 질적으로 『시어(詩語)』를 능가하고 있어 주목받은 바 있다.[09]

『청화대학장전국죽간(青華大學藏戰国竹簡)』은 청화대학(青華大學)이 2008년에 홍콩에서 매입한 약 2,400매의 초죽서(楚竹書)로 2010년 11월 이학근(李學勤)선생이 『青華大學藏戰国竹簡(壹)』을 발표한 후 2019년 11월 『青華大學藏戰国竹簡(玖)』9집까지 공표되었다. 『청화간(青華簡)』이 발표되

---

08 강윤옥(2007), 『출토문헌《周易》의 연구 동향과 향후 과제』, 中語中文學 제41집.

09 강윤옥(2007), 『출토문헌《詩經》의 발굴 현황과 문자학적 특징 연구』, 中國語言研究 제24집.

자 전국시대 음악·종교·역사·문학·철학·문자 등 고대 학술사와 문화사를 연구하는 학자들에게 중요한 참고자료가 되고 있다.

『청화간(青華簡)』문자의 형태와 수록된 내용은 대부분『상박초죽간(上博楚竹簡)』이나『곽점초간(郭店楚簡)』과 유사하지만,『고문상서(古文尚書)』, 『금문상서(今文尚書)』,『일주서(逸周書)』 등의 내용이 포함되어 있어 기존에 발견된 초죽서와는 차별화된다.『青華簡(壹)』의 내용 중『윤실(尹室)』은 유실된『상서(尚書)』중의 한 편이며,『윤고(尹誥)』는 위고문(僞古文)『상서(尚書)』편명 중 하나인『함유일덕(咸有一德)』의 진위(眞僞) 문제를 살필 수 있는 근거 자료가 된다. 뿐만 아니라,『윤고(尹誥)』가 통행본『상서(尚書)』의 『함유일덕(咸有一德)』과 내용이 다르기 때문에 이 점을 주목하여 그 성과를 지속적으로 발표하고 있다. 또한,『윤고(尹誥)』는『상박초간·치의(上博楚簡·紂衣)』와 전래문헌『예기·치의(禮記·緇衣)』가 같은 내용을 담고 있어 두 자료를 이용한 대조 연구가 가능하다.

이밖에도, 전국(戰國) 시기 초죽서의 발견과 정리는 문자학적으로 중요한 의미가 있다. 초죽간은 현행본과 비교하면, 전국시기 문자 통용과 약정속성(約定俗成)의 상황을 이해할 수 있게 되고, 부득이하게 발생된 현행본과의 통가(通假)현황도 파악할 수 있다.[10] 때문에 이러한 죽서 자료들은 우리가 전국시대 전래문헌을 이해하는데 직접적인 도움이 된다. 이 외에도 초죽서는 육국(六國) 문자와 초나라 언어를 연구하는 데에 있어 중요한 출토 문헌이다.

---

10 姜允玉·李效眞(2010),『上海博物館藏戰國楚竹書·容成氏 通假字 釋例』, 中語中文學 제 46집.

(3) 찰기(札記)

강릉(江陵) 망산(望山) 1호 묘에서는 묘주(墓主)가 앓던 생전의 질병, 축도(祝禱), 주술(呪術), 점복, 기사(記事) 등 신변잡기에 해당하는 기록이 출토되어 이러한 내용은 "찰기류(札記類)"로 분류한다. 이 죽간은 출토 당시 상당히 많이 훼손되어 가독성이 낮았으나, 제사의 대상인 선왕(先王)과 선군(先君) "聖王", "昭王", "東大王", "東郘公", "王孫喿" 등의 내용을 살필 수 있어 크게 주목을 받았다. 이 가운데는 "大水", "后土", "司命" 등의 산천신지(山川神祇)와 관련된 기록도 있으며, "閦聞王于哉郢之歲" 등의 기년(紀年) 방식과 "䖂屎之月", "獻馬之月" 처럼 기월(紀月) 방법도 수록하고 있다. 이러한 죽서 기록은 전래문헌에서 찾아볼 수 없는 기년 방식이기 때문에 악군계절(鄂君啓節) 명문의 "大司馬昭陽敗晉師于襄陵之歲、夏屎之月" 기년 기월 방식과 함께 초나라 역사 문화 사료로서 그 가치를 인정받고 있다.

2) 백서(帛書)

백서(帛書)는 염색하지 않은 비단에 쓴 글로 1942년 9월 도굴범이 장사(長沙) 자탄고(子彈庫)의 목곽묘(木槨墓)에서 훔친 유물이다. 현존하는 중국 최초의 백서(帛書)이자, 유일한 전국시대 백서(帛書)이기도 하다. 도굴된 직후 호남성(湖南省) 채계양(蔡季襄)이 손에 들어가게 되었고 길이 33cm, 너비 36.5cm의 백서에 수록된 그림과 문자를 베낀 후 『만주증서고증(晚周繒書考證)』이라는 책으로 1944년에 발간하였다. 이후 초백서를 Freer Gallery of Art가 소장하였으며, 박물관이 1952년 사진으로 공개하자 梅原末治, 商承祚, 林巳奈夫, 巴納, 饒宗頤 등 학자들이 연구 성과

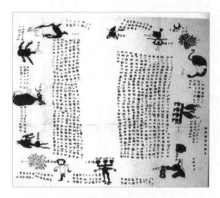

【그림 4】 초백서(楚帛書)

를 발표하였다. 지금은 현재 뉴욕 Metropolitan Museum of Art가 소장하고 있다.

백서는 서체가 독특하여 강하고 부드러운 필획이 함께 섞여 있다. 내용은 甲, 乙, 丙편으로 구성되어 있으며, 사방 12단의 문장으로 꾸며져 있다. 각 테두리마다 청색, 적색, 백색, 흑색으로 구분해 놓았으며, 붉은색의 네모꼴 부호를 사용하여 장(章)을 구분하기도 하였다. 수록된 문자는 중문(重文)과 합문(合文)을 합하여 952자이며, 이 중에서 완전히 손상된 문자가 73자이며, 단자(單字)는 297자이다.[11]

甲편의 전체 내용을 살피면 8행은 전부 267자(중문 9자, 훼손된 글자 23자, 유실된 글자 2자 포함)로 구성되어 있다. 사계절과 일월이 생겨난 신화를 담고 있으며, 초나라의 풍습과 전설(傳說)도 언급하고 있다. 남방 민족의 신화 전설이므로 특히 초나라 문화와 신화 전설을 연구하는 데 있어 참고 가치가 높다.

乙편 13행은 모두 412자(중문 합문 8자, 훼손된 글자 21자, 유실된 글자 7자 포함)로 기상변화를 통해 하늘을 공경해야 하고 계절에 순응하자는 내용을 담고 있다. 하늘을 공경하고 계절에 순응하지 않거나 제사를 때에 맞춰하지 않으면 하늘이 반드시 화를 내릴 것이고, 별이 제멋대로 운행하여 사계

---

11   饒宗頤·曾憲通編著(1985), 『楚帛書』, 中華書局香港分局出版 .

절이 질서를 잃으면 지진이 일어나 산이 붕괴하고, 홍수가 일어나는 등 각종 재해가 발생할 것이라는 내용을 수록하고 있다.

丙편은 전부 273자(합문 2자, 훼손된 글자 29자, 유실된 글자 21자 포함)를 수록하여 길일과 피해야 할 날에 대해 설명하고 있다. 예를 들면 시집을 가거나, 용병 및 건축물을 부수는 것은 언제 택일해야 하는지 등에 대해서 상세히 기록하고 있다. 각 장(章)의 맨 앞에 월명(月名)이 기록되어 있는데 이는 『이아·석천(爾雅·釋天)』의 12개 달의 명칭과 대체적으로 부합한다.

이상의 내용을 종합해보면, 백서의 갑편과 을편만 살피면 사계절의 순서를 판단하는 것이 상례이고, 천상(天象)의 이변 기록을 이례라 할 수 있어 음양가의 사상 같기도 하고, 천문의 점서 같기도 하다. 그러나 병편만을 본다면 매달마다 해야 할 것, 금해야 할 것들을 상세하게 언급한 것이 예기(禮記)의 월령(月令)과 흡사하다. 따라서 초백서는 『한서·예문지(漢書·藝文志)』에서 말하는 천문과 잡점(雜占)류에 속하며 "음양가"사상에 가깝다고 할 수 있다.

3) 석각문(石刻文)

【그림 5】석각문(石刻文)

『묵자(墨子)』를 살피면 선조들이 "대나무와 비단에는 쓰고, 금석에는 새겼다.(書于竹帛, 鏤于金石。)"라고 여러 차례 언급하고 있다. 이는 전국시대에 이미 석각이 존재했음을 증명해 주는 기록이다. 진나라의 낭야대(瑯琊臺) 각석에도 "옛날의 황제들은……금석에 새겨서 기록한 것 같다.(古之帝者……猶刻金石爲紀。)" 라는 문구가 있으므로, 석각에 기록하는 관습은 역사가 오래되었음을 알 수 있다. 석(石)은 아름다운 돌을 지칭하는 옥(玉)도 있기 때문에 석각문자라 함은 옥기(玉器), 옥장식(玉裝飾), 옥편(玉片)에 새겨진 문자도 포함된다. 상대(商代)에 이미 옥판(玉版)에 새긴 갑자표(甲子表), 옥과명문(玉戈銘文) 등이 존재하지만, 석각이 서사도구로 널리 사용된 것은 진시황 통일 이후이다. 따라서 발굴된 전국시대의 석각문 수는 그리 많지 않다.

(1) 석고문(石鼓文)

석고문은 높이 110cm, 지름 33cm 정도로 남짓한 돌덩이가 10개 전해지며, 둥근형의 비문 형태이기 때문에 석갈(石碣)이라고도 한다. 흑청색을 띤

동아시아 한자인문로드 한자의 역사

화강암의 생김새가 위쪽은 좁고 둥글며, 아래쪽은 넓고 평평한 것이 북모양 같다고 하여 "석고(石鼓)"라고 하는 것이다. 이 유물은 당대(唐代)에 섬서성(陝西省) 봉상현(鳳翔縣)에서 발견되었으며, 현재 북경 고궁박물관에 보관되어 있다. 석고에 새겨둔 문자는 절반 이상 훼손되었으며, 그 중 한 개는 구멍을 뚫어 절구통으로 썼기 때문에 단 한 글자도 남아있지 않다. 석고(石鼓)의 제작 시점에 대해서는 주(周), 진(秦), 한(漢), 후위(後魏), 북주(北周) 다섯 가지 설이 다양하

【그림 6】석고문(石鼓文)

게 존재한다. 마형(馬衡)이 『석고위진각석고(石鼓爲秦刻石考)』에서 "석고(石鼓)가 진(秦)나라 옹(雍)지역에서 출토되었고, 석고문에서 보여지는 강 이름인 "견(汧)"이 바로 옹(雍)지역이므로 진(秦)나라의 것이다"라고 고증하자, 대체로 이 견해를 정설로 받아들이고 있다. 그러나 진(秦)나라의 어느 왕에 해당하는 기록인지에 대해서는 여전히 일치된 견해가 없다. 곽말약은 진(秦)의 양공(襄公) 8년인 주(周) 평왕(平王) 원년(기원전 770년)의 것이라 하고, 당란은 주(周) 위렬왕(威烈王) 4년(기원전 422년)의 것[12]이라 주장하였다. 석고에 수록된 서체를 살피면 서주시기 말엽과 춘추 초엽의 진나라 문자보다는 '전국시기 진나라 문자'에 좀 더 가깝다. 소전보다 복잡하면서 주문에 좀 더 가까우므로 소전의 전신이라 보아야 한다. 따라서 석고문을 전국

---

12   郭末若(1958) 『石鼓文年代考』, 『故宮博物院院刊』1期.

시대의 것이라 판단한 당란의 설이 사실에 보다 가깝다고 생각된다.

　석고의 4면에는 각각 사언시 한 수가 새겨져 있었는데, 원석(原石)을 근거로 본다면 600여자가 수록되어 있어야 하겠지만, 현재 300여자 남아있을 뿐이다. 곽말약은 현존하는 송(宋)대 탁본을 근거로 501자를 복원하였다. 석고문의 내용이 전원의 아름다움과 활발했던 수렵활동을 기록한 것이므로 ("엽문(獵文)"이라 칭하기도 하며,) 문장의 격조나 운율이 『시경·소아(詩經·小雅)』 중의 『거공(車攻)』, 『길일(吉日)』편 등과 비슷하다. 처음 수렵을 나가는 광경을 묘사한 『거공(車攻)』에는 "나의 사냥수레 이미 견고하고, 나의 말 힘 균등하네. 나의 사냥수레 매우 좋고, 나의 말 강건하네. 군자가 사냥을 하러 나가네. 암사슴과 숫사슴이 이리저리 뛰어다니니 군자가 사냥하려던 마음먹은 바일세. 활쏘기에 좋은 뿔, 후에 사냥할 때 쓰겠네. 사나운 숫짐승을 에워싸려하니, 짐승들 달려오네. 들짐승들 달아나고, 먼지 흩날리니 앞에 나가 기회를 보다가 활을 쏘아 죽이네. 사슴들이 당황하여 불안해하고 흩어져 달아나네. 들짐승을 에워싸 달아나는 짐승 좇아가 달아나는 짐승에게 활을 쏘네."라는 내용을 담고 있다. 때문에 곽말약은 『석고문연구·중인변언(石鼓文硏究·重印弁言)』에서 "석고문은 詩이다……문학사적인 관점에서 본다면 석고(石鼓)의 시(詩)는 고대문학 작품의 귀중한 사료(史料)를 직접적으로 제공하고 있으며, 더욱 중요한 사실은 중국 고전문학 보고의 하나인 『시경(詩經)』의 진실성을 증명해주고 있다."라고 석고문의 가치를 높이 평가하였다. 이처럼 석고문은 한 편의 시문으로 역사적 가치보다는 문학적 가치가 더 높다.

(2) 저초문(詛楚文)

저초문(詛楚文)은 북송(北宋) 년간
에 출토된 진나라 석각으로 추정한
다. 세 개의 석각에 수록된 글자 수
는 조금씩 차이가 있지만, 문구는 대
체로 비슷하다. 전체 문장을 살피면
제사를 지내는 대상인 신(神)의 이름
에 차이가 있을 뿐이므로 각각의 신

【그림 7】저초문(詛楚文)

(神) 이름을 사용하여 각각 무함문(巫咸文), 대침궐추문(大沈厥湫文), 아타문
(亞駝文)이라고도 한다. 가우(嘉佑) 연간에 봉상현(鳳翔縣) 개원사(開元寺)에
서 무함문(巫咸文, 328자)이 처음 발견되었으며, 다음으로 치평(治平) 때 조
나추방(朝那湫旁)에서 대침궐추문(大沈厥湫文, 318자)이 발견되었고, 낙양
(洛陽) 유침가(劉忱家)에서 아타문(亞駝文, 325자)이 마지막으로 발견되었다.
세 개의 석각은 남쪽으로 도읍을 옮긴 후 사라져, 현재는 각사본만 전해 내
려올 뿐이다. 저초문은 진(秦) 혜문왕(惠文王) 집권 후 13년, 즉 초(楚) 회왕
(懷王) 17년(B·C 312년)에 제작된 작품이다.[13] 당시 초(楚) 회왕(懷王)은 육국
의 병사를 이끌고 진나라를 공격하였으며, 진나라 혜문왕은 초나라 병사에
게 무함(巫咸), 대침궐추(大沈厥湫), 아타(亞駝) 세 신이 재앙을 내려달라고
기도하게 명하고, 무축(巫祝)에게 주문한 내용을 돌에 새겼던 것이다. 300
여자의 짧은 문장이지만 호방하고 거침없는 표현이기 때문에 매우 훌륭한
격문으로 평가받고 있다.

---

13 郭末若(1982)『石鼓文研究詛楚文考釋』, 科學出版社, 考古學專刊.

그러나 저초문(詛楚文)의 제작시기에 대한 진위 여부는 지금까지도 끊임없이 논란이 되고 있다.[14] 기록된 서체를 살피면 "무상위불리(毋相爲不利)"에서 "爲"자가 강첩본(絳帖本)에는 "馬", 여첩본(汝帖本)에는 "爲", 중오간본(中吳刊本)에는 "爲 馬 爲"로 쓰인 점은 완전히 진한시대 이후의 필사법이기 때문이다. 특히 "爪"가 중오본(中吳本)에서 "爪"로 쓰여진 것은 해서와 글자체가 비슷하며, "十", "滅", "輸", "曰", "盛", "賜", "質", "成", "昔", "盟", "使" 등의 자형이 전국문자와는 크게 다르다. 때문에 진위담(陳煒湛)은 저초문이 당송(唐宋) 시기 『좌전(左傳)』의 "여상이 진을 멸함(呂相絶秦)" 내용을 모방하기 위해 비각에 약간의 변화를 주어 위조하여 만든 것일 가능성이 높다고 주장하였다. 이처럼 저초문의 진위 문제 해결은 여전히 연구하고 토론해야 할 과제로 남아있다.

(3) 후마맹서(侯馬盟書)

맹서는 고대 국가가 중요한 사건으로 인해 집회를 열거나 공약을 정할 때 "하늘에 맹세하던" 서약서이다. 현존하는 대표적인 춘추전국시대 "맹서" 유물은 두 개이다. 하나는 1965년 산서성(山西省) 후마시(侯馬市) 진(晉)나라 유적지에서 출토된 "후마맹서(侯馬盟書)"이고, 다른 하나는 1982년에

---

14 원대(元代)의 오구연(吾丘衍), 명대(明代)의 도목(都穆), 청말(靑末)의 구양보(歐陽輔)는 저초문이 가짜 석각이라고 의심하였으며, 곽말약은 『저초문고석(詛楚文考釋)』에서 아타문(亞駝文)만이 가짜 석각일 것이라고 하였다. 진위담(陳煒湛)은 『저초문헌의(詛楚文獻疑)』에서 저초문을 고석한 후, 문자, 단어, 역사적 사실 등 여러 가지 각도에서 종합적으로 살펴본 결과 석각 세 개 모두 위조품 여지가 충분하다고 하였다.

하남성(河南省) 온현(溫縣)에서 발견된 "온현맹서(溫縣盟書)"이다.[15] 후마맹서는 춘추 후기 제사를 지내던 40개의 坑에서 출토된 5,000여 개의 옥에 새긴 관방 문서이다. 맹서의 모양은 규형(圭形)으로 머리 부분이 뾰족하고 아래 부분은 긴 칼 형태가 대부분이지만 원형, 사각형도 일부 발견되었다. 앞뒷면에 약 1,000여 자를 수록하였으나 식별 가능한 글자는 656자 정도이며, 이체자(異體字)도 상당히 많다.[16]

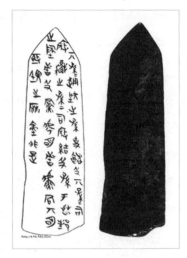

【그림 8】 후마맹서(侯馬盟書)

이 옥각은 먹으로 쓴 "복서류(卜筮類)"와 주사(朱砂)로 쓴 붉은 글씨 두 종류가 발견되었다.

"후마맹서"가 제작된 춘추 후기는 주 왕실이 몰락하던 시기이며, 가문끼리 권력 다툼을 하던 시기이자, 노예제 사회에서 봉건제 사회로 전환하는 과도기였다. 이 맹서를 진행한 맹주는 역사서에 기록된 인물 조맹(趙孟)으로, 춘추 말기 진(晋)나라 대부(大夫)인 조앙(趙鞅)에 해당한다. 당시 조맹은 신흥 지주 계급의 대표적인 인물로, "후마맹서"는 문중의 세력을 확고히 하고 정적들을 와해시키기 위해 일으킨 집회 기록물이다. 수록된 내용은

---

15   山西省侯馬市文物發掘組(1983), 『河南溫縣東周盟誓遺址一號坑發掘簡報』, 『文物』2期.

16   강윤옥(2011), 『侯馬盟誓 "異構字"의 類型 分析과 特徵에 관한 小考』, 中語中文學 제50집.
      강윤옥(2011), 『侯馬盟書 "一字多形" 중의 異寫字 考察』, 中國學報 제64집.

종맹류(宗盟類), 위질류(委質類), 내실류(內室類), 복서류(卜筮類)로 나눌 수 있다.

이 맹서의 주류를 이루는 종맹류(宗盟類)는 514편이다. 조맹(趙孟)이 문중을 결속시켜 적과 싸우기 위해 시행한 서약이므로 "종맹(宗盟)"이라고도 한다. 위질류(委質類)는 주맹자가 적진에게 분열정책을 쓰자고 거행한 서약으로 약 75편이 있다. 편명의 맨 앞에 모인(某人) "自質于君所"라는 글귀가 새겨져 있으며, 스스로 군주를 위해 헌신한다는 의미로 영원히 죽을 때까지 한 군주에게 충성한다는 서약이다. "질(質)"은 자기 몸을 맡긴다는 뜻이 있어 위질류(委質類)라고 한다. 내실류(內室類)의 "내(內)"는 납(納)을 말하며 "室"은 가실(家室)로 일정한 토지, 재산, 노예를 의미하므로 즉 일종의 약탈단위에 해당하며 약 58편이 있다. 즉, "내실(內室)"이란 다른 사람의 "실(室)"을 교묘한 수단으로 탈취하여 자기 것으로 만드는 것으로, "지금부터 이 맹서를 따르지 않는 자, 재산을 약탈하는 자, 문중이나 형제의 재산을 약탈한 자가 헌납하지 아니하면 엄중하게 죄를 밝혀내 그 씨족을 멸하겠다."라는 내용이 수록되어 있다. 복서류(卜筮類)는 3건만 발견되었으며, 서약을 거행할 때 점복용으로 썼던 희생물에 대한 기록이다. 서약 내용이 아니기 때문에 먹으로 썼으며, 얇은 옥벽(玉璧), 옥홀(玉笏) 위에 거북점과 무당의 점에 관한 문구가 기록되어 있는데 "卜以吉, 筮□□"처럼 기록된 내용이 아주 짧다. [17]

---

17 강윤옥(2013), 『春秋載書記錄小考』, 中國語文論叢 제58집.

동아시아 한자인문로드 한자의 역사

4) 금문(金文), 부절문(符節文), 화폐문(貨幣文)

전국시대는 철기가 보급되기 시작하면서 청동기 제작이 크게 간소화되어 금문도 간단해졌다. 내용 역시 역사 서술 및 선조를 찬양하는 문구에서 탈피하여 "물늑공명(物勒功名)" 즉, 기물 제조자의 이름과 성씨 위주로 기록하였다. 예외적으로 장편 명문이 수록된 청동기물을 살피면, 1970년대 출토된 중산국(中山國)의 중산왕(中山王) 유물들과 증후을묘(曾侯乙墓) 오십육사박종(五十六祀鎛鐘)(그림 9) 신처호부(新郪虎符)(그림 10), 악군계절(鄂君啓節)(그림 11) 등이 있다.

금문인 부절문(符節文)의 '符'는 병사나 장군을 파견할 때 근거로 삼은 병부(兵符)를 말하며, '節'은 통행할 때 신분증으로 삼은 금절(金節)로, 병부(兵符)와 금절(金節)에 새

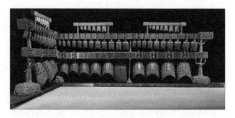

【그림 9】증후을묘(曾侯乙墓) 오십육사박종(五十六祀鎛鐘) 아래.

겨진 문자를 통틀어 부절문(符節文)이라 한다. 병부는 왼쪽과 오른쪽 두 조각의 요철 부분이 서로 물리게 되어 있다. 고대에는 오른쪽을 중요하게 여겼기 때문에 오른쪽 병부는 군주가, 왼쪽 병부는 장수가 보관하였다. 따라서 두 부분이 합쳐질 때 군대를 출전시킬 수 있었다. 『사기·위공자열전(史記·魏公子列傳)』을 살피면 신릉군(信陵君)이 여희(如姬)에게 부(符)를 훔치게 해 조(趙)나라를 구한 내용도 찾아볼 수 있다.

현재 우리가 볼 수 있는 전국시대 병부는 신처호부(新郪虎符)(그림10)와 두호부(杜虎符)뿐인데 둘 다 호랑이 모양이기 때문에 일반적으로 호부(虎符)라고도 한다. 신처호부(新郪虎符)의 크기는 길이 8.5cm, 너비 3cm로 금

을 입힌 명문이 4행 40자 수록되어 있다. 또한, 신처호부(新郪虎符) 명문에서 "황제(皇帝)"라 하지 않고, "왕(王)"이라 호칭한 것으로 보아 제작 시점은 진시황이 통일하기 2-3년 전의 것으로 추정할 수 있다. 두호부(杜虎符)는 1975년 서안시(西安市) 외곽에서 출토되었는데, 길이

【그림 10】신처호부(新郪虎符)

9.5cm, 너비 4.4cm인 부(符)의 겉면에는 금을 입힌 명문 9행, 40자가 새겨져 있다. 내용은 "병갑(兵甲) 부의 오른쪽은 군주가, 왼쪽은 두백국(杜伯國)이 가진다. 50인 이상 군사를 일으키려면 반드시 군주의 부가 있어야 실행할 수 있다. 밤에 봉화를 일으키는 일은 부가 도착하지 않아도 실시할 수 있다.(兵甲之符, 右在君, 左在杜, 凡興士被甲用兵五十人以上, 必會君符。燔燧之事, 雖毋會符行。)"라는 내용이 수록되어 있다. 신처호부(新郪虎符)의 내용도 이와 유사하며, 두호부(杜虎符) 역시 진(秦)이 통일하기 전의 부(符)이다.

초나라 악군계절(鄂君啓節)(그림 11)은 청동으로 제작한 통행용 신표로 유명하며, 다섯 조각을 합하면 대나무통 모양이 된다. 1957년 안휘성(安徽省)에서 주절(舟節) 한 개와 거절(車節) 세 개가 발견되어 『한서·문제기(漢書·文帝紀)』에 "9월, 처음 군수에게 동호부와 죽사부를 내렸다.(九月, 初與郡守爲銅虎符竹師符。)"라는 내용과 대조할 수 있게 되었다. 다행히 1960년 주절(舟節) 하나가 다시 발견됨으로써 완전한 다섯 조각이 되었다. 모두 악군

동아시아 한자인문로드 한자의 역사

【그림 10】 악군계절(鄂君啓節)

계(鄂君啓)를 위해 주조한 것이므로 악군계절(鄂君啓節)이라고 한다. 주절(舟節)은 개당 164자, 거절(車節)은 개당 145자 수록되어 있는데, 서체가 규칙적이고 단정하므로 관방(官方) 문자에 속한다. 악군계절(鄂君啓節)은 악군계(鄂君啓)가 수륙 두 곳에서 상업활동에 종사할 때 사용하던 통행증으로 초나라의 상업, 수륙교통 및 경제사를 연구하는 데 있어 중요한 사료가 된다. 거절(車節)은 육로에 사용된 것으로 수레는 50대 이내로 사용하고 유효기간은 1년이라고 명시되어 있으며, 나머지 조건은 주절(舟節)과 같으나 무기를 운송하는 것은 허용하지 않는다고 기록하고 있다.

다음은 전국시기 각 나라에서 사용한 화폐문자에 대한 소개이다. 상고시대는 물물교환을 위주로 하였는데, 상대와 주대는 조개가 주요한 화폐로 통용되었다. 춘추전국시기에 이르면 상품경제의 발달로 화폐유통량이 급속히 증가하게 되었으며, 이에 따라 동과 철로 만든 금속화폐도 대량 출현하였다.

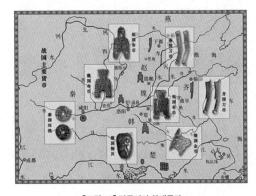

【그림 12】 전국시기 화폐문자

이 시기에 주로 생겨난 전국시대 각국의 화폐는 모양에 따라 구분된다.(그림12) 포폐(布幣)[18]는 주로 진(晉)나라 영역 즉 위(魏), 조(趙), 한(韓)에서 유행하였으며, 서쪽의 진(秦)나라에까지 영향을 미쳤다. 초기 화폐는 머리 부분이 크고 무거워 낫 모양과 비슷하였으며, 서체는 주나라 금문과 비슷하였다. 후기의 화폐문은 나머지 지역의 전국문자들과 서체가 비슷하게 바뀌어 갔다.

도폐(刀幣)는 수공업용 칼에서 모양을 취한 것으로 제(齊)와 연(燕)나라에서 유행하였다. 진(秦)나라에서 주조한 원전(圓錢)은 화폐 가치만 새기고 지명을 새기지 않은 것으로 보아 집권 국가가 이미 동전 주조권을 장악하였음을 파악할 수 있다. 진의 동전 모양 화폐는 초기에는 가운데 구멍이 둥근 것이 일반적이었으나 차츰 사각형을 사용하게 되었다.

화폐 문자에 새겨진 명문은 주조할 때 화폐의 크기와 모양을 우선 고려하였기 때문에 문자가 간략하고 흘려 쓴 필획이 많다. 비스듬히 쓴 문자가 있기도 하며, 글자 하나가 가운데를 중심으로 둘로 나뉘어 있기도 하고, 화폐 위에 그어진 직선을 필획으로 빌어 쓰기도 하였다. 전국시대 화폐문은 같은 글자가 많으며, 800여 자 정도 수집되었으나, 확실히 고석해낸 문자는 300여 자에 불과하다.[19]

---

18 『설문(說文)』에서는 전박(錢鎛)을 "田器"라 풀이하고 있다. 『시경·신공(詩經·臣工)』에서는 "庤乃錢鎛"라 했고 『양사(良耜)』에서는 "其鎛斯趙, 以薅荼蓼"라 했다.

19 商承祚(1983), 『先秦貨幣文編』, 書目文獻出版社.
　　張頷(1986), 『古幣文編』, 中華書局.

　　　　　　　　　　　동아시아 한자인문로드 한자의 역사

5) 고새문(古璽文)과 도문(陶文)

【그림 13】 고새문(古璽文)과 도문(陶文)

고새문(古璽文)은 선진시기 인장(印章)에 새긴 문자를 말한다. "璽"의 자형은 "㼒 㼒" 자형처럼 윗부분은 인장에 매단 끈이나 손잡이의 옆 모양을, 아랫부분은 도장 찍은 후에 나타나는 무늬를 나타내고 있다. 초기에 인장을 의미하는 문자는 편방인 "金"을 덧붙여 소재가 동으로 만들어졌음을 나타내었으며, "土"를 더하기도 하였는데 흙에 눌러 사용한다는 용도를 의미하였다. 종이가 없을 당시 죽간이나 목독(木牘)을 봉할 때 진흙 위에 도장을 찍었기 때문에 편지를 봉할 때 썼던 오늘날의 인장과 비슷하다. 지금의 "璽"자처럼 "爾" 아래 "玉"을 더한 것은 왕이 사용하던 것임을 밝히는 것으로 진한 시기부터 시작된 것으로 추정된다.[20]

---

20 진이 중국을 통일한 후에는 황제의 인(印)만을 "璽"라 칭하였으며 일반 사람들의 것은 "印"이라 불렀다. 한대부터는 황후나 제후왕, 왕태후 등의 인(印)도 "璽"라 칭할 수 있게 되었다.

고새(古璽)의 사용은 춘추시기 무렵 흥성하게 되었다. 당시 빈번한 정치활동으로 인해 관새(官璽)가 권력의 상징이었으며, 개인의 교제와 경제활동 시에는 사새(私璽)를 사용하여 신용의 증표로 삼았다. 공문을 주고 받을 때, 상관의 명령을 전달할 때 간독(簡牘)을 봉하는 자리에 도장을 찍어 다른 사람에게 내용이 공개되는 것을 금지하는 용도로 쓰였다. 병부(兵符)가 군사적인 증표이고 금절(金節)이 경제적인 증표라면, 새인(璽印)은 정치적 증표라 할 수 있다.

현존하는 고새문(古璽文)은 전국시대의 금문과 크게 부합하며, 양각이나 음각을 사용하였다. 양각은 섬세하며 모두 주조한 것 위주이고, 음각은 두꺼운 편이며 주조하거나 새겨 넣기도 하였다.

고새문(古璽文)은 인장 제작 시 크기 제한으로 인해 자형의 생략이 심하였고, 그 결과 문자를 구성하고 있는 편방이 전국시대의 다른 문자들과도 크게 달랐기 때문에 자형 고석이 매우 어렵다.

도문(陶文)은 도기상에 새기거나 찍힌 문자로, 본래 "匋"로 쓰다가 폐지되고, 지금은 "陶"를 사용하며 전국시대 문물이 많이 전해진다. 청나라 말기부터 본격적으로 출토되기 시작했으며, 동치(同治), 광서(光緖) 연간 제(濟)나라와 노(魯)나라의 옛 땅이었던 임치(臨淄)와 역성(歷城), 연조(燕趙)의 옛 땅 역주(易州) 지역에서 문자가 새겨진 도기 조각이 지속적으로 출토되었다. 따라서 전국시대의 도문은 주로 제(齊), 연(燕), 한(韓)나라 것에 속한다. 발견된 제(齊)나라 도문은 주로 지명, 신분, 이름을 기록하고 있다. 이 가운데 마을(里)의 이름은 같으나, 인명(人名)이 다른 것이 상당히 많은데, 이를 통해 하나의 도예촌에 도기를 제작한 장인이 여럿 있었으며, 제작한 사람이 직접 서명했다는 것을 알 수 있다. 1977년 하남성(河南省) 등봉(登

封)에서 한(韓)나라 양성(陽城) 관창(官倉)의 "양성창기(陽城倉器)" 도문 13
건이 발견되었는데 양각보다는 음각이 많았으며 지금도 지속적으로 전국
각지에서 출토되고 있다.

　중국은 원시사회 이래 도기가 줄곧 일상생활의 주된 용품이었다. 상주시
대는 청동기에 기록을 하는 시대였지만, 청동기물의 제작과 사용은 주로
왕실 귀족들의 전유물이었다. 민간에서의 일상도구는 대부분 모래가 섞이
거나 진흙으로 만든 도기제품이었으며, 도문이 바로 노동자(주로 도기를 제
작하는 공인)의 손에서 나왔기 때문에 이곳에 수록된 문자는 민간에서 통행
하던 속자가 많다. 도문은 자형이 간단하고 구조 생략이 많았음에도 불구
하고, 전국문자와 부합하는 것이 많다는 점은 전국시기 속자와 간화자 연
구의 중요한 대상임을 보여주고 있다.

4. 전국시대의 문자 특징

　　　　　이상에서 살핀 바와 같이 전국시대는 제나라 도문(陶
文)의 "區"자가 " ", " ", " ", " " 등으로, 초나라 죽간의 "黃"자가 " ",
" ", " " 등으로 제각기인 것처럼 각국이 제각각 다른 문자(그림 14)를 사
용하여 의사소통하는 데 많은 어려움이 존재하였다. 심지어 동일한 서사자
(書寫者)가 같은 제목의 청동기 명문에 기록하면서 다른 자형을 사용하기
도 하였다. 예를 들면 악군계절(鄂君啓節)의 "昭"자는 " "나 " "로 "見"
자는 " "나 " "로 쓰였으며, 초나라 죽간이나 백서에서 "四"자는 " "

【그림 14】 전국시대 각국의 문자 대조표

” 혹은 “囚”로, “允”자는 “⾔” 혹은 “⾔”로 다양하게 쓰였다.

또한, 앞서 언급한 것처럼 전국시대의 문자는 다양한 서사도구에 따라 자형의 생략이나 간화가 심하였다. 새인(璽印)과 도문(陶文)의 문자가 대표적인 예인데, “棄”자는 “⾔

”로 간화되어 쓰이고, “馬”자는 “⾔”로, “爲”자는 “⾔”로 간화되어 쓰였다. 뿐만 아니라 자형 구조가 안정적이지 못하여 편방의 위치가 자주 변하였는데 “沽”자가 “⾔” 혹은 “⾔”로, “郢”자가 “⾔” 혹은 “⾔”로 쓰인 것이 그 예이다. 형부(形符)가 생략되기도 하였는데 “⾔”가 “⾔”나 “⾔”로 변한 예를 들 수 있다. 때로는 형부(形符)가 대용되기도 하였으며 “功”자가 “⾔” 혹은 “⾔”로 쓰이고, “璽”자가 “⾔” 혹은 “⾔”로 쓰인 것이 그 사례에 해당한다. 의미가 비슷한 형부(形符)도 자주 통용되었는데 “人”과 “女”, “心”과 “言”, “衣”와 “糸”, “米”와 “禾” 등의 사례가 있다.

이처럼 전국시대 문자는 자형 변화와 생략이 심해서 새로이 출토되는 문자의 고석과 이해가 쉽지 않다고 서두에서 밝힌 바 있다. 그 결과 전국시대를 통일한 후 진시황은 국가 간의 정치, 경제, 문화를 교류하고 발전시키는 측면에서 어려움이 발생하였으리라 생각된다. 이에 진시황은 이사를 중용하여 오랜 기간 발전해온 한자의 변천을 면밀하게 살피게 하였으며, 한자

동아시아 한자인문로드 한자의 역사

규범화와 간화작업, 이체자 제거, 서법 통일 등의 작업이 더해져 문자 통일 방안을 택하게 되었으며(그림 14), 춘추전국시대의 진계문자를 표준서체로 하고 각국 문자의 장점을 정리해 소전을 사용하게 된 것이다. 서동문(書同文) 정책을 통해 통일한 서체 소전(小篆)은 『설문해자(說文解字)』에 9,353자가 수록되어 지속적으로 출토되고 있는 고문자를 전면적으로 이해하고 식별할 수 있는 중요한 도구로 쓰이고 있다. 또한, 진시황이 문자통일 정책을 펼치기 위해 세운 문자정리 원칙은 중화인민공화국을 설립한 후 문맹률을 낮추기 위해 문자학자들이 문자개혁을 하는 과정에서도 많은 영향을 미치게 되었다.

4. 허신과 『설문해자』

박흥수
(한국외국어대학교)

1. 『설문해자(說文解字)』의 편찬

　　『설문해자(說文解字)』의 저자와 편찬동기 및 편찬방법, 그리고 이 책의 의의와 영향에 대해 살펴보면 다음과 같다.

1) 『설문해자(說文解字)』의 저자

　　허신(許愼)의 자는 숙중(叔重), 여남(汝南) 소릉(召陵) 사람이다. 성품이 순박하고 도타웠다. 어려서 경전을 널리 배웠는데, 마융(馬融)이 항상 추천하여 중시하였다. 당시 사람들이 "오경(五經)은 허숙중(許叔重)과 견줄 만한 사람이 없다."라고 하였다.

　　허신(許愼)에 대한 기록은 동한(東漢)시대의 정사(正史)인 『후한서(後漢書)』에 독립된 열전(列傳)이 없고, 「유림열전(儒林列傳)」에 간략하게 기술되어 있을 뿐이어서 그의 평생 행적을 자세히 알아보기는 어려운 형편이다. 자(字)를 숙중(叔重)이라 하고, 동한(東漢)의 광무제(光武帝) 건무(建武) 31년 (55년)에 태어나 안제(安帝) 연광(延光) 4년(125년)경에 향년 70세 전후로 세상을 떠난 듯하다. 그의 고향은 동한(東漢)의 예주(豫州) 여남군(汝南郡) 소릉현(召陵縣) 만세리(萬歲里)이다. 한(漢)나라의 독특한 제도인 효렴(孝廉)으로 천거되어 상경하였으며 93년경에는 태위남각제주(太尉南閣祭酒)라는 관직에 올랐다. 이때 천자(天子)의 조서(詔書)를 받들어 동관(東觀)에서 오경(五經)과 제자서(諸子書) 등을 교정(校定)하였다. 그 후 삼부연으로 효(浚)의 장(長)이 되었으나, 병으로 부임하지 못했다. 허신(許愼)의 저작은 『설문해자(說文解字)』 외에도 『오경이의(五經異義)』와 『회남자주(淮南子注)』 등이 있는데, 『오경이의(五經異義)』는 송(宋)나라 때에 유실되었다가, 청나라 학자들에 의해 1백여 조(條)만 다시 수집되었다. 그리고 『회남자주(淮南子注)』는 북송(北宋) 초기까지는 고유(高誘)의 주역본(注釋本)과 함께 병용되었으나, 이후 유실되고 말았다.

허신(許愼)은 가규(賈逵)의 학생으로 가규(賈逵)로부터 고학을 전수받았다. 가규(賈逵)는 조서를 받들어 학생을 모집하여 『좌전(左傳)』, 『춘추(春秋)』, 『모시(毛詩)』, 『고문상서(古文尙書)』 등을 전수해 주었는데, 한(漢)나라 장제(章帝) 8년 때의 일이다.

허신(許愼)의 관직생활은 '군공조(郡功曹)'의 직책부터 시작되었다. 그 때 그는 아직 어렸다. '군공조(郡功曹)'는 주군장관(州郡長官)에 속하는 관원으로 문서와 시험을 관리하였는데, 지위가 낮고 미천한 것이었다. 허신(許愼)은 '군공조(郡功曹)'를 담당하고 있을 때 황제가 조서를 내려 「효렴(孝廉)」을 추천하도록 했다. 그의 순박하고 도타운 성품으로 인해 지방장관에 의

해 중앙에 「효렴(孝廉)」으로 추천되었다.

허신(許愼)이 서울에서 얻은 두 번째 관직은 '태위제주(太尉祭酒)'인데, 이것이 그가 받은 정식 직함이다. '태위제주(太尉祭酒)'는 '태위남각제주(太尉南閣祭酒)'의 약칭으로 '제주(祭酒)'는 연회 때 신에게 술을 따르는 장이다. '태위(太尉)'는 한나라 때 '승상(丞相)'과 같은 급이었다. 『한관의(漢官儀)』에 따르면 당시 인재를 선발할 때 '사과(四科)'가 있었는데, '제일과(第一科)'는 '덕행이 높고, 지조가 있으며 청렴결백한' 사람을 선발하여 '서조남각제주(西曹南閣祭酒)'에 임명하였다고 하였다. 허신(許愼)의 '태위제주(太尉祭酒)' 관직은 그가 '제일과(第一科)'에 속했다는 것을 말해 준다. 허신(許愼)은 이 관직을 매우 영광스럽게 여겼기 때문에 『설문해자(說文解字)』의 제목에도 이 관직으로 적었다.

허신(許愼)이 서울에서 얻은 세 번째 관직은 '오경박사(五經博士)'이다. 『후한서(後漢書)·안제기(安帝紀)』에 따르면 한(漢)나라 안제(安帝) 영초(永初)4년(110年)에 오경박사(五經博士)에게 조서를 내려 '오경(五經), 제자(諸子), 전기(傳記), 백가예술(百家藝術)' 등을 교감하도록 명했다고 전해진다. 허충(許沖)의 『표(表)』에서 "허신(許愼)이 이전에 조서에 따라 동관(東觀)에서 책을 교감하였다."라고 한 것은 그의 부친이 이 대대적인 사업에 참여했음을 말해준다.

허신(許愼)이 서울에서 맡은 4번째 일은 어린 태감(太監)의 독서(讀書)와 식자(識字)를 가르친 것이다. 허충(許沖)은 『표(表)』에서 그의 부친이 황문(黃門)의 맹생(孟生), 이희(李喜) 등을 가르쳤다고 하였다. (황문(黃門)은 황제(皇帝) 내궁(內宮)의 금문(禁門)이다. 한(漢)나라 상제 때 소황문(小黃門) 태감(太監)의 정원(定員)은 20명이었다.) 책을 가르치는 일은 오경박사(五經博士)가 주관하는 일로 볼 수 있다.

허신(許愼)은 한(漢)나라 화제(和帝) 영원(永元) 20년(年)(100年)에 『설문해자(說文解字)』를 편찬하기 시작해 한(漢)나라 안제(安帝) 건광(建光) 원년(元年)(121年)에 마쳤는데, 총 21년의 시간을 들인 것이다. 허충(許沖)의 『표(表)』는 한(漢)나라 안제(安帝) 건광(建光) 원년(元年)(121年)에 쓴 것인데, 그 때 그의 부친은 아직 살아 있었다. 아마도 이 후 얼마 지나지 않아 세상을 떠났을 것이다.

2) 편찬동기

허신(許愼)은 『설문해자(說文解字)·서(敍)』에서 "벽중서(壁中書)라는 것은 노(魯)나라 공왕(恭王)이 공자(孔子)의 집을 허물어 발견한 것으로 『예기(禮記)』, 『상서(尙書)』, 『춘추(春秋)』, 『논어(論語)』, 『효경(孝經)』의 서체(書體)를 말하는 것인데, 북평후(北平侯) 장창(張蒼)이 헌납한 『춘추좌씨전(春秋左氏傳)』도 이에 포함된다. 또 여러 나라의 산천(山川)에서 종종 발견된 정이(鼎彝)에 새겨진 자체도 전대(前代)의 고문(古文)으로 모두 서로 비슷하다. 비록 옛 것을 회복할 수는 없지만 상세히 익히면 대강은 짐작할 수 있다. 하지만 세상 사람들이 모두 비방하여 여기기를, 벽중서(壁中書)는 기이한 것을 좋아하는 사람이 고의로 문자(文字)를 뜯어 고쳐 공자(孔子)의 집 벽에 집어넣어둔 것으로, 허위로 조작된 것이니 믿을 수 있는 서체(書體)로 볼 수 없다고 한다."라고 하였다. 한대(漢代)의 고적(古籍)은 두 가지 종류가 있는데, 하나는 금문(今文)이고 다른 하나는 고문(古文)이다. 금문본(今文本)은 한대(漢代) 학자(學者)들이 기억(記憶)과 암송으로 입으로 구전하여 전한 것으로 본인의 기록 혹은 다른 사람의 기록을 거쳐 전한 것이다. 이렇게 전해진 판본의 글자체는 한(漢)나라에서 통행되던 예서(隸書)로 쓴 것이기 때문에 당시 사람들이 금문(今文)으로 불렀다. 고문본(古文本)은 한(漢)나라 사람이 적은 것이 아니다. 진(秦)나라 사람이 개인적으로 소장한 것이거나 한(漢)나라 사람이 발굴한 것으로 선진(先秦)시기의 학자(學者)들이 당시 사용했던 육국문자(六國文字)로 적은 것이다. 이 글자들은 한나라 사람들이 볼 때 고문자(古文字)였기 때문에 이러한 고문 서적을 고문(古文)이라고 했다.

서한(西漢) 말년에 고문학파(古文學派)인 유흠(劉歆) 등의 사람들이 노력한 결과 한(漢)나라 평제(平帝) 때 고문경학박사(古文經學博士)를 한 번 세운 적이 있는데, 얼마 지나지 않아 광무제(光武帝) 때 그것을 다시 취소하였다. 동한(東漢) 중엽 고문학파(古文學派)가 점차 우위를 차지하여 경학박사(經學博士) 중에 고문학파(古文學派)의 태사(大師)가 비로소 생겼다. (허신이 바로 경학박사를 역임한 적이 있다.) 동한(東漢) 중엽 이후 고문경학(古文經學)의 대학자(大學者)로 추존된 가규(賈逵), 마융(馬融), 복건(服虔), 정현(鄭玄) 등의 사람들이 계속 출현하여 고문경학(古文經學)의 發展을 위해 힘을 쓰는 동시에 더 나아가 금문학(今文學)을 아울러 절대적 우위를 차지하였다.

허신(許愼)은 『설문해자(說文解字)·서(敍)』에서 "대개 문자(文字)라고 하는 것은 경예(經藝)의 근본이며 왕정(王政)의 시작이다. 앞 사람이 그것으로 뒷 사람에게 무언가를 남겨줄 수 있고, 뒷 사람이 그것으로 옛 것을 알 수 있게 되는 것이다. 따라서 '근본이 서면 도(道)가 생겨난다.', '천하의 지극한 이치를 깨달으면 혼란함에 빠지지 않게 된다.'고 말하는 것이다. 이제 전문(篆文)을 앞에 내세워 고문(古文)과 주문(籀文)을 합쳐 설명하고, 문자(文字)에 정통한 사람들의 학설을 널리 채택하여 그들의 견해가 크든 작든 믿을 만한 증거가 있으면 그 설을 고증하여 선택하였다. 그렇게 하여 모든 부류를 이치에 따라 나누고, 틀린 것을 바로잡아 해석하여 배우는 사람을 깨우쳐 문자(文字) 체계의 심오한 경지에 이를 수 있게 하였다."라고 하였는데, 이 말이 우리에게 알려주는 바는 그가 『설문해자(說文解字)』를 편찬한 목적이 한자 본연의 면모를 회복하여 글자 해석의 오류를 바로잡아 사람들로 하여금 한자의 형음의(形音義)에 대해 정확한 이해를 갖도록 했다는 것이다. 이는 허신(許愼)은 『설문해자(說文解字)·서(敍)』에서 "이렇듯 혼란이 계속되어 세상을 어지럽혔는데, 뭇 서생들은 다투어 글자를 말하고 경전의 뜻을 해석하며 진나라의 예서(隸書)를 창힐(倉頡)의 서체로 여기고 대대로 전하였으니, 어떻게 그 잘못을 고칠 수 있었겠는가. 그래서 쓸데없이 지껄이기를 '장(長)은 말머리 사람을 나타낸 글자이다', '두(斗)는 사람이 십(十)을 쥐고 있는 것을 나타낸 글자이다', '충(虫)은 중(中)을 구부린 글자이다'라고 하였다. 이와 같은 잘못은 정위(廷尉)가 법률(法律)을 집행할 때 글자의 모양을 가지고 법을 판단하는 지경에까지 이르러 '뇌물을 받은 사람을 꾸짖다'의 '가(苛)'자를 지(止)와 구(句)가 합쳐진 글자로 해석하여 '구속을 그치게 해주는 사람이기 때문에 돈을 받을 수 있다.'로 잘못 해석하였다."라고 하고, "이와 같이 글자를 제멋대로 해석하는 경우가 많은데, 이는 공씨(孔氏)의 고문(古文)을 모르기 때문이고 사주(史籀)를 제대로 계승하지 못했기 때문이다. 속세의 비루한 유생들은 자신들이 알고 있는 것에만 얽매여 널리 익히는 것을 받아들이지 않고 통학(通學)하지 않았는데, 글자의 뜻을 제대로 이해하지 못하여 옛 문물을 이상한 것으로 여기고 망언을 서슴지 않았으며, 자신들이 알고 있는 것을 오묘한 것으로 여기고 성인의 깊은 뜻을 제대로 이해하지 못하였다. 또 이사(李斯)가 지은 『창힐편(倉頡篇)』의 '유자승조(幼子承詔, 유자가 윗 사람의 말을 받든다.)'라는 구절을 보고 '옛 날 黃帝가 지은 것으로 그 말에 신선의 오묘함이 있다.'라고 하고 있으니 이는 그 미혹과 오류를 깨닫지 못한 것으로 어찌 어그러지지 않다고 할 수 있 겠는가."라고 한 것에서 더욱 구체적으로 드러난다.

3) 편찬방법

『설문해자(說文解字)』는 자형(字形)을 풀이함에 있어, 고적(古籍)을 많이 인용하였다. 예를 들어 「무(武)」를 「지과위무(止戈爲武)」로, 「핍(乏)」을 「반정위핍(反正爲乏)」으로, 「고(蠱)」를 「명충위고(皿蟲爲蠱)」로 풀이했는데, 모두 『좌전(左傳)』을 인용한 것이다. 「중(眾)」을 「종삼인(从三人)」으로, 「간(姦)」을 「종삼여(从三女)」로 풀이했는데, 『국어(國語)』의 「인삼위중(人三爲眾)」과 「여삼위간(女三爲姦)」을 참고한 것이다.

> 武, 楚莊王曰 : "夫武, 定功戢(즙)兵。故止戈爲武。"
> 무(武), 초(楚)나라 장왕(莊王)이 "무릇 무(武)란 공로를 정하고 병사를 거두는 것이다. 그러한 까닭에 전쟁을 그치게 하는 것이 무(武)다."라고 하였다.
>
> 乏, 『春秋傳』曰 : "反正爲乏。"
> 핍(乏), 『춘추전(春秋傳)』에서 "'정(正)'을 반대로 한 것이 '핍(乏)'이다."라고 하였다.
>
> 蠱, 腹中蟲也。『春秋傳』曰 : "皿蟲爲蠱(고)。""晦(회)淫之所生也。"

梟(얼)桀(걸)死之鬼亦爲蠱。从蟲从皿。皿, 物之用也。

고(蠱), 배 안에 있는 벌레이다. 『춘추전(春秋傳)』에서 "'명(皿)'
과 '충(蟲)'이 합쳐져 '고(蠱)'가 된다.", "음지에서 생기는 것
이다."라고 하였다. 사나운 인물이 죽어서 된 귀신도 '고(蠱)'
라고 한다. '충(蟲)'의 뜻을 따르고, '명(皿)'의 뜻을 따른다. '명
(皿)'은 물건의 쓰임이다.

姦, 私也。从三女。
姦, 사사로이 하는 것이다. 세 개의 '女'를 따른다.

「신(信)」을 「종인종언(从人从言), 회의(會意)」로 풀이했는데, 『곡량전(穀梁
傳)』의 「인언위신(人言爲信)」을 참고한 것이다. 「사(士)」를 「추십화일위사
(推十和一爲士)」로, 「왕(王)」을 「일관삼위왕(一貫三爲王)」으로 풀이했는데,
『공자가어(孔子家語)』를 인용한 것이다. 「사동사(厶同私)」를 「자영위사(自
營爲厶)」로 「공(公)」을 「배사위공(背厶爲公)」으로 풀이했는데, 『한비자(韓非
子)』를 인용한 것이다.

信, 誠也。从人从言。會意。
신(信), 성실한 것이다. '인(人)'과 '언(言)'의 뜻을 따른다. 회의
(會意)이다.

仕, 學也。从人从士。
사(仕), 학식이 있는 사람이다. '인(人)'과 '사(士)'의 뜻을 따른다.

王, 天下所歸往也. 董仲舒曰: "古之造文者, 三畫而連其中, 謂之王.

동아시아 한자인문로드 한자의 역사

三者, 天地人也, 而參通之者, 王也." 孔子曰: "一貫三爲王."

왕(王), 천하가 복종하는 대상이다. 동중서(董仲舒)가 말하기를 "옛날에 이 글자를 만들 때, 삼(三)획의 가운데를 이어 왕(王)을 만들었다. 삼(三)이란 것은 천(天), 지(地), 인(人)인데 이 세 가지를 모두 통하게 하여 주는 것이 왕(王)이다."라고 하였다. 공자(孔子)가 말하기를 "일(一)로써 삼(三)을 꿰어 왕(王)을 만들었다."라고 하였다.

허신(許愼)이 인용한 전적(典籍)을 통계내면, 『주역(周易)』을 인용한 것이 78개이고, 『상서(尙書)』를 인용한 것이 159개이고, 『시경(詩經)』을 인용한 것이 422개이고, 『논어(論語)』를 인용한 것이 35개인데, 인용한 책이 비록 고문전적(古文典籍)에 편중되어 있지만 『공양(公羊)』과 같은 금문전적(今文典籍)도 있다. 그리고 이외에도 한대(漢代) 사람의 저작도 인용하였는데, 예를 들어 '축(畜)'에 대한 풀이에서 "『회남자(淮南子)』왈(曰) : '밭을 검게 하는 것이 축(畜)이다.'"라고 하였다.(밭의 흙을 비옥하게 하면 심은 것이 잘 자라 쌓이게 된다. '현(玄)'의 본의(本義)는 황색을 띤 검은색인데, 여기서는 밭의 흙을 비옥하게 하는 것을 가리킨다. '축(畜)'의 본의(本義)는 '쌓다'이다.)

옛날 대학자들의 출현은 모두 사승(師承)과 관련이 있다. 그 이유는 옛날 사람들이 책을 구하기가 어려웠기 때문이다. 학문을 함에 스승의 가르침을 받지 못하면 홀로 외로이 듣는 것이 적었기 때문에 한대 유학자들은 스승의 법도를 가장 중시했다. 허신(許愼)이 유명하게 되고 『설문해자(說文解字)』가 완성된 것 역시 그의 스승인 가규(賈逵)와 매우 밀접한 관련이 있는데, 허충(許沖)은 『상(上)「설문해자(說文解字)」표(表)』에서 "신의 부친인 허신(許愼)은 옛날에 태위남각제주(太尉南閣祭酒)를 역임하였는데, 가규(賈逵)에게서 고학(古學)을 배웠습니다. ……허신(許愼)은 박문통인(博問通人)한 것을 가규(賈逵)에게서 고증받아 『설문해자(說文解字)』를 지었습니다."라고 하였다. 『설문해자(說文解字)』와 가규(賈逵)의 관계는 서현(徐鉉)의 『설문해자(說文解字)』 교주기(校注記)에서도 "화제(和帝) 때 가규(賈逵)에게 명하여 옛 문장을 정리하게 되어 허신(許愼)이 '사주(史籀)', 이사(李斯), 양웅(揚雄)의 책들을 수집하여 박방통인(博訪通人)하여 가규(賈逵)에게서 고증받아 『설문해자(說文解字)』를 지었다."라고 언급한 바 있다.

4) 『설문해자(說文解字)』의 의의와 영향

『설문해자(說文解字)』는 중국 최초의 체계적인 자서(字書)이다. 『설문해자(說文解字)』 이전에도 『이아(爾雅)』나 『방언(方言)』과 같이 글자의 뜻을 해석한 책들이 있었지만, 「초(初), 재(哉), 수(首), 기(基), 조(肇), 조(祖), 원(元), 태(胎), 숙(俶), 낙(落), 권여(權輿)는 시(始)다.」, 「당(黨), 효(曉), 철(哲)은 지(知)이다. 초(楚) 지방에서는 당(黨), 혹은 효(曉)라 하였으며, 제(齊)·송(宋) 일대에서는 철(哲)이라 하였다.」와 같이 여러 개의 동의사를 나열하여 하나의 상용사로써 그 뜻을 풀이하는 형식으로, 자서(字書)로써의 체계를 갖추고 있지 못했다. 또한 그 편집에 있어서도 사물의 큰 부류(部類)에 따라 나누었기 때문에 『이아(爾雅)』는 모두 19편(篇)으로, 『방언(方言)』은 모두 13권(卷)으로 글자를 분류하였을 뿐이다. 이렇게 글자가 그 뜻에 따라 분류되던 것에서 『설문해자(說文解字)』에 이르러 비로소 글자의 부수(部首)에 따라 분류되어, 『자림(字林)』, 『옥편(玉篇)』까지 540부(部)의 체계를 유지하고,『자휘(字彙)』에 이르러 540부(部)가 214부(部)로 병합되어 『강희자전(康熙字典)』을 거쳐 오늘날까지 그 기본적인 체계가 계속 이어져 온 것이다.

『설문해자(說文解字)』는 전서(篆書)에서 예서(隷書)로 바뀔 때 지어진 책이다. 한자(漢字)는 전서(篆書)에서 예서(隷書)로 바뀜에 따라 그 본래의 모습을 많이 상실하였다. 허신(許愼)은 글자가 본래의 모습을 잃을 것을 걱정하여『설문해자(說文解字)』를 지었기 때문에,「상(象)~」,「종모종모(從某從某)」,「종모모성(從某某聲)」의 형식으로 자형(字形)을 분석하고 각각의 本義를 밝혀, 글자의 자형(字形)이 본래의 모습을 잃지 않도록 하였다. 따라서『설문해자(說文解字)』는 단지 그 뜻을 해석한『자림(字林)』,『옥편(玉篇)』, 『자휘(字彙)』,『강희자전(康熙字典)』과 또 다르고, 이러한 점 때문에 그 이후의 자서(字書)가『설문해자(說文解字)』를 능가하지 못했던 것이다. 이와 같은 가치로 인해『설문해자(說文解字)』는 갑골문(甲骨文)이 발견되기 전까지 역대(歷代) 수많은 학자들의 연구(研究) 과제였고, 고문자(古文字)를 연구(研究)하는 지금에도 그 매개로써 충분한 가치를 지니고 있다.

2. 육서설(六書說)

　　허신(許愼)은 『설문해자(說文解字)·서(敍)』에서 "『주례 (周禮)』에 의하면 8세가 되면 소학(小學)에 입문하게 되는데, 보씨(保氏)가 나라의 자제를 가르침에 있어 육서(六書)를 먼저 가르쳤다. 그 첫째가 지사 (指事)인데 지사(指事)란 글자를 보면 그 글자가 무엇을 대표하는 지를 식별 (識別)할 수 있고, 자세히 관찰해 보면 그 글자의 뜻을 이해할 수 있는 것이 다. '상(上)'과 '하(下)'를 그 예(例)로 들 수 있다. 둘째가 상형(象形)인데 상 형(象形)이란 물체의 윤곽을 따라서 구불구불한 형상(形象)을 그려낸 것으 로 '日'과 '月'을 그 예(例)로 들 수 있다. 셋째가 형성(形聲)인데 형성(形聲) 은 사류(事類)를 표시하는 형부(形符)를 덧붙여 그 명칭을 구별해 쓰는 것으 로, 성부(聲符) 형태의 글자들이 그 뜻에 맞는 형부(形符)들을 취하여 서로 서로 자신에게 맞는 글자를 만들어 가는 것이다. '강(江)'과 '하(河)'를 그 예 (例)로 들 수 있다. 넷째가 회의(會意)인데 회의(會意)란 그 사류(事類)가 비 슷한 것들을 더해 글자를 만든 것으로, 그 뜻하는 바를 알 수 있는 것이다. '무(武)'와 '신(信)'을 그 예(例)로 들 수 있다. 다섯째가 전주(轉注)인데 전주 (轉注)란 비슷한 사류(事類)에 속하는 글자들로, 같은 부수(部首)에 통일시 킬 수 있는 글자들인데, 그 뜻을 서로 주고받을 수 있는 것이다. '고(考)'와 '노(老)'를 그 예(例)로 들 수 있다. 여섯째가 가차(假借)인데 가차(假借)란 그 표현하려고 하는 말의 글자가 없어서, 그 소리에 맞는 다른 글자로써 나타 낸 것이다. '령(令)'과 '장(長)'을 그 예(例)로 들 수 있다."라고 하여, 육서에 대해 정의하고 그 예를 제시하였는데, 각 글자에 대해 구체적으로 살펴보 면 다음과 같다.

1) 상형(象形), 지사(指事), 회의(會意), 형성(形聲)

(1) 상형(象形)

尺 (人), 天地之性最貴者也。此籒文象臂脛之形。

천지(天地)의 성(性) 중에 가장 귀한 것이다. 이 글자는 주문(籒文)으로 팔과 정강이의 모양을 상형한 것이다.

車 (車), 輿輪之總名。夏后時。奚仲所造。象形。

바퀴달린 수레의 총명(總名)이다. 하후(夏后) 때 해중(奚仲)이 만든 것이다. 상형(象形)이다.

豆 (豆), 古食肉器也。从口, 象形。

옛날에 음식과 고기를 담던 그릇이다. '口'의 뜻을 따른다. 상형(象形)이다.

(2) 지사(指事)

丄 (上), 高也。此古文上。指事也。

높다. 고문(古文) '상(上)'자(字)이다. 지사(指事)이다.

丅 (下), 底也。指事。

아래이다 . 지사(指事)이다.

本 (本), 木下曰本。从木, 一在其下。

나무 밑을 '본(本)'이라고 한다. '목(木)'의 뜻을 따른다. '일(一)'

이 그 밑에 있다.

(3) 會意

敗 (敗), 毀也。从攴, 貝。

헐다. '복(攴)'와 '패(貝)'를 따른다.

改 (改), 更也。从攴, 己。

고치다. '복(攴)'과 '기(己)'를 따른다.

國 (國), 邦也。从口从或。

나라. '口'의 뜻을 따르고, '혹(或)'을 따른다.

(4) 형성(形聲)

福 (福), 祐也。从示畐聲。

돕다. '시(示)'를 따르고, '복(畐)'의 소리를 따른다.

城 (城), 以盛民也。从土从成, 成亦聲。

백성들을 담는 것이다. '토(土)'를 따르고, '성(成)'을 따르며,
'성(成)'은 소리도 나타낸다.

愁 (愁), 憂也。从心秋聲。

근심. '심(心)'을 따르고, '추(秋)'의 소리를 따른다.

2) 전주(轉注), 가차(假借)

(1) 전주(轉注)

『설문해자(說文解字)·비부(飛部)』에서 '익(鷾)'에 대해 "날개이다. '飛'를 따르고, '異'의 소리를 따른다. '익(翼)'은 전문(篆文)으로 '우(羽)'를 따른다. (鷾也。从飛異聲。翼, 篆文, 从羽。)"라고 하였는데,『설문해자주(說文解字注)·비부(飛部)』에서 '익(鷾)'에 대해 "날개이다. 「(우부(羽部)」에서 '시(翄)'에 대해 '익(翼)'으로 훈(訓)하였는데, 두 글자가 전주(轉注)하였음을 알 수 있다. 날개는 반드시 두 개가 서로 보좌하기 때문에 인신(引伸)되어 '돕다'의 뜻이 생겼다. 「권아(卷阿)」의 전(傳)에서 '도(道)는 의지할 수 있을 때 도울 수 있다.'라고 하였고, 「행위(行葦)」의 정전(鄭箋)에서 '앞에서 돕는 것을 "인(引)"이라고 하고, 옆에서 돕는 것을 "익(翼)"이라고 한다.'라고 하였다. 또 공경하는 자는 반드시 두 날개와 같이 가지런하기 때문에『모전(毛傳)』에서 '익(翼), 공경하다.'라고 하였고, 정전(鄭箋)에서 '소심익익(小心翼翼)은 공경하고 삼가는 모양'이라고 하였다. '비(飛)'의 뜻을 따르고, '이(異)'의 소리를 따른다. '여(與)'와 '직(職)'의 반절음(反切音)이다. 주문(籒文)은 '익(翼)'으로 쓴다. 소서본(小徐本)에 이 세 글자가 있다. (翄也。「羽部」曰. 翄者, 翼也. 二篆爲轉注. 翼必兩相輔. 故引申爲輔翼. 「卷阿」傳曰: '道可馮依以爲輔翼也.' 「行葦」鄭箋云: '在前曰引, 在旁曰翼.' 又凡敬者, 必如兩翼之整齊。故『毛傳』曰: '翼, 敬也.' 鄭箋云: '小心翼翼, 恭愼兒.' 从飛, 異聲。與職切。一部。籒文翼。小徐有此三字。)"라고 하였다. 이를 통해 단옥재(段玉裁)가 호훈(互訓) 관계의 글자를 전주(轉注)로 풀이하였음을 알 수 있다.

『설문해자(說文解字)·방부(匚部)』에서 '광(匡)'에 대해 "식기, 광주리이다.

'방(匚)'을 따르고, '왕(㞷)'의 소리를 따른다. 광(筐)은 혹체(或體)로 '죽(竹)'을 따른다(飲器, 筥也。从匚㞷聲。筐, 或从竹。)"라고 하였다.『설문통훈정성(說文通訓定聲)·장부(壯部)』에서 '광(匡)'에 대해 "[전주(轉注)]『광아(廣雅)·석고일(釋詁一)』에서 '광(匡)은 가득하다.'라고 하였고,『초사(楚辭)·이세(離世)』에서 '표범가죽에 택사(澤瀉)풀을 가득 담았다.' ([轉注]『廣雅·釋詁一』: '匡, 滿也。'『楚辭·離世』: '筐澤瀉以豹鞹兮。')"라고 하였다. 이를 통해 주준성(朱駿聲)이 '가득하다'의 뜻을 갖고 있는 만(滿)과 '그릇'의 뜻을 갖고 있는 광(匡)을 소리와 뜻의 연관 관계가 있는 전주자(轉注字)로 풀이하였음을 알 수 있다.

(2) 가차(假借)

『설문해자(說文解字)·행부(幸部)』에서 '보(報)'에 대해 "죄인을 대하다. '행(幸)'과 '복(㞆)'을 따른다. '복(㞆)'는 죄를 묻는 것이다. (報, 當罪人也。从幸从㞆。㞆, 服罪也。)"라고 하였다.『설문해자주(說文解字注)·행부(幸部)』에서 '보(報)'에 대해 "인신(引申)되어 '말하다', '보고하다'의 뜻을 나타낸다. 또 假借되어 '빨리 뛰다'의 뜻도 나타내는데,「소의(少儀)」와「상복소기(喪服小記)」에서 보인다. 지금 세속(世俗)에서 쓰는 '급보(急報)'가 바로 이 뜻이다. (引申爲報白, 爲報復。又㞆爲赴疾之赴, 見「少儀」,「喪服小記」。今俗云急報是也。)"라고 하였다.『설문통훈정성(說文通訓定聲)·부부(孚部)』에서 '보(報)'에 대해 "[가차(假借)] 또 '부(赴)'의 뜻으로 쓰인다.『예기(禮記)·소의(少儀)』에서 '빨리 가지 마라'라고 하였고,「상복소기(喪服小記)」에서 '장례식에 빨리 가는 것을 "보우(報虞)"라고 한다.'라고 하였는데, 주(注)에서 모두 '"빨리 가다"의 "赴"로 읽는다'라고 하였다. ([假借] 又爲赴。『禮記·少儀』: '毋報往。'「喪服小記」: '報葬者報虞。'注皆讀爲赴疾之赴。)"라고 하였다. 이를 통해 '죄인을 대하다'의 뜻을 본의로 갖고 있는 '보(報)'자가 '부(赴)'의 뜻으로 가차되어 쓰였음을 알 수 있다.

『설문해자(說文解字)·인부(人部)』에서 '인(仞)'에 대해 "인(仞)은 팔을 펼친 것이 一尋이다. 八尺이다. '人'을 따르고, '刃'의 소리를 따른다. (仞, 伸臂一尋, 八尺。从人刃聲。)"라고 하였다. 『설문통훈정성(說文通訓定聲)·둔부(屯部)』에서 '인(仞)'에 대해 "[가차(假借)] '인(牣)'의 뜻으로 쓰인다. 「사림부(士林賦)」에서 '집을 비워두고 채우지 말라.'라고 하였는데, 注에서 '가득하다.'라고 하였다. ([假借] 爲牣。「士林賦」: '虛空館而勿仞。' 注: '滿也。')"라고 하였다. 이를 통해 그 본의가 길이의 단위인 '인(仞)'자가 '인(牣)'의 뜻으로 가차되어 쓰였음을 알 수 있다.

5. 해서(楷書), 행서(行書), 그리고 서예(書藝)

김병기
(전북대학교)

1. '서(書)'를 예술로 보기 시작하는 인식의 형성

서예를 하나의 예술로 보기 시작하는 시기가 언제인 지를 가늠하고, 서예를 예술로 보기 시작하면서 서예에 부여한 예술성이 무엇인지를 파악하기 위해서는 시대별로 변천해온 '서(書)'에 대한 정의를 살펴볼 필요가 있다.

허신(許愼)(58-147)의 『설문해자(說文解字)』는 서(書)를 다음과 같이 풀이 하고 있다.

> 書는 나타내는 것(著)이다. '聿'에서 뜻을 취하였고 '者'에서 소리 를 취하였다.[01]

---

01 書, 箸也. 從聿者聲. 許愼, 『說文解字』, 臺灣, 東昇文化事業公司, 1978, 112쪽.

그리고 단옥재(段玉裁)는 이러한 풀이에 대해서 다음과 같은 주(注)를 붙였다.

> 이는 琴과 禁, 鼓와 郭처럼 疊韻의 방식으로 풀이한 것이다. 『說文解字』 서문에서는 "대나무나 비단에 나타내는 것을 일컬어 '書'라고 한다. 書는 '같은 것'이다."고 풀이 하였다. 대나무 조각이나 비단에 나타내려면 붓이 아니고서는 안 된다.[02]

이상과 같은 『설문해자(說文解字)』 본문의 풀이와 단옥재 주(注)의 풀이를 종합해 보면 "서(書), 저야(箸也)." 즉 "서(書)는 나타내는 것이다."는 말은 '서(書)'라는 글자가 가지고 있는 뜻이 곧 '사물의 의미나 형상을 문자를 통해 나타내는 행위'라는 것임을 알 수 있다. 이러한 의미를 보다 더 정확히 이해하기 위해 『설문해자(說文解字)』 서(敍) "저어죽백위지서(箸於竹帛謂之書)" 구(句)의 아래와 "서자(書者), 여야(如也)." 구(句)의 아래에 붙은 단옥재의 주를 살펴볼 필요가 있다. "저어죽백위지서(箸於竹帛謂之書)" 구(句) 아래에 붙은 주는 다음과 같다.

> 箸는 각 책에 著로 표기되어 있어서 '竹'아래에 쓴 箸로 통일하여 바로 잡는다. 이 '箸'자는 옛날에는 없었고 단지 '者'만 있었다. '者'라는 것은 일을 구별하는 데 쓰는 말(글자)이다. 구별해 놓으면 그 일이 뚜렷하게 드러난다. 그래서 '者明'이란 말도 있다. 나중에

02　此琴禁鼓郭之例, 以疊韻釋之也. 敍目曰: "箸於竹帛謂之書, 書者, 如也." 箸於竹帛非筆未由矣. 위의 책, 같은 곳.

세간에서 속체(俗體)로 者를 箸로 쓰게 되었다. 분명하게 구분해 놓으면 일과 말(글자)이 (1:1로) 서로 달라붙듯이 대응이 되고 수레바퀴처럼 대칭으로 짝지어 연결된다. 이러한 연유로 나중에는 '者'가 '부(附)'라는 뜻과 '의(衣)'라는 뜻으로까지 인신되었으며 세간에서는 '부착(附著)', '의착(衣著)'이란 말을 사용하게 되었다. 그러므로 '箸於竹帛'이라는 말은 '(일과 말이 1:1로) 부착되어 대나무나 비단에 분명하게 드러난다.'는 뜻이다.[03]

이는 '저(箸)'라는 것이 사물의 이름이나 일, 혹은 동작 등을 나타내는 글자를 사용하여 1:1로 대응시켜 드러낸다는 의미를 가진 글자라는 설명이다. 다시, "서자(書者), 여야(如也)."아래에 붙은 단옥재(段玉裁)의 주(注)를 보기로 하자.

사물의 형상과 같음을 이른다. ...... 매 글자는 모두 그 물체의 형상과 같음을 말한 것이다.[04]

이는 '서(書)'는 곧 '저(箸)'인데 '箸'란 바로 사물의 형상과 같게 그대로 나타낸다는 뜻이라는 설명이다. 부연하자면, '책상(冊床)'이라고 '書'했다면 그 '書'는 곧 '책상'이라는 사물과 같게(如) 나타낸 것이고(箸), '주(走)'라고 '書'했다면 '走'라는 글자는 '달리다'라는 동작과 같게 나타낸 것이라는 뜻이다.

---

03 箸各本作著, 今正從竹. 此字古秖作者, 者者, 別事詞也. 別之則其事昭焯, 故曰者明, 而俗改爲著. 明別之則事與詞相黏連輯麗, 위의 책, 761쪽.

04 謂如其事物之狀也......謂每一字如其物狀 위의 책, 762쪽.

이상과 같은 『설문해자』의 설명과 단옥재의 풀이를 통해서 본다면 書는 이 세상에 존재하는 모든 사물의 형상과 빛깔과 동작 등을 있는 그대로 문자를 통해서 나타내는 행위를 뜻하는 글자임을 알 수 있다. 즉, 書는 문자언어를 통해서 사물의 이름이나 상태를 나타내는 '서사행위'를 뜻하는 글자인 것이다. 따라서 『설문해자』 당시에 書는 아직 예술적 의미를 갖고 있지 않았고 다만 실용적인 서사행위의 의미만을 띤 글자였다고 할 수 있다.

다시 유희(劉熙)의 『석명(釋名)』에 나타난 書의 정의를 살펴보기로 하자.

> '書'는 '여러 가지'라는 뜻이다. 여러 가지 물건을 기록한다는 뜻
> 이다. '箸'라고 풀이해도 된다. 죽간 목간이나 종이에 나타냄으로
> 써 영원히 사라지지 않게 하는 것이다.[05]

이 정의는 『설문해자』의 정의와 완전히 같다고 할 수 있다. 게다가 "죽간 목간이나 종이에 나타냄으로써 영원히 사라지지 않게 하는 것이다."라는 설명을 덧붙임으로써 금세 사라지고 마는 음성언어를 문자언어로 바꾸어 기록해 둠으로써 영원히 사라지지 않게 하는 '서사행위'가 바로 書임을 보다 더 명료하게 밝혔다.

그런데, 書에 대한 이러한 정의와는 판이하여 보기에 따라서는 書를 예

---

05 書, 庶也. 記庶物也, 亦言箸也. 箸之簡紙, 永不滅也. 劉熙 『釋名』 「釋書契」第十九, 006-3b
baidu, http://skqs.guoxuedashi.com/wen_490i/7649.html, 2020, 5, 23 검색.
이하, 13경, 사고전서 등 이미 데이터베이스가 완벽하게 이루어진 자료에 대해서는
인터넷을 통해 그 전자판을 활용한 경우에는 인터넷 주소로 출전을 밝히는 것을 대
신한다.

술적 관점에서 바라본 정의(定義)라고 할 수 있는 말이 『설문해자』를 쓴 허신보다 훨씬 앞선 시대의 인물인 양웅(揚雄 B.C 53-A.D18)의 시대에 이미 나타났었다. 양웅은 書를 다음과 같이 정의하였다.

書는 마음의 그림이다.[06]

이 말대로라면 양웅은 書를 단순히 '실용적 서사행위'로 보지 않고 마음을 그려 나타내는 행위 즉 작가의 사상과 감정과 철학 등 작가의 마음 안에 담고 있는 모든 것을 그려내는 '예술행위'로 보았음이 분명하다. 이런 까닭에 오늘날에도 양웅의 이 정의는 書의 예술성을 설명하는 데에 많이 인용되곤 한다. 만약 양웅이 정의한 이 書가 서예의 書에 대한 정의라면 우리는 양웅의 시대에 이미 書를 예술로 보는 시각이 형성되었다고 할 수 있다. 그럼에도 불구하고 대부분의 연구자들은 書를 예술로 보는 시각은 양웅보다 180년 정도 후대인 동한 말기 채옹(蔡邕 A.D 132-192)의 "서(書), 산야(散也)."라는 정의로부터 비롯되었다고 말한다. 일종의 모순을 범하고 있는 것이다. 그러나 아직도 이 모순에 대해 지적하기보다는 습관적으로 답습하여 한편으로는 書를 예술로 보는 시각이 동한 말기에 형성되었다고 말하면서도 다른 한편으로는 書의 예술성을 설명할 때면 곧잘 양웅의 "서(書), 심화야(心畵也)"라는 말을 거리낌 없이 인용하고 있다. 바로 잡아야 할 부분이라고 생각한다. 바로잡기 위하여 양웅이 말한 "書, 心畵也"구의 전후 문장

06　書, 心畵也. 揚雄, 『法言』〈問神〉篇. 『新編諸子集成』 제2책 〈揚子法言〉, 臺灣 世界書局, 1978. 14쪽.

을 살펴보기로 하자.

군자의 말은 그 표현이 그윽하고 애매하더라도 반드시 밝은 곳에서도 증명되고 또 적용도 되어야 하며, 비록 그 표현이 심원하더라도 근천한 곳에서도 증명되고 적용되어야 한다. 또 군자의 말은 그 표현이 비록 크더라도 작은 일에서도 증명이 되고 적용이 되어야 하며, 그 표현이 미묘하고 은유적이라고 하더라도 훤히 드러날 때는 드러나야 한다. 만약 증명할 수도 없고 드러나지도 않는 말이라면 그것을 일컬어 '망령(妄佞)'이라고 한다. 군자가 말을 망령되게 해서야 되겠는가? 사실, 말은 본래 그 마음을 다 전달할 수 없고 글(書)은 그 말을 다 표현 할 수 없다. 참으로 어려운 일이다! 오직 성인만이 말의 풀이(오묘한 驅使)를 얻을 수 있고 글의 몸통을 얻어서, 해처럼 훤히 비치게 이치를 발명하여 그것을 분명하게 말할 수도 있고 글로 쓸 수도 있으며 불필요한 표현을 강과 하천의 물로 씻은 듯이 깨끗하게 제거할 수도 있다. 그러므로 성인의 말은 끝없이 넓고 아득하여 가늠할 수가 없다. 마주 대하고서 하는 말은 마음 안의 하고자 하는 바를 풀어내기에 적합하니 사람들의 마음 안에 자리한 분노를 푸는 것으로는 말(言)만한 것이 없다. 천하의 일은 글(書)로 기록해야만 오랜 세월 명확히 전할 수 있다. 그러므로 불확실하게 전해질 수밖에 없는 옛날일을 천리 밖까지 밝게 전하는 길은 글(書)밖에 없다. 그러므로 말(言)은 마음의 소리(心聲)이고, 글(書)은 마음의 그림(心畵)이다.[07]

---

07 君子之言, 幽必有驗乎明, 遠必有驗乎近, 大必有驗乎小, 微必有驗乎著. 無驗而言之謂妄.

이 문장에서 보는 바와 같이 양웅이 말한 '書'는 '쓰는 행위'를 지칭한 것이 아니라, '써놓은 글' 즉 문장을 지칭한 것이다. 문장이야말로 마음을 표현하는 그림이라는 뜻인 것이다. 따라서 양웅의 "書, 心畵也"라는 말을 인용하여 서예의 예술성을 설명하려 하는 것은 매우 잘못된 인용이다. 양웅의 본뜻이 문장을 지칭함에 있는데 그 말을 서예에 적용하려하는 것은 분명한 오용인 것이다. 혹자는 문장을 쓰기 위해서는 글씨를 쓰지 않을 수 없으니 양웅의 이 "書, 心畵也"라는 말은 서예에도 적용할 수 있는 말이라고 강변하기도 한다. 어처구니없는 논리이고 억지 주장이다. 따라서 차후 학계에서는 양웅의 "書, 心畵也"라는 말을 서예의 예술성을 설명하는 데에 인용하는 일은 없어야 할 것이다. 그리고 이왕에 양웅의 "書, 心畵也"라는 말이 '쓰는 행위' 즉 오늘 날의 서예를 두고 한 말이 아님이 밝혀진 이상, 양웅의 이 말을 근거로 삼아 양웅의 시대에 이미 서예를 예술로 보는 시각이 형성되었다는 주장을 해서도 안 될 것이다.

書를 하나의 예술 행위로 보기 시작한 시각은 역시 한나라 말기 채옹(蔡邕)의 '서(書), 산야(散也)'라는 말에서 찾아야 한다. 지금까지 대부분의 연구자들은 채옹의 이 말을 근거로 채옹을 중국 서예사에서 書의 '예술화'를 최초로 주창한 인물로 보고 있다. 과연 그럴까? 우선 채옹의 말 전문을 보도록 하자.

君子妄乎不妄? 言不能達其心, 書不能達其言, 難矣哉! 惟聖人得言之解, 得書之體, 白日以
照之, 江河以滌之, 灝灝乎其莫之禦也. 面相之辭, 相適제中心之所欲. 通諸人之嚅嚅者, 莫
如言. 彌綸天下之事, 記久明遠. 著古昔之恨恨, 傳千里之忞忞者, 莫如書. 故言, 心聲也, 書,
心畵也. 揚雄, 앞의 책, 같은 곳.

書라는 것은 풀어 놓는 것이다. 書를 하고자 한다면, 우선 마음을 풀어 놓음으로써 감정에 맡기고 성정을 자유롭게 해야 한다. 그러한 다음에 글씨를 써야 한다. 만약 급하게 일에 쫓긴다면 비록 유명한 붓 -중산의 토끼털로 만든 붓을 사용한다고 하더라도 좋은 글씨를 쓸 수 없을 것이다. 書를 할 때는 우선 말없이 앉아서 생각을 고요히 다듬고 내 마음이 가는대로 붓이 따라가야 한다. 말을 하지 말며 숨이 차지 않아야 하며 정신을 가다듬어 마치 지존을 마주 대한 것 같은 자세를 취한다면 글씨가 잘 써지지 않을 수 없을 것이다.

글씨의 몸통은(대체적인 조형은) 반드시 그 글자의 형태에 바탕을 두고서 때로는 앉아 있는 듯이, 혹은 걷는 듯이, 혹은 나는 듯이, 움직이는 듯이, 가는 듯이, 오는 듯이, 누워있는 듯이, 일어나 앉은 듯이, 다양한 형세를 취하며 때로는 근심하는 것 같은 기분이 들게도 하고, 때로는 기쁜 기분이 들게 쓰기도 한다. 마치 벌레가 나뭇잎은 갉아먹은 듯이 자연스런 모양을 만들기도 하고, 때로는 날카로운 칼이나 긴 창과 같이 예리한 느낌이 들게도 하며, 때로는 강한 활이나 빳빳한 화살과 같은 느낌이 들게 쓰기도 한다. 물이나 불과 같게도 하고, 구름이나 안개 같이, 혹은 해와 달과 같은 분위기와 형세를 띠기도 한다. 어떤 방법으로 어떤 모양을 취하든 취할 수 있는 형상을 다 취한다면 가히 '書'의 진수를 얻었다고 할 수 있을 것이다.[08]

---

08 書者, 散也。欲书先散懷抱, 任情恣性, 然後书之。若追於事, 虽中山兔毫, 不能佳也 夫书, 先默坐静思, 随意所適, 言不出口, 氣不盈息, 沉密神彩, 如对至尊, 則無不善矣 为书之體, 须入其形 若坐若行, 若飞若动, 若往若来, 若卧若起, 若愁若喜, 若虫食木葉, 若利剑长戈, 若

이상에서 살펴본 채옹의 이 〈필론(筆論)〉 구절은 크게 세 부분으로 나누어 볼 수 있다. 전반은 '書, 散也'에 대한 설명이고, 중반은 글씨를 쓰는 자세와 마음가짐에 대한 설명이며, 후반은 '서지위체(書之爲體)' 즉 書의 조형에 대한 언급이다. 이 중에서 맨 앞의 '書, 散也' 부분을 들어 역대의 연구자들은 대부분 이 말이야말로 「書를 하나의 예술로 보기 시작한 발언」이라며 그 가치를 높이 평가 하였다. 다시 말하자면, 채옹은 앞서 살펴본 『설문해자』에서처럼 書를 단순히 실용적 서사행위로만 보지 않고 書를 '마음을 풀어 놓는 행위'로 보았는데 '마음을 풀어 놓는 행위'란 바로 書를 통하여 작가의 사상과 감정과 철학을 풀어내어 표현하는 활동이며, 그처럼 작가의 사상과 감정과 철학을 풀어내어 표현하는 활동이 바로 예술 활동이므로 채옹의 '書, 散也'라는 정의야말로 중국 역사상 처음으로 '書'를 하나의 예술 활동으로 인정한 정의라는 것이다.

이어, 중간부분에서 채옹은 글씨를 쓰는 자세와 마음가짐에 대해서도 언급한다. 비록 채옹이 "書, 散也"라고 했지만 여전히 채옹은 유가적 절제를 지향하여 글씨를 쓰는 자세나 마음가짐에 대해서는 엄격했다. "산회포(散懷抱)"와 "임정자성(任情恣性)"을 강조하다보면 방종에 이를 것을 염려하여 그렇게 회포를 풀어내더라도 서예를 하는 자세만은 엄숙하게 가질 것을 강조한 것이다. 이는 "발호정(發乎情), 지호예의(止乎禮儀)"[09]나 "락이불

强弓硬矢, 若水火, 若雲雾, 若日月 纵横有可象者, 方得谓之书矣 편집부, 『歷代書法論文選』, 臺灣 華正書局, 1984, 5~6쪽.

09 衛宏, 『毛詩』序. 儒家들은 중국예술에서 추구하는 本源的인 가치가 있는 美를 '감정에서 출발하지만, 예로서 절제하는' 發乎情, 止乎禮義'적인 美, 즉 人格美로 규정한다. 그리고 이러한 '發乎情, 止乎禮義'적인 인격미는 후대 유가적 예술관의 핵심정신

음(樂而不淫), 애이불비(哀而不悲)"[10]의 유가미학을 그대로 반영한 것이라고 할 수 있다. 실지로 채옹은 유가정신을 견지하면서 그것을 실천하려고 노력한 사람이다. 근래의 연구자 황돈(黃惇)은 채옹을 다음과 같이 평하였다.

> 채옹은 일찍부터 보수 세력을 대표하는 인물이었다. ……그가
> 평생 동안 견지한 예술 주장은 유가 정통사상을 기초로 쌓아올
> 린 것이라는 점은 피할 수 없는 분명한 사실이다. ……채옹은 당
> 시 유가정통사상을 대표하는 인물이었다. 그가 『희평석경(熹平石
> 經)』을 제작하여 세운 목적도 유가의 경문을 바로잡고 문자를 바
> 로 잡는 데에 있었다. 그의 입장에서는 예술의 엄숙한 공용성이
> 예술의 개인적 자유보다 훨씬 중요하였다. 이러한 까닭에 『희평
> 석경』이 그처럼 옷깃을 바르게 하고 위엄이 있는 자세로 앉아 있
> 는 것과 흡사한 모습을 하고 있는 것이다.[11]

으로 작용하여 지금에 이르도록 계승되면서 道家의 자연미와 더불어 중국예술정신을 형성하는 양대 美로 자리 잡고 있다. 김병기, 〈중국문화와 서예〉, 동아시아 문화포럼, 『동아시아 문화와 사상』제7호, 2001 참고.

10 『論語』「八佾」. 즐거우면서도 지나치지 않고, 애절하면서도 비탄에 빠져 마음의 평화를 상하게 하지는 않는다. 공자가 『詩經』의 첫 편인 〈關雎〉편의 가사와 음악에 대해 평하면서 한 말이다. 이 말 속에는 시와 음악을 보는 공자의 관점이 담겨져 있는데, 공자는 바로 '즐거우면서도 지나치지 않고, 애절하면서도 마음의 평화를 상하게 하지는 않는' 절제미가 있는 시와 음악을 가장 이상적인 시와 음악으로 보았다.

11 蔡邕曾代表保守勢力, ...其一生藝術主張曾打上儒家正統思想的烙印, 却是不可回避的事實.……蔡邕作爲儒家正統思想的代表, 創立『熹平石經』的目的, 主要是正經文, 正文字, 其嚴肅的公用性非其他藝術性顯然重要的多. 黃惇, 『風來堂集』, 中國 榮寶齋출판사, 2010, 13-14쪽.

이처럼 채옹에 대해 그가 보수적이었다는 점을 들어 다소 부정적인 평가를 하는 견해도 있으나 유가 미학적 관점에서 본다면 높이 평가받아야 할 부분이다. 이처럼 유가미학적인 절제미를 강조한 채옹이지만 '書'의 예술성에 대해서는 확고한 신념을 가지고 있었다. 그가 쓴 〈필론〉에서 특히 돋보이는 부분은 세 번째 단락에서 자연물과의 비의(比擬)를 통하여 書의 형세를 설명한 부분이다. 이 부분이야말로 채옹이 書를 실용적 서사행위만으로 보지 않고 예술행위로 본 증거라고 할 수 있다. 書가 가진 형세를 비의적(比擬的)으로 설명함으로써 채옹은 書가 단순한 서사행위에 머무르지 않고 하나의 독립된 예술장르가 될 수 있음을 설파한 것이다. 채옹이 이러한 비의를 초서에 대한 비의라고 명시하여 설명하지만 않았지만 "앉아 있는 듯이 걷는 듯이, 혹은 나는 듯이 움직이는 듯이, 가는 듯이 오는 듯이, 누워 있는 듯이 일어나 앉은 듯이"라는 동적인 표현을 주로 한 점으로 보아 초서에 대한 비의일 가능성이 많다. 따라서, 채옹이 이러한 예술적 선언을 하기까지 당시에 유행한 초서가 적지 않은 영향을 끼쳤다고 볼 수 있다. 그러나 초서를 두고 행한 이러한 비의는 채옹에 이르러 처음으로 등장한 것이 아니다. 채옹보다 앞선 인물인 최원(崔瑗: 77-142)이 이미 제시한 바 있다. 최원은 그의 저술 〈초서세(草書勢)〉에서 다음과 같이 말했다.

> 초서의 법은 대개 간략성에 있다. 때에 맞추어 뜻을 전달하고자 하였기 때문에 급히 쓰는 글에 두루두루 많이 사용되어 시간과 힘을 아낄 수 있었다 …… 초서는 초서 나름의 규범과 정해진 모양이 있다. 네모이면서도 곱자(尺)에 딱히 들어맞는 고정적인 네모가 아니며 둥글면서도 컴퍼스에 꼭 들어맞는 원은 아니다. 원

편은 눌러주고 오른 편은 들춰서 바라보면 마치 기운 것 같다가
도 우뚝 선 모습은 발돋움 한 것 같다. 길짐승이 기는 듯, 날짐승
이 멈칫거리는 듯하여 뜻은 날거나 이동하는 데 있으면서도 아직
날거나 이동하지 않은 모습이며, 마치 토끼가 놀라 달아나려 하
나 아직 달리는 것은 아니고, 때로는 검은 점들이 마치 연이어 꿰
어진 구슬과 같아서 떼어 놓아도 흩어지지 않는 모습이다. 쌓인
성난 기운을 떨쳐내는 모습이기도 하여 마음을 편안하게 한 다음
에야 모양이 더 기이해진다. 때로는 능멸하듯이 깊기도 하고, 두
려울 만큼 전율을 느끼게도 하며, 높은 데 올라 위험한 곳을 굽어
보는 것 같기도 하다. 곁에 붙은 점은 마치 당랑(螳螂: 사마귀)이
나뭇가지를 안고 있는 것 같다. 붓을 멈춰 필세(筆勢)를 거두어 들
여도 남은 기세는 여전이 실처럼 이어진다. 마치 산벌(山蜂)이 독
을 쏘듯이 틈새를 보아 기회를 잡고, 뱀이 구멍으로 들어가듯이
머리는 보이지 않는데 아직 꼬리는 끌고 있다. 이러한 까닭에 멀
리서 초서를 바라보면 그 깊은 모습은 물가에 머무르거나 물가를
향해 치닫는 것 같은데 나아가 자세히 살펴보면 한 획도 그 자리
에서 다른 곳으로 옮겨서는 안 될 만큼 꽉 짜인 모습이다. 초서의
미세한 부분과 요긴하고 오묘한 부분은 그때그때 상황에 따라 형
성되는 것이니 대략을 들어 비교해 보면 그런대로 볼만한 글씨를
쓸 수 있을 것이다.[12]

---

12 觀其法象, 俯仰有儀 ; 方不中矩, 圓不中規 抑左揚右, 望之若欹 兀若疎崎, 獸跂鳥跱, 志在
飛移 ; 狡兔暴駭, 將奔未馳 或黝黶點丶, 狀似連珠 ; 絶而不離 畜怒拂鬱, 放逸後奇 或淩
邃惴栗, 若據高臨危, 旁點邪附, 似螳螂而抱枝 絶筆收勢, 餘綖糾結 ; 若山蜂施毒, 看隙緣
巇 ; 騰蛇赴穴, 頭沒尾垂 是故遠而望之, 㴠焉若注岸奔涯 ; 就而察之, 一畫不可移 幾微要

최원의 〈초서세〉는 중국 최초의 서론(書論) 문장으로서 최원과 채옹의 나이 차이로만 보자면 최원의 〈초서세〉가 채옹의 〈필론〉보다 약 55년 앞서 나왔다고 할 수 있다. 따라서 서예에 대해 최초로 예술성을 부여한 사람과 저술로서 최원의 〈초서세〉에 더 주목할 필요가 있다. 채옹보다 앞서 최원이 초서의 다양한 형상성과 그러한 형상성으로 인해 형성되는 의미 깊은 예술성을 매우 적절한 비의를 통해 잘 표현하여 이미 書를 하나의 예술로 보고 있기 때문이다. 이처럼 적절한 비의가 최원의 시대에 이미 세상에 선보였다는 점에서 앞서 살펴본 채옹의 비의는 최원의 이 비의를 본받아 썼거나 아니면 당시에 이미 이러한 비의가 유행하였기 때문에 유행에 편승하여 쓴 것으로 판단할 수 있다. 따라서 중국 서예사에서 '書'를 하나의 예술로 보는 '예술화' 현상은 이미 채옹 이전에 나타났으며, 그 '藝'를 설명하기 위해서 쓴 최초의 문장 역시 채옹의 〈필론〉이 아니라, 최원의 〈초서세〉라고 해야 옳다. 더욱이 최원은 자신이 쓴 문장의 제목을 〈초서세〉라고 밝힘으로써 한나라 말기에 유행한 초서가 書를 예술로 보는 시각을 형성하는 주된 역할을 하였음을 인정하였다. 이러한 관점에서 본다면 중국서예사에서 書의 예술화를 선도한 인물은 채옹이 아니라 최원이라고 해야 할 것이다. 다만, 채옹은 당시 사회에 이미 만연해 있던 書의 예술화 현상을 귀납적으로 정리하여 "서자(書者),산야(散也) 욕서선산회포(欲书先散懷抱), 임정자성(任情恣性), 연후서지(然後书之)"라는 말을 함으로써 "書, 箸也"라는 『설문해자』의 정의에 상대할 만한 다른 정의를 제시했다는 점에서 의미가 있는

妙, 臨時從宜 略擧大較, 仿佛若斯 앞의 『歷代書法論文選』 16쪽. 崔瑗의 〈草書勢〉는 衛恒이 정리한 『四體書勢』 안에 편입되어 있다.

큰일을 하였다. 그러나 그런 의미를 지나치게 강조하여 최원의 역할을 무시한 채 채옹만을 들어 그를 중국 서예사에서 書의 예술화를 처음으로 주창한 인물로 평가하거나 추앙해서는 안 될 것이다.

2. 위진남북조시대 서예의 성숙과 해서(楷書), 행서(行書) 그리고 서성(書聖) 왕희지(王羲之)

중국 서예사 연구자들은 일반적으로 위진남북조시대를 칭하여 서예의 예술성에 대해 자각하는 시기라고 한다. 이 시기에 해서(楷書)는 대략 150년의 시간에 걸쳐 종요(鍾繇)의 '구체(舊體)'에서 왕희지의 '신체(新體)'로 발전하므로 이 시기는 해서의 형태와 필법이 확립되는 시기이기도 하다. 이 시기에 나온 해서를 쓰는 기초필법인 '영자팔법(永字八法)'은 왕희지의 해서가 확립한 중국 서예의 점획과 결자에 대한 규범이다. 이처럼 해서에 대한 규범이 확립됨으로써 전서, 예서, 초서, 행서, 해서 등 5체가 모두 구비되었으며 중국 서예는 이로써 자체(字體) 상의 변화 과정을 모두 마친다. 동시에 이 시기에는 예술 창작의 주체로서 서예가의 신분이 확립되었으며 서예작품에 대부분 서예가의 이름을 표시하는 풍조가 성하였다. 이로써 종요(鍾繇), 왕희지(王羲之), 왕헌지(王獻之), 양흔(羊欣) 등의 이름이 역사에서 '工書(글씨를 잘 썼음)'라는 서술로 남게 되었다. 서예 연구자들은 이 시기보다 앞선 시대의 중국 서예 발전사의 주요 특징을 자체

(字體)의 변화라는 관점에서 바라봤다면 위진남북조 시대 이후로는 예술적 풍격(風格)의 변화를 주요 특징으로 생각하게 되었다.

한나라 말기 채옹에 뒤이어 왕희지(王羲之), 도홍경(陶弘景), 양(梁) 무제(武帝), 왕승건(王僧虔), 원앙(袁昂) 등을 주축으로 하는 동진과 그 이후 남조의 서예가들이 펼친 서예사상은 주로 도교의 영향을 받아 '법은 하늘과 땅과 연계되어 있다(法繫天地)'거나 '사람이 하늘과 하나가 되어야 한다(以人合天)'는 주장을 하면서 자연을 끌어들여 만물을 書에 비유했다. 이런 종류의 서예 심미 조류는 당나라 손과정(孫過庭)에 이르기까지 지속되면서 중국 서예 심미의 주류관념이 되었다.

1) 예서(隸書)에서 해서(楷書)로의 전입(轉入)과 종요(鍾繇)의 구체(舊體): 〈천계직표(薦季直表)〉

중국 서예사의 인물 중에 정막(程邈)이 전서를 예서로 바꾼 주요 인물이라면 종요(鍾繇)는 예서를 해서로 바꾸는 데에 큰 역할을 한 인물이다. 이런 까닭에 그는 후대에 '해서의 할아버지(楷書之祖)'로 존경받았다. 양흔(羊欣)이 지은 『채고래능서인명(采古來能書人名)』에는 종요가 주장한 '서분3체(書分三體: 書는 세 가지 체로 나눌 수 있다)'라는 말에 대한 설명이 있다. 그 중 한 체가 '명석지서(銘石之書:비석에 새기는 글씨)'인데 이는 한나라 예서인 팔분서(八分書)를 가리킨다. 또 하나는 '장정지서(章程之書)'인데 이는 곧 해서이며, "밀서를 전달하고, 학생들을 가르치는(傳秘書, 教小學者也)" 데에 사용하는 반듯한 규범적인 서체라는 설명이 붙어있다. 이 서체는 위진시대 이후에 점점 변화하여 결국 팔분예서를 대체하며 새로운 '명석지서'로 자리하게 되었다. 제나라 왕승건(王僧虔)의 『논서(論書)』에 실린 종요의 가장 유명한 해서 작품은 『선시표(宣示表)』인데 이 작품은 서진(西晉)이 멸망할 때 당시의 권신인 왕도(王導)가 옷 속에 숨겨서 장강을 건넌 후 왕희지에게 전했다. 그러나 훗날 송나라 사람들이 이것을 교육용 서첩으로 새길 때에는 진본은 이미 없어지고 왕희지의 모사본만 남아 있었다. 따라서 오늘날의 입장에서 보자면, 종요의 서예정신이 비교적 더 잘 표현된 것은 종요의 진적을 저본으로 삼아서 새긴 『하첩표(賀捷表)』와 『천계직표(薦季直表)』이다. 두 작품 모두 송나라 때의 『울강재첩(鬱岡齋帖)』에 새겨 넣었는데 후자인 『천계직표』는 한동안 그 원본 묵적본도 세상에 전해졌는데 언제 망실되었는지 모르게 망실되어 지금은 한 장의 사진만 남아있다. 이 두 작품과 『선시표』의 가장 다른 점은 『선시표』는 이미 예서적인 맛이 적어졌고, 『하첩표』와 『천계직표』는 결자가 네모지고 점획에 연미(燕尾:제비꼬리처럼 치켜 올린 필획)가 많이 보이는 등 여전히 예서의 맛이 살아있는 해서이다. 이러한 점 즉 농후한 예서의 맛이 살아있기 때문에 서예사에서는 종요의 해서체를 '구체(舊體)'라고 한다. 예서와 혼재된 '구체' 해서는 20세기 90년대 초에 출토된 「장사주마루오간묵적(長沙走馬樓吳簡墨跡)」에 의해 그것이 '구체' 해서임이 더욱 명료하게 입증되었는데 이 『장사주마루오간묵적』이야말로 삼국시대에 유행한 서체라고할 수 있다. 송나라, 원나라 이래로 첩학(帖學)은 종요와 왕희지를 '종왕(鍾王)'으로 병칭하며 함께 거론 하면서도 실지로는 왕희지와 왕헌지 부자 즉 이왕(二王)을 더 추앙하였다. 원나라의 조맹부(趙孟頫)와 명나라의 동기창(董其昌)이 종요보다 이왕을 더 추앙하는 분위기를 이끌어간 대표적인 인물이다. 명나라 후기에 이르면 왕총(王寵), 서위(徐渭), 황도주(黃道周) 등의 소해서(小楷書)가 종요를 배우게 되면서 소박하고 우아함을 추구하며 점차 새 바람을 불러일으켰다.

2) 영자팔법(永字八法)과 서성(書聖) 왕희지(王羲之)의 행서:『난정서(蘭亭序)』

(1) 왕희지의 신체(新體)와 영자팔법(永字八法)

종요의 '구체'에서 왕희지의 '신체'까지 해서는 150년 정도의 시간을 거치며 점점 성숙해졌다. 이를 알려주는 표지가 바로 왕희지의 신체가 확립한 '영자팔법(永字八法)'이다. 당나라, 송나라 때의 많은 문헌들이 모두 '영자팔법'을 언급하며 그것을 종요나 왕희지 혹은 지영(智永)이나 장욱(張旭)의 손에서 나온 것으로 귀결시켰다. 그러나 영자팔법의 필법을 보면 누구보다도 왕희지와 가장 근접해 있음을 볼 수 있다. 송나라 때에 편찬된『고금사문류집(古今事文類集)』의〈영자팔법〉조에는 다음과 같은 말이 있다.

> 왕일소(逸少: 왕희지의 자)는 어릴 때 서예를 연마하는 15년 동안 '永'자만 파고들었는데 그 이유는 '永'자를 쓸 때 운용하는 여덟 가지 필획 구사법 즉 팔법(八法)의 기세를 다른 모든 글자에 적용할 수 있기 때문이다. 이것이 바로 이것이 '영자팔획'이다.[13]

---

13 王逸少工書十五年中, 偏工'永'字, 以其八法之勢, 能通於一切之字也, 永字八畫也.『國學大師四庫全書』『四庫全書·子部·類書·古今事文類聚10』「永字八法」
http://www.guoxuedashi.com/a/20013j/264771r.html

만일 전서가 '중봉원전(中鋒圓轉:중봉의 필법으로 둥글게 굴림)'이라는 필법을 사용했다면 예서는 측봉방절(側鋒方折:붓을 대어 옆으로 모나게 꺾음)의 필법을 사용하여 잠두연미(蠶頭燕尾:가로 그은 필획의 첫 부분은 누에의 머리모양처럼 구사하고 끝부분은 제비의 꼬리처럼 경쾌하게 처리하는 필법)를 만들어내었고, 여기서 다시 확장하여 두세 가지의 필법을 더 만들었는데 해서에서는 "측(側), 륵(勒), 노(努), 적(趯), 책(策), 략(掠), 탁(啄), 책(磔)" 등 여덟 종류의 필법이 있어서 "그 팔법의 기세로 모든 것에 통할 수 있게(以其八法之勢, 能通於一切)"되었다(사진1: 永字八法).

【사진1】永字八法

이러한 발전은 중국 고전 음악이 훈(壎)이라는 2도 음계에서 점진적으로 궁(宮), 상(商), 각(角), 치(徵), 우(羽)의 5도 음계로 발전한 다음, 다시 '변치(變徵)'와 '변우(變羽)' 두 개의 반음이 더해져 총 7도 음계로 각종 악곡들을 연주하게 된 과정과 흡사하다. 이러한 점은 종요와 왕희지가 동일한 글자를 해서체로 쓴 것을 비교해 보면 확인할 수 있는데 종요의 해서에는 여전히 예서의 필의가 남아있는 데에 반해 왕희지의 해서는 예서와는 확연히 다른 모습을 보이고 있다. 영자팔법은 바로 왕희지의 그러한 새로운 해서 필법 즉 신체 해서의 확립과 유행에 따라 제기된 필획법인 것이다. 영자팔법으로 인해 완전히 자리를 굳힌 왕희지의 신체 해서는 해서의 자체(字體)의 변화를 종결시키고 그 뒤를 이은 당나라 해서를 위한 기본적인 형식 법칙을 확립하는 역할을 하였다.

(2)『난정서(蘭亭序)』와 서성(書聖)

서예가 문화자각의 새로운 패러다임을 확립하게 된 것은 바로 왕희지의 『난정서(蘭亭序)』로부터이다. 후대의 평가는 물론, 왕희지 스스로도 가장 득의한 작품으로 여겼다는『난정서』는 불행하게도 실전(失傳)되어 우세남(虞世南), 구양순(歐陽詢), 저수량(褚遂良) 등 당나라 때 명가들의 모사본(摹寫本) 만이 현존하고 있다. 물론 이 모사본을 통해서도 왕희지 난정서가 가진 숭고한 예술적 가치를 짐작할 수 있지만 진본을 볼 수 없음은 큰 아쉬움이다.『난정서』의 예술적 가치는 그것의 정교하고 아름다운 필묵기술과 장법포백의 완정성 위에서 드러나고 있을 뿐 아니라, 작가와 한 몸처럼 융합된 문화와 감정표현의 깊이에서도 드러나고 있다.『난정서』는 예술작품으로서 서예가 갖춰야 할 것들 이를테면 서예가와 작품과의 관계, 문학과 서예의 관계 등, 내용으로부터 형식에 이르는 모든 심미적 요소들을 다 구비하고 있다. 위진 시대에 유행한 현학(玄學: 위진 시대에 노장사상을 위주로 한 철학사조)과 청담 그리고 인물에 대한 품평, 양한(兩漢) 유가 경학이 붕괴하는 사상과 문화적 배경아래 '천하제일서(天下第一書)'라 불리는『난정서』가 탄생하게 된 것이다. 이 난정서는 몇 천 년 동안 이어져 내려온 생각 즉 서예는 문자사용의 부산물로서 발생한 것이며 일종의 장식적 가치로 존재해 온 것이기 때문에 서사한 내용 즉 표기와 서사의 수단으로서의 문자운용에 비해 아류라는 지위를 가질 수밖에 없다는 생각을 철저하게 탈피하게 했다. 난정서는 서예를 통하여 인격과 개성, 시의와 감정 그리고 인문적 가치선택을 표현해 냄으로서 서예계의 영원한 고전이 되었다. 중국 역사상 '서성(書聖)'으로 존경받는 왕희지는 그 천재적인 예술 창조력을 난정서를 통하여 드러냈다. 왕희지는 난정서 안에 그의 맑고 고아한 정신 목표와 함께 자신의 재능을 믿은 나머지 모든 사물 앞에서 당당하고 적절히 오만할 수 있는 인격적 매력을 담았으며, 또 삶과 죽음을 초월하여 달관의 경지에 이른 감정을 표현하였다. 그는 난정서를 통하여 당시 사람들을 놀라게 했을 뿐 아니라, 오늘 날 사람들도 감탄해 마지않게 한다. 왕희지는 난정서로 인하여 서성이 된 것이다(사진2: 神龍本 蘭亭序).

왕희지는 난정서 외에도 형식과 기교와 풍격 등 다양한 측면의 여러 작품과 해서, 행서, 초서에 이르는 각 장르에서 영원한 고전으로 평가받는 많

【사진2】神龍本 蘭亭序

은 작품을 창작했다. 『황정경(黃庭経)』, 『십칠첩(十七帖)』, 『쾌설시청첩(快雪時晴帖)』, 『상란첩(喪亂帖)』, 『이모첩(姨母帖)』 등이 바로 그런 작품들이다.

'이왕(二王)' 중의 하나로 추앙받는 왕희지의 아들 왕헌지(王獻之)의 행

초서인 『아군첩(鵝群帖)』, 『중추첩(中秋帖)』 등은 장지(張芝)의 '일필서(一筆書)'를 계승해서 완성된 대초(大草)[14] 작품으로 아버지 왕희지의 소초(小草)[15] 작품의 평화로운 서풍을 초월해서 더욱 격정적인 표현을 함으로써 성당시대의 장욱(張旭)이나 회소(懷素) 등이 추구한 표현주의의 선구자가 되었다. 이러한 점 때문에 이들 부자는 지금도 '이왕'으로 추앙받고 있는 것이다. 왕헌지의 소해(小楷) 작품 『낙신부십삼행(洛神賦十三行)』은 그야말로 절세의 독보적인 작품이다. 미려(美麗)함과 청수(淸秀)함을 겸하고 있으면서 또한 그 외의 많은 아름다움을 온축하고 있는 이 소해 작품을 보면 『낙신부(洛神賦)』를 지은 조자건(曹子建)의 마음속에 응어리져 있던 여러 감정들이 그대로 드러나 보이는 것 같다. 신품(神品)이라고 할 만한 작품이다.

　왕희지를 전후한 시기의 또 다른 서예가인 삭정(索靖)과 그의 작품 『출사송(出師頌)』, 그리고 육기(陸機)와 『평복첩(平復帖)』, 왕순(王珣)과 『백운첩(伯遠帖)』 등도 당시의 같은 시대적 배경 아래서 창작된 작품들이다. 양무제(梁武帝) 소연(蕭衍: 양나라의 개국군주)은 『고금서인우열평(古今書人優劣評)』에서 다음과 같이 말했다.

14　대초(大草): 많이 흘려 쓴 초서를 말한다. 많이 흘려 쓴 나머지 상·하의 글자 사이마저도 실지 필획으로 이어져 있는 초서를 대초라고 하는데 심한 경우, 어디까지가 위 글자이고 어디까지가 아래 글자인지를 구별하기 어려운 경우도 있다. 필자 주.

15　소초(小草): 대초에 비해 적게 흘려 쓴 글씨로서 각 글자는 대초와 마찬가지로 흘려 썼지만 상·하의 글자 사이는 필세로만 이어져 있을 뿐 실지 필획으로는 이어져 있지 않아서 위 글자와 아래 글자가 분명하게 구별되는 초서를 말한다. 필자 주.

왕희지의 글씨는 기백이 넘치고 빼어나다. 용이 하늘 문으로 뛰어오르는 듯 하고, 호랑이가 봉황 누대에 누워있는 것 같아서 대대로 귀하게 여겼고 오랫동안 귀감이 되었다[16]

당태종(唐太宗) 이세민(李世民)은 『왕희지전론(王羲之傳論)』에서 다음과 같이 말했다.

고금의 작품들을 두루 살펴봐도 정밀하게 연마하고 소박하게 마음에 새긴 서예가는 오직 왕일소(왕희지) 뿐인 것 같다. 그가 점을 찍고 획을 그은 것의 공교함과 한 글자를 구성한 결구를 보면 안개가 피어오르고 이슬이 맺힌 것 같아서 끊기는 듯 이어지곤 한다. 봉황이 날아오르고 용이 서린 것 같으며 그 기세는 기운 듯이 오히려 바르다. 그의 작품을 감상하다 보면 지루한 줄을 모르고 그의 글씨를 취하려 하면 어디서부터 배워야 할지를 알 수 없다. 마음으로 흠모하고 손으로 쫓아 배워야 할 사람은 오직 이 사람 뿐이다. 그 나머지 이러저러한 인물들에 대해서는 논할 바가 무엇이겠는가![17]

---

16 王羲之書字勢雄逸, 如龍跳天門, 虎臥鳳閣, 故歷代寶之, 永以為訓.
    『國學大師四庫全書』『子部·御定佩文齋書畫譜』第八卷「梁武帝古今書人優劣評」
    http://skqs.guoxuedashi.com/wen_1405h/31860.html#008-2a
17 所以詳察古今, 研精篆素, 盡善盡美, 其惟王逸少乎! 觀其點劃之工, 裁成之妙, 煙霏露結, 狀若斷而還連; 鳳翥龍蟠, 勢如斜而反正. 翫之不覺為倦, 覽之莫識其端. 心慕手追, 此人而已. 其餘區區之類, 何足論哉!『維基文庫』『陳書』卷八十〈列傳〉第五十「王羲之」
    https://zh.wikisource.org/wiki/%E6%99%89%E6%9B%B8/%E5%8D%B7080

동아시아 한자인문로드 한자의 역사

왕희지는 그 자신이 탁월한 재능과 원대한 지략을 가진데다가 위대한 서예적 업적을 쌓았고, 게다가 서예를 탐닉했던 역대 두 황제의 열렬한 찬양을 받음으로써 중국서예사에서 '서성(書聖)' 이라는 지위를 확고히 하게 되었다. 한 시대를 풍미했던 황제의 이름은 오히려 묻히겠지만 왕희지라는 서예가의 이름은 영원토록 세상에 전해질 것이다.

그런데 당태종은 참 어리석은 짓을 했다. 그는 임종 무렵에 『난정서』를 자신과 함께 소릉(昭陵)에 묻어달라고 했다. 이러한 연유로 세간에 전해지는 왕희지 작품들은 모두 당나라 사람들의 모본이며, 1,000년에 걸쳐 현전하는 모본 『난정서』의 진위여부 즉 왕희지가 과연 난정서를 짓고 썼는가에 대한 논쟁을 야기하게 되었다. 20세기 70년대에 모택동(毛澤東), 곽말약(郭末若), 계공(啓功), 고이적(高二適) 등이 참여했던 '난정논쟁(蘭亭論爭)'은 지금도 이어지고 있는데 이 '난정논쟁'의 실질적이고 핵심적인 문제는 사실 위진남북조시대 해서체의 형성 역사에 대한 인식의 차이에 기인하고 있다. 현존하는 『난정서』 모본들을 일별해 보면 우세남(虞世南)의 모본이 가장 왕희지의 주미(遒媚)한 풍격과 행간의 기백을 잘 살린 편이고, 풍승소(馮承素) 모본인 『신룡난정(神龍蘭亭)』은 왕희지의 포백과 자형을 잘 살렸다. 구양순(歐陽詢)의 모본인 『정무난정(定武蘭亭)』은 모본임에도 자신의 해서서체를 적용한 면이 많은데 돌에 새겨서 계속 번각하여 보급했기 때문에 이 모본이 가장 널리 유행했다. 사실 현존하는 동진시대 묵적들 중에서 가장 이견이 적은 것은 왕희지의 조카 왕순(王珣)의 필적을 모은 『백원첩(伯遠帖)』이다. 이 백원첩을 통하여 동진시대의 서예의 실지 모습을 짐작할 수 있으므로 이는 왕희지 서예의 본래 모습을 유추하는 데에 가장 유용한 참조물(參照物)이 될 수 있을 것이다.

3) 북조의 명석서(銘石書): 조상(造像), 묘지(墓志), 마애(磨崖)

조씨(曺氏)의 위(魏)나라와 서진(西晉) 시대에는 남쪽과 북쪽의 서풍이 공통으로 추구하는 한 유형이 있었다. 이때는 남방과 북방이 다 한나라 말기 서예의 유풍을 따르고 있었기 때문이다. 그 뒤 남과 북이 정치적으로 확실하게 분리가 되면서 남북이 각각 지역적 서풍을 형성하게 되었다. 동진과 남조는 북조에 비해 상대적으로 안정적인 번영을 이뤘기 때문에 사회에 문인들의 한찰(翰札:簡札)을 숭상하는 풍조가 성하였으며, 이러한 한찰을 가장 잘 쓴 인물로 추앙받던 이왕(二王) 즉 왕희지와 왕헌지의 묵적이 세상에 널리 알려지면서 그들의 서예가 하나의 유행 풍조를 형성했다. 위나라 제나라 등 북조의 경우에는 왕조의 교체와 전쟁이 계속되어 문예가 부흥하지 못했으므로 문인들 사이에 오간 편지가 적어서 한찰의 생산이 근본적으로 적었으며 그나마 남아있던 한찰들도 대부분의 소실되어 지금은 돌에 새겼던 글씨 즉 명석서(銘石書)만 세상에 전해지고 있다. 그러므로 서예가 남파와 북파로 나누어지게 된 것은 이때부터라고 할 수 있다. 남·북의 서예는 처음에는 모두 종요(鍾繇)의 구체(舊體) 해서 즉 예서에서 해서로 변화하는 과정을 답습했었다. 이러한 까닭에 남조에서 이미 왕희지의 신체(新體) 해서가 유행할 때에도 북조에서는 여전히 종요를 숭상하며 예서에서 해서로의 변화가 아주 더디게 진행되었다. 따라서 북조의 『용문조상(龍門造像)』, 『운봉산각석(雲峰山刻石)』, 사산마애(四山磨崖)』 등의 석각서예 작품들에서는 공통적으로 예서에서 해서로 전환되는 현상과 명석서(銘石書) 성격의 장식적인 흔적을 살펴볼 수 있다.

동아시아 한자인문로드 한자의 역사

(1) 위비(魏碑): 『용문조상(龍門造像)』[18]과 북망산(北邙山)산 묘지명(墓志銘)[19]

'위비(魏碑)'라는 말은 금석학이 부흥하기 시작한 청나라 건륭(乾隆), 가경(嘉慶) 연간에 사용되기 시작한 말이다. 완원(阮元)과 옹방강(翁方綱)이 주축이 되어 위나라를 중심으로 하는 북조의 서예를 연구하면서 생긴 말인데 이들이 북조의 서예에 관심을 갖기 전에는 중국의 서예사가 진(晉), 당(唐), 송(宋), 원·명(元·明)의 한찰(翰札) 즉 문인들이 쓴 편지나 시고(詩稿) 등의 필적을 주된 내용으로 하는 '첩(帖)' 위주로 서술되고 연구되었다. 그런데 고증학의 발달로 인하여 북조의 명석서에도 관심을 갖게 되면서 건·가(乾·嘉)시대에 이르러서는 '첩(帖)' 위주의 서예에서 벗어나 북조시대 위나라 제나라 때의 묘지석이나 조상기 등을 연구하고 중시하자는 주장이 대두되면서 '위비(魏碑)'라는 말이 부상하게 되었다. 이때부터 서예는 남과 북 그리고 비(碑)와 첩(帖)으로 나뉘어 연구자들 사이에 논쟁이 시작되었다. 연구자마다 의견이 분분함으로써 자연스럽게 토론이 이루어졌고 그러한

---

18 '용문조상'은 용문석굴 내에 부처님의 상을 만들고 그 상을 만든 내력을 새긴 명문을 말한다. 북위에서 당대에 이르기까지 3689점이 있다고 한다. 그 중심은 북위의 조상기(造像記)이며 불교연구의 중요한 자료이다. 이런 조상기를 돌에 새긴 조상명(造像銘)은 아니라 북조 서예를 변한다. 청나라 후기 비학파(碑學派) 서예가나 학자들이 이를 중심으로 북조의 서예를 연구하였다. 용문조상은 가려 뽑은 건수에 따라 10품, 20품, 50품 등으로 부르는데 '용문 12품'이 가장 유명하다. 필자 주.

19 북망산은 중국 하남성 낙양시 북쪽에 있는 작은 산이다. 낙양은 B.C.11세기에 주나라 성왕이 이곳에 왕성을 쌓은 이래 후한을 비롯한 서진, 북위, 후당(後唐) 등 여러 나라의 도읍지로서 역사적으로 번창하였던 곳이다. 낙양에는 많은 귀인·명사들이 살았으며, 이들이 죽은 뒤에는 대개 북망산에 묻혔기 때문에 이곳에는 한나라 이후의 역대 제왕과 귀인, 명사들의 무덤이 많다. 이 무덤 안에서 많은 묘지명이 발견되었다. 백제 의자왕의 묘지석도 이곳에서 발견되었다. 필자 주.

토론은 서예발전에 큰 동력으로 작용하였다. 이로써 청나라는 건·가(乾·嘉)시대 이후에 서예의 황금기를 맞는다.

　남조 동진시대 이후의 한찰서(翰札書)는 거의 대부분 유명 학자나 서예가들이 쓴 것이기 때문에 그 작품성이 뛰어난 것은 당연하다. 이에 반해 북조의 명석서는 유명 서예가가 쓴 것과 무명 서예가가 쓴 것이 공존하고 있다. 따라서 일부 학자들이 북조의 명석서를 모두 '민간서예'의 범주에 포함시키려 하는 것은 무리한 주장이다. 『용문조상(龍門造像)』과 북망산(北邙山)의 묘지석(墓志石)을 비교해 보면 『용문조상』은 관료층과 민간인들이 함께 참여한 종교 행위의 결과물로서 작품에 정교함(精)과 거칠음(粗), 문화적인 면(文)과 야성적인 면(野)이 뒤섞여 있다. 반면, 북망산의 묘지석은 많은 부분이 당시 원(元)씨 황족의 묘지석이고 황족의 묘지석 외에도 거의 다 고관과 귀인의 묘지석이기 때문에 당시 주류 문화층의 문화적 산물이라고 할 수 있다.

　『용문조상』의 20가지 항목들을 살펴보면, 『시평공조상(始平公造像)』, 『원상조상(元詳造像)』, 『광천왕조모조상(広川王祖母造像)』, 『양대안조상(楊大眼造像)』 등은 모두 관료층 주류 문화인의 작품으로서 그 서예가 모두 정밀하고 우아하며 창작한 작가들도 모두 당시의 서예 고수들이었다. 반면 『정장유조상(鄭長猷造像)』, 『혜감조상(惠感造像)』, 『자향조상(慈香造像)』, 『일불조상(一佛造像)』 등은 민간문화의 산물인데 그 서품이 밋밋하고 졸렬하며 보통 수준의 장인 작가들에 의해 창작되었음을 알 수 있다. 북망산의 묘지석을 대표하는 『원정묘지(元楨墓志)』, 『석완묘지(石婉墓志)』, 『목옥용묘지(穆玉容墓志)』, 『원등기처묘지(元騰曁妻墓志)』, 『원예묘지(元倪墓志)』, 『원주안묘지(元周安墓志)』, 『장흑녀묘지(張黒女墓志)』 등은 모두 북위 황족들의 묘지명으

동아시아 한자인문로드　한자의 역사

로서 비록 쓴 사람을 알 수는 없지만 민간서예가 아닌 것은 분명하다.

비각 작품 중 명품에 해당되는 북위의 『장맹용비(張猛龍碑)』, 『숭고영묘비(崇高靈廟碑)』, 『남석굴사지비(南石窟寺之碑)』로부터 남조의 『찬보자비(爨寶子碑)』, 『찬용안비(爨龍顔碑)』 등에도 『용문조상』이나 북망산 묘지석과 같은 풍격적 공통점이 있다. 그것은 바로 자형이 편방외탁(扁方外拓: 납작한 가운데 외향적임)하고 점획이 방두방절(方斗方折: 모난 모양으로 꺾임)하여 예서 특히 팔분예서의 양식을 아직 버리지 못했다는 점이다. 이처럼 해서 서체가 아직 확고하게 정착되지 못한 북위의 예서와 해서 사이의 과도기적 서풍은 오히려 난만하게 무르익은 당나라 해서보다 참신한 면이 있다. 바로 이점 때문에 청나라 건·가 시기의 비학파 서예가들의 관심과 주목을 끌게 되었고, 마침내 '비학(碑學)' 혹은 '비학파 서예', 혹은 '위비 서예'라는 이름의 새 바람이 일어나게 되었다.

(2) 마애(磨崖): 『운봉각석(雲峰刻石)』과 『사산마애(四山磨崖)』

역사에 기록된 북조시대 서예가 중에서 가장 유명하고 영향력 있었던 것은 청하최씨(淸河崔氏)와 범양노씨(範陽盧氏)라고 하는데 그들의 서예는 모두 종요와 위관(衛瓘)의 영향을 받았다고 하나 현전하는 작품은 없다. 그런가 하면, 이름조차 불분명한 두 인물이 산동(山東)에 두 개의 거대한 마애군(磨崖群)을 남겼는데 하나는 정도소(鄭道昭)가 썼다고 전하는 『운봉각석(雲峰刻石)』이고, 다른 하나는 승려 안도일(安道一)이 썼다고 하는 『사산마애(四山磨崖)』이다. 전자는 채주(萊州)와 평도(平度)사이에 있고 후자는 추현(鄒縣)과 태안(泰安)의 경내에 있다. 『운봉각석』은 당시에 광주와 청주의 자사였던 정도소와 그의 부하 관리가 운봉산과 천주산 등을 유람하면서 쓴 기록을 새긴 것이다. 바위가 매우 단단해서 철저한 준비과정을 거친 뒤에 새겼을 것으로 보이는데 바위가 단단했기 때문에 오늘날까지도 선명하게 남아있다. 자형과 점획이 기본적으로 방형이지만 종종 원형인 부분도 있다. 『용문조상』이나 북망산 묘지석의 완전한 방형 형태와 비교해보면 둘 사이의 각기 다른 풍격을 느낄 수 있다. 이 작품은 청나라 때 비학 서풍이 흥기한 이후, 가장 중요한 참고 자료로 거론되곤 하였다.

추현(鄒懸)의 『사산마애』와 태산의 경석욕(經石峪)은 모두 불경을 새긴 것인데 스님 안도일(安道一)의 서명이 있다. 안도일의 생애는 『북사(北史)』에도 전해지지 않고, 어떤 서예사에도 기록이 없으며, 『고승전』에도 실려 있지 않다. 그러나 그는 북위시대에 한때 진행된 불교 말살 운동에 항의하며 대량의 불경들을 돌에 새겼기 때문에 그의 이름이 후세에 전해지게 되었다. 안도일 서예의 주요 특징 중 하나는 글자 크기가 크다는 점인데 작게는 직경이 한 자(尺) 정도이고 크게는 직경이 한 장(丈) 정도이다. 두 번째 특징은 자체가 예서 같기도 하고, 해서 같기도 해서 굳이 이름을 붙이자면 '예해(隷楷)'라고 할 수 있다는 점이다. 안도일의 글씨는 이처럼 자체가 정해져 있지 않기 때문에 기존의 틀을 깨는 파체서(破體書)를 추구하는 근·현대 서단에 많은 영향을 끼치고 있다.

4) 사경(寫經)과 사본(寫本) - 돈황(敦煌) 문서

위진 시대에는 유교의 예악(禮樂)사상이 붕괴하는 시대이다. 대신, 동한 말기에 중국에 들어온 불교는 중국의 풍속이나 중국인의 의식과 융합하면서 새로운 양태를 드러내며 남북 전 지역에 퍼지게 되

동아시아 한자인문로드 한자의 역사

었다. 북조시대의 운강, 돈황, 능적산의 불교유적 석굴의 웅대함이 당시 불교가 얼마나 큰 세력으로 전파되었는지를 충분히 증명하고 있다. 남조시대에 이르러서는 서역으로부터 온 스님인 달마를 접견한 양무제가 위나라의 문제(文帝)와 마찬가지로 불교를 숭상하여 심지어는 불교를 국교로 정하고 불경을 베껴서 외우게 하면서 널리 전파함으로써 당시에는 사경 즉 불경을 베끼는 풍조가 크게 성하였다. 이로 인해 전문적으로 불경을 베끼는 사람 즉 '경생(經生)' 혹은 '사경생(寫經生)'이라고 불리는 직업서예가 집단이 형성되었다. 그들은 대를 이어가며 이 직업을 수행했는데 그들은 가능한 한 불경을 빨리 쓰고 또 많이 베껴서 세상에 보급해야 했으므로 글씨를 빨리 쓰고자 하는 욕구가 강했다. 그렇다고 해서 초서로 쓸 수는 없었다. 초서로 써 놓으면 지식층의 일부 사람만 읽을 수 있을 뿐 일반 서민들은 읽을 수 없기 때문이다. 이에, 이들은 글씨를 빨리 쓰기 위해서 한손으로는 두루마리 종이를 잡고 다른 한손은 두 손가락을 이용하여 마치 오늘 날 연필을 잡는 모양으로 붓을 잡고서 필법을 따질 겨를이 없이 쉽게 글씨는 쓰는 서사습관을 갖게 되었다. 따라서 그들이 쓴 글씨는 납작하면서 예서의 분위기가 있는 이른바 '평획관결(平劃寬結: 가로 획이 수평을 이루면서 글자의 구조가 넉넉한)'한 자형을 이루게 되었다. 서진시대 원강(元康) 6년에 쓴 『제불요집경(諸佛要集經)』이 바로 그 대표적인 예이다. 이러한 사경은 경을 베끼도록 부탁한 공양인의 신분에 따라 쏟는 정성이 달랐으므로 상황에 따라 베낀 글씨의 수준도 달랐다. 게다가 이들 사경생들은 유명 서예가의 자첩(字帖)을 구입하여 정식으로 서예를 배울 수 있는 처지도 아니었다. 단지 선배 사경생들이 써놓은 것을 참조하여 글씨를 썼으므로 이때의 사경서체 즉 '사경체'는 더러 남조 해서의 새로운 서체 분위기를 띄는 경향이 있었으며 시종일관 예서와 해서가 서로 뒤섞이는 현상을 보이고 있다. 돈황의 장경동에서 출토된 양나라 때의 『출가인수보살계법(出家人受菩薩戒法)』권제1은 곧 대음동(戴蔭桐)이 천감(天監) 18년에 양나라 무제의 칙서를 받들고, 또 강남의 유명 사찰인 와관사(瓦官寺)의 스님인 혜명(惠明)의 지원을 받아서 쓴 것이다. 대음동은 중국 서예사에서 전혀 이름이 알려지지 않은 사람이지만 아마도 당시에 사경의 고수였을 것이다. 그의 글씨를 보면 예서의 필의는 매우 적고 행서의 분위기가 많은데 이는 당시 남조 동진시대의 서풍을 받아들였기 때문일 것으로 여겨진다.

이른바 돈황 사경 즉 돈황의 불경 베끼기에 관한 기록은 적지 않다. 게다가 돈황에서 발견된 자료 중에는 도교 경전이나 유학에 관한 문헌 그리고 각종 시문집의 사본도 적지 않다. 그 중에는 수나라 때 베낀 『문선(文選)』 초본도 있는데 이 초본의 서예는 왕희지의 〈난정서〉와 매우 닮았다. 이점을 통하여 남북조 시기 말기에는 남북 간의 문화 예술 교류가 더욱 많았다는 사실을 짐작할 수 있다. 북위시대 역사서의 사본인 『진양추(晉陽秋)』 잔권과 사경인 『유마힐경방편품(維摩詰經方便品)』은 용필이 둥글둥글한 가운데 빼어나게 아름다워서 북조 비각 서예 중에 보이는 모나고 꺾이는 필획이 완전히 사라졌음을 보여주고 있다. 아울러 돌에 글씨를 새긴 명석서와 종이에 직접 글씨를 쓴 묵적을 비교해 보면 새긴 글씨에는 장인들이 새기는 과정에서 자연스럽게 첨가한 기술적 요소가 끼어들어 있다. 바로 이러한 점으로 인해 장차 남첩(南帖)과 북비(北碑) 사이의 형질적 차이가 더 벌어지게 되는 것이다.

3. 한국과 중국 서예의 차이점

1) 서예의 현대적 개념

흔히 서예를 영어로 번역할 때 'Chinese Calligraphy'라고 한다. 그러나, 서예는 결코 중국만의 예술이 아니다. 동아시아 한자 문화권 공통의 문화이자 예술이다. 그러므로 굳이 번역해야 한다면 'East Asian Calligraphy'라고 번역하는 것이 옳다고 생각한다. 그리고 서예의 주요 창작 매체인 한자 또한 'Chinese Character'가 아니라, 'East Asian Character'인 동시에 'Korean Character'로 여겨야 한다. 왜냐하면, 한국은 최소한 과거 2,000년 동안 줄곧 한자를 사용해 왔기 때문에 훈민정음 제정 이전에는 한자가 유일한 표준문자였고, 훈민정음 제정이후에도 대한 제국의 선포 이전까지 한자는 한국의 역사와 문화를 기록하는 주류문자였다. 이러한 까닭에 한국의 역사와 전통문화를 기록하고 있는 기록물의 대부분이 한자로 기록되어 있다. 우리의 역사와 문화를 기록하고 있는 문자라면 당연히 우리 문자로 여겨야 한다.

한글은 세계에서 가장 과학적인 소리글자로 인정을 받고 있다. 그런가 하면 한자는 세계에서 가장 역사가 오래된 뜻글자이다. 소리글자는 소리글자로서의 장점이 있고 뜻글자는 뜻글자 나름의 장점이 있다. 한국은 세계에서 가장 과학적인 소리글자인 한글과 세계에서 가장 발달한 뜻글자인 한자를 동시에 사용할 수 있는 유일한 나라이다. 중국은 뜻글자만 있을 뿐 소리글자가 없고 서방국가들은 소리글자만 있을 뿐 뜻글자가 없다. 그러므로, 한글과 한자를 함께 사용하는 한국에서 한글은 국가에서 지정한 제1의 문자이고, 한자는 제2의 보조문자 역할을 하고 있다.

우리의 입장에서 보자면 서예는 한자와 한글이라는 문자를 주요 창작매체로 삼아서 '글씨를 쓰는 행위'를 통해 작가의 예술적 감성과 철학과 사상을 표현하는 예술이다. 한국, 중국, 일본 등 동아시아 한자문화권 국가가 공유하고 있는 예술인 서예는 공통으로 추구하는 예술성이 있음에도 불구하고 한국과 중국, 일본의 서예 사이에는 서로 다른 점이 존재하고 있다.

2) 한국과 중국, 그리고 일본

오늘날 중국의 동북쪽은 과거의 역사 속에서는 한국민족의 주요 활동무대였다. 이 지역에는 고조선의 뒤를 이은 고구려라는 강력한 나라가 자리하고 있었는데 고구려는 한국민족이 세운 막강한 고대국가이다. AD 5~6세기 경, 고구려와 중국의 전쟁 상황을 보면, 당시는 물론 그보다 훨씬 전부터 동북아시아의 광활한 영토의 주인공은 고조선과 고조선의 후예인 고구려였음을 알 수 있다. 중국이 오랜 기간 동안 끈질기게 만리장성을 쌓은 이유는 중국의 동북방에 항상 매우 위협적인 세력이 존재하고 있었기 때문이다. 그 위협적인 세력의 하나가 바로 한국의 고대국가인 고구려였다. 수나라(隋: 581~618)와 당나라(唐: 618~907)는 위협적인 존재인 고구려를 정벌하기 위해 큰 전쟁을 일으켰다. 수나라의 문제(文帝: 581~604재위)가 중국대륙을 통일한 후, 그의 아들 양제(煬帝: 604-618재위)는 무려 113만 대군을 동원하여 고구려를 침략해 왔다. 이 대군에 맞서 고구려의 을지문덕(乙支文德) 장군은 살수(오늘날의 청천강)에서 전투를 벌였는데 지략적인 수공(水攻: 물을 이용한 공격)을 펼침으로써 대승을 거뒀다. 고구려와의 전쟁에서 크게 패함으로써 중국의 수나라는 건국한 지 채 40

년도 채 못 되어 멸망하고 만다.

수나라가 망한 후 건국된 나라가 당나라이다. 아버지 고조 이연(李淵)의 뒤를 이어 황제가 된 당나라 태종(629~649재위) 이세민(李世民)은 선대 왕조인 수나라의 한을 풀겠다는 의지로 고구려를 침공한다. 이때에도 고구려의 재상이자 장군이었던 연개소문의 강력한 지도력과 안시성의 성주였던 양만춘의 결사적인 항전으로 당태종은 친정(親征)에 실패하고 눈에 큰 상처를 입은 채 퇴각한다. 그리고 4년 후에 당태종은 전쟁 때 얻은 병으로 인하여 죽는다. 이처럼 현재 한국의 조상이었던 고구려는 중국을 견제할 수 있는 동북아시아의 가장 강한 세력이었다.

훗날, 고구려의 장엄한 기상과 정신을 계승한다는 의지를 가지고 건국한 나라가 고려(918~1392)이다. 고려는 강한 국방력를 갖추는 한편, 세계 최초로 금속활자를 발명하고 세계인의 찬사를 받는 고려청자와 고려불화를 창작하는 등 찬란한 문화를 이뤘다. 그러나 고려 말에 이르러 동아시아로부터 동유럽에 걸친 광대한 유라시아 지역에 엄청난 지각변동이 일어난다. 바로 칭기즈칸이 이끄는 몽골군대의 대규모 정벌전쟁이다. 이 전쟁으로 인하여 유라시아 대륙은 거의 다 몽고군의 통치하에 들어가게 된다. 몽고의 침략을 받지 않은 오늘날의 베트남 이남지방과 일본을 제외한 나머지 지역은 모두 몽고에 흡수되었다. 그결과 당시 이 지역에는 몽고와 고려 두 나라밖에 존재하지 않았다. 고려만 몽고에 흡수되지 않은 것이다. 그만큼 고려는 강인한 나라였다. 1231년에 치른 몽고와의 첫 전쟁 이후 1273년까지 42년 동안 7차에 걸친 전쟁을 치르면서도 고려는 끝까지 항전하고 결국은 평화로운 동맹을 이끌어 냄으로써 몽고의 침입을 받은 그 어떤 나라와도 달리 고려라는 나라 이름과 국토와 국권을 유지함으로써 몽고와 더불어

아시아 대륙에 존재하는 두 개의 나라 중 한 나라가 된 것이다.

　한국은 결코 한반도 안에 국한하는 영토를 가진 작은 나라가 아니었다. 그런데, 1910년 일본 제국주의자들은 한반도의 조선을 강제로 빼앗았다. 이때부터 한민족의 역사는 일제에 의해 형편없이 왜소하게 재구성된다. 일제는 한국을 식민화하기 위해서 한국인으로 하여금 역사와 민족에 대한 자부심과 자긍심을 갖지 못하게 하는 교육을 실시했다. 그러한 교육 가운데 가장 핵심을 이룬 것이 바로 역사교육이다. 한국의 상고사인 고조선 역사는 아예 전설로 치부해버리고, 엄연히 실존했던 고구려의 건국마저도 신화라는 이름으로 왜곡하여 고구려의 건국 자체를 하잘 것 없는 것으로 평가 절하하였다. 그리고 몽고에 항쟁한 역사는 오히려 몽고에게 항복한 역사로 바꿔 놓았다. 그 결과, 오늘날 한국의 역사와 한국의 문화는 많은 부분이 묻히게 되고 그 범위가 매우 협소한 것으로 인식하게 되었다.

　이렇게 협소해진 역사 인식으로는 한국 민족이 이룬 문화를 제대로 이해할 수 없다. 특히 한국 민족이 중국과 함께 사용한 한자라는 문자를 이용하여 이룩한 찬란한 문화예술인 서예, 즉 한국 서예의 참 모습을 볼 수 없다. 따라서 한국서예의 예술성 특히 중국서예와의 차이점을 이해하기 위해서는 한국의 역사와 한민족의 활동무대를 앞서 설명한 바와 같이 제대로 파악해야 한다. 그러한 파악이 있을 때에만 한국의 서예를 비롯한 한민족의 문화예술이 갖는 특징을 이해할 수 있고, 그러한 연장선상에서 오늘날 전 세계에 크게 퍼지고 있는 한류(韓流)의 힘과 그 내용도 이해할 수 있다.

3) 한국서예와 중국서예

　　위에서 살펴본 바와 같이 동북아시아 지역의 중심세력으로 활동한 한민족의 서예는 중국의 서예와 분명 다른 점이 있다. 흔히 한자를 중국의 문자라고 하고 한민족은 중국의 문자를 빌려서 사용한 것으로 이해하고 있으나, 한자의 초기 발생시기인 은나라 때의 중국의 중원지방과 동북아시아의 세력 판도를 볼 때, 한자는 반드시 오늘날 한족(漢族) 중심의 나라인 중국이 처음 사용한 문자라고 단정할 수는 없다. 발생 초기에 한자는 중원과 동북아시아 지역 어디에서도 공동으로 사용하였던 공동의 문자였을 가능성이 크다.

　　고구려 시대에 이르러서는 중원과 고구려가 다를 바 없이 한자라는 유일한 문자로 역사와 문화를 기록하였다. 서예도 마찬가지이다. 한자를 매체로 작품을 창작한 것이다. 그런데 같은 매체를 사용했음에도 중국의 서예와 한국의 서예는 다른 점이 많다. 고구려의 위대한 왕인 광개토태왕의 비문 글씨를 같은 시대의 중국 글씨와 비교해 보면 그 차이를 알 수 있다.

【사진3】한국의 광개토왕비　　　【사진4】중국 동한시대의 비석 글씨

광개토태왕비는 높이는 6.4 미터나 되는 거대한 비석이다. 밑쪽 너비는 제1면(동남방향)이 1.48미터이고 제2면(서남방향)이 1.35미터이며 제3면(서북방향)은 2.00미터이고 제4면(동북방향)은 1.46미터이다. 각 면에는 행의 줄을 맞추기 위한 사잇줄(계선界線)이 쳐져 있고, 1행에 41자씩 모두 44행이 기록되어 있다. 음각한 비문의 글자 수는 총 1775자이며, 이미 탈락되어 판독할 수 없는 글자가 141자로 알려져 있다. 고구려는 웅장한 문화를 창조한 강대국이었다.

한국의 광개토태왕비와 당시의 중국 글씨를 비교해 보면 큰 차이점을 발견할 수 있다(사진3:광개토태왕비의 글씨, 사진4:중국 동한 시대의 비석 글씨).

【사진5】 추사 김정희
「大烹豆腐·高會夫妻 대련」

광개토태왕비에는 가로로 그은 필획의 오른 편 끝을 위로 치켜 올린 점을 발견할 수 없다. 이에 비해 중국의 글씨는 가로획의 오른 편 끝이 거의 다 위로 치켜 올리는 '삐침 획'이 있는 것을 볼 수 있다.(사진4의 점선부분 참조) 이런 치켜 올린 필획(挑劃)의 유무로 인해 광개토태왕비는 꾸밈이 없이 질박하면서도 웅장한 느낌이 드는가 하면 중국의 글씨는 잘 다듬고 꾸민 느낌이 든다. 훗날 광개토태왕비의 글씨를 쓴 고구려인의 유전자를 이어받은 조선의 추사 김정희 글씨는 질박하고 웅장하다(사진5 김정희 大烹豆腐·高會夫妻 대련).

그러나 다듬음과 꾸밈을 중시한 중국의 서예는 김정희와 같은 시대에 이르러서는 지나칠 정도로 장식성이 강한 형태로 변하는 경향을 띤다(사진6:김정희 당시 중국 서예가 글씨의 한 예).

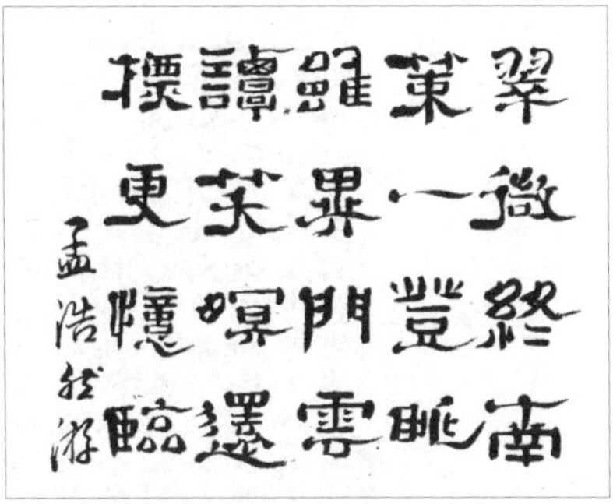

사진6: 김정희 당시 중국 서예가의 글씨의 한 예

이처럼 필획의 끝부분을 치켜 올리는 장식성은 글씨에서뿐 아니라 건축 양식에서도 나타나고 있다. 한국의 건축은 처마가 하늘을 향해 치켜 올라간 정도가 그다지 심하지 않지만(사진7: 한국의 건축-경복궁 경회루) 중국의 건축은 대부분 처마 끝이 심하게 치켜 올라가 있다(사진8:중국의 건축). 에서 필획의 치켜 올림과 같은 현상으로 이해할 수 있다. 이러한 치켜 올림의 유무 차이는 음악, 무용, 무술 등 여러 장르에서 다 비슷하게 나타나고 있다.

광개토태왕비문 글씨의 질박하면서도 웅장한 매력은 광개토태왕비가 건립된 지 1,000년의 세월이 지난 후에 창제된 한글의 글자 모양에 그대

【사진7】 한국의 건축-경복궁경회루   【사진8】 중국의 건축

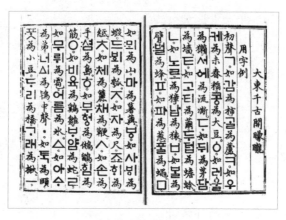
사진9: 훈민정음의 글자꼴

로 나타난다(사진9:훈민정음의 글자꼴). 광개토태왕비 글씨를 쓴 고구려인의
유전자가 한글을 창제한 후손들에게 그대로 전해진 것이다.

이처럼 중국서예는 잘 다듬어지고 정제되었으며 장식성에 비교적 강하
고 한국서예는 자연스럽고 질박하며 웅혼함에 장점이 있다. 물론 이 외에
도 한국서예와 중국서예의 차이점을 세세하게 거론하자면 많은 점을 들
수 있다. 그러나 그 차이의 대체(大體)는 바로 이 점, 장식성과 질박성, 정제
됨과 웅혼함의 차이에 있다고 생각한다.[20]

20　이와 같은 한국서예와 중국 서예의 차이점에 대해서는 현재 필자가 상세하게 분석
　　하여 집필 중에 있다. 차후, 다른 지면을 통해서 그 상세한 내용을 발표할 것이다.

4. 서예의 현대적 활용

한자를 매체로 형성된 예술로서 한자문화권 국가에만 존재하는 서예, 한자문화권 문화 예술의 정수인 서예는 서양의 'Calligraphy'와는 분명히 다르다. 서양의 'Calligraphy'가 일종의 문자도안에 가까운 성격의 예술이라면 한자문화권의 서예는 인품을 강조하고, 인문학적 소양을 절대적으로 필요로 하며, 기(氣)와 운(韻)을 수준 판단의 주요 요소로 여기며 특별히 서권기(書卷氣)와 문자향(文字香)을 강조한다. 서예는 예술이자 문학이며 철학이다. 오히려 기술로서의 예술적 성격보다는 학문으로서의 인문학적 성격이 더 짙다. 그리고, 종이에 흔적이 남는다는 이유로 미술의 한 분야로 인식되어 있지만 사실은 음악이나 무용과 더 근접한 예술이라고 할 수 있다.

이처럼 한자문화권 고유의 예술로서 서양의 어떤 예술보다도 독특한 서예는 오늘날 어떤 가치를 가지고 있으며 또 현대 사회에서 어떻게 활용할 수 있을까?

1) 서예를 통한 건강증진

⑴ 몰입과 집중의 효과

서예는 딱딱한 필기구가 아닌 매우 부드러운 털로 만든 붓에 먹물을 묻혀 글씨를 쓰기 때문에 붓 끝에 모든 정신을 집중해야만 한다. 조금만 방심하면 먹물이 많이 묻거나 적게 묻어서 글씨의 굵기나 크기가 달라지므로 집중과 몰입의 상태에서 쓰지 않으면 안 된다. 그러므로 서예는 'Now and Here'의 몰입과 집중의 효과를 얻을 수 있는 예술이다.

몰입과 집중이 정신의 건강은 물론, 육체의 건강에도 큰 도움이 된다는 점은 이미 다 알고 있다. 이처럼 탁월한 집중과 몰입의 효과를 거둘 수 있는 서예를 하면 몸과 마음이 저절로 차분히 가라앉는다. 그래서 건강에 많은 도움을 준다.

서예는 수채화나 유화 등 어떠한 예술과도 달리 원천적으로 덧칠이 불가능한 예술 즉 한번 그어서 끝을 내는 일회성 획을 통하여 순간적으로 작가의 모든 것을 드러내는 예술이기 때문에 음악을 공연하는 음악가나 무용을 하는 무용수가 무대에서 공연하고 있는 그 순간의 집중과 동일한 수준의 순간적인 집중을 필요로 한다. 도구의 특성 면에서나 표현 방식상의 특성 면에서나 서예는 어떤 예술보다도 강도가 높은 몰입을 요구하는 예술인 것이다.

(2) 단전호흡(hypogastric breathing)의 효과

사람이 세상에 태어났을 때 무의식적으로 하는 원초적인 호흡이 바로 단전호흡이다. 이 점은 잠자는 어린 아이들의 모습에서 확인할 수 있는데 잠자는 어린 아이들의 배를 보면 아랫배가 불룩하게 올라갔다 내려갔다 한다. 이는 누가 시키지 않았어도 자연스럽게 선천적으로 하는 단전호흡 때문에 일어나는 현상이다. 그러나 차츰 자라서 주변과 부딪치며 희노애락의 감정 변화를 겪다보면 숨은 점차 가슴으로 올라온다. 그러므로 사람들은 답답한 일이 있을 때면 자신도 모르는 사이에 가슴을 친다. 이처럼 가슴까지 올라온 호흡을 다시 아래 배의 단전으로 내려 보내기 위해 해야 할 호흡이 바로 단전호흡이다. 가슴으로 올라온 호흡을 아래로 내릴 수만 있다면 사람은 다시 안정을 되찾아 어린 아이처럼 천진하고 편안한 마음으로 살

수 있다. 그러나 만약 가슴까지 올라온 호흡을 아래로 내리지 못하고 계속 올라오도록 내버려 두면 호흡은 가슴에서 어깨로 올라온다. 노인들이 숨을 가쁘게 쉬면서 어깨를 들먹이는 이유는 바로 호흡이 어깨까지 올라왔기 때문이다. 어깨까지 올라온 호흡을 내려주지 않으면 숨은 턱 밑까지 올라오게 된다. 입을 벌려 가쁜 숨을 몰아쉬는 경우가 바로 이 경우이다. 이 상태에서도 더 이상 숨을 내려주지 못하면 결국 숨이 넘어가 버리고 만다. 이게 바로 '숨 넘어 가는 상황' 즉 죽음이다. 그러므로 위로 올라오려는 숨을 아래로 내려서 영원히 어린아이처럼 아랫배 즉 단전으로 호흡을 할 수 있다면 그 사람은 장생뿐만 아니라 불사(不死)도 할 수 있다. 이것이 바로 장생불사하는 신선이 되는 것을 이상으로 하는 도교(道敎) 즉 신선교(神仙敎)에서 말하는 단전호흡의 기본 원리이다.

도교에서 발원한 이 단전호흡법이 건강에 좋다는 것은 이미 많은 사람들이 인정하고 있다. 그런데 이 단전호흡을 호흡을 위한 의도적인 호흡을 통해 수련하려고 하면 그리 쉽게 되지 않는다. 그러나 서예를 하는 자세를 갖추고서 일단 붓을 들면 자신도 모르는 사이에 자연스럽게 단전호흡을 하게 된다. 이 점은 서예를 해보면 누구라도 경험할 수 있다. 따라서 서예를 하면 의도적인 노력을 들이지 않고서도 자연스럽게 단전호흡을 할 수 있고 그러한 호흡을 무의식적으로 평생 할 수 있기 때문에 당연히 건강과 장수에 큰 도움이 된다.

대만의 학자인 고상인(高尚仁) 교수의 실험에 의하면, 서예를 할 때의 호흡이 보통 정좌(靜坐)할 때보다 훨씬 더 길게 나타났다고 한다. 그는 얼마나 오랫동안 서예를 연마했느냐에 관계없이 누구라도 일단 서예를 하는 자세를 취하기만 하면 그 자세 자체만으로도 호흡이 길어지고 자연스럽게

단전호흡을 하게 된다는 사실을 과학적인 측정을 통하여 확인하였다.[21]

(3) 명상의 효과

서예는 고도의 집중 속에서 정신 수양에 절대적으로 도움을 주는 아름다운 말과 글을 쓰는 예술이다. 차분히 가라앉은 마음으로 몰입과 집중을 하는 가운데 아름다운 말과 글에 담긴 뜻을 음미하면서 명상을 할 수 있는 예술이 바로 서예인 것이다.

영화나 연극은 어느 예술보다도 감동의 효과가 빠른 예술이라고 할 수 있다. 영화나 연극을 보는 도중에 감동이 밀려오면 자신도 모르는 사이에 눈물을 흘리기도 하고 반대로 폭소를 터뜨리기도 한다. 그런데 서예 전시장에 온 관람객이 작품 앞에 서서 감동에 벅찬 나머지 눈시울을 적시거나 폭소를 터뜨리는 경우는 거의 없다. 이처럼 서예는 작품이 주는 감동의 효과가 영화나 연극에 비해 훨씬 느리지만 서예 작품에 한번 감동을 받으면 그 감동은 무척 오래 간다. 평생 동안 그 감동이 유지될 수도 있다. 특히 서예는 명언(名言), 명구(名句)와 함께하는 예술이기 때문에 하나의 작품이 평생의 좌우명이 될 수도 있다. 이런 관점에서 본다면 서예는 명상이다. 건실한 필획과 탄탄한 장법으로 구성된 서예작품, 게다가 작가의 고매한 인품과 학식이 담긴 서풍으로 쓴 명언과 아름다운 말은 명상의 계기가 되기에 충분하다. 서예는 타고난 천품과 평소에 수양된 고결한 인품과 은은하게 깊은 학식 등 그 사람을 이루고 있는 모든 것이 한 순간에 일회성 필획으로 표현되는 예술이기 때문에 서예는 바로 그 사람이자 그 사람의 인품을 곁

---

21   高尙仁, 『書法心理學』, 臺灣東大圖書公司, 1986, 131-158쪽 참조.

들여 명언과 아름다운 말의 맛을 음미하는 명상이 될 수 있는 것이다.

(4) 향기의 효과

서예는 벼루에 먹을 갈아서 그 먹물로 글씨를 쓴다. 먹을 갈면 먹에 들어 있는 은은한 향기가 온 방안에 퍼진다. 매우 안정감을 주는 향기이며 어떤 향수보다도 정신을 맑게 하는 향기이다. 이 맑은 향기가 정신 건강에 엄청난 도움을 준다.

이처럼 서예는 다방면에서 건강 증진에 많은 도움을 주며, 특히 서양의 '과학적 의학'으로는 해결할 수 없는 문제를 해결해 준다. 그렇기 때문에 예로부터 서예가들은 장수했다. 중국 명나라, 청나라 때의 유명한 서예가들의 수명은 다음과 같다. 당시의 평균 수명을 30세 정도로 추산하고 있으므로 이들은 매우 장수했다고 할 수 있다.

심주(沈周: 1427-1059): 82세/ 문징명(文徵明: 1470-1559): 89세/

동기창(董其昌: 1555-1636): 81세/ 부산(傅山: 1607-1684): 77세/

팔대산인(八大山人: 1626-1705): 89세/ 금농(金農: 1687-1763): 76세/

정섭(鄭燮: 1693-1765): 72세/ 유용(劉墉: 1720-1804): 84세/

양동서(梁同書: 1723-1815): 92세/ 옹방강(翁方綱: 1733-1818): 85세/

완원(阮元: 1764-1849): 85세/ 포세신(包世臣: 1775-1855): 80세/

하소기(何紹基: 1799-1873): 74세/ 양수경(楊守敬1839-1915): 76세/

1949년 이후 대만에서 활동한 유명한 서예가 15인의 경우는 더 장수했다.

진정산(陳定山) 93세/ 왕장위(王壯爲) 92세/ 조용(曺容) 100세/

정운정(陳雲程) 104세/ 왕개화(王愷和) 93세/ 주구영(朱玖瑩) 103세/

부견부(傅狷夫)98세/ 송미령(宋美齡) 106세, 진립부(陳立夫) 102세/ 유태

희(劉太希) 91세/ 랑정산(郞靜山) 103세/ 장융연(張隆延) 95세/

유연도(劉延濤) 90세/ 사종안(謝宗安) 93세/ 대정농(臺靜農) 94세/

이러한 점으로 볼 때, 서예가 건강 증진에 적지 않은 도움이 된다는 점은 사실로 인정해야 할 것이다. 차후, 이점에 대한 연구가 지속적으로 진행되어 보다 더 과학적인 입증이 이루어진다면 서예는 인류의 건강 증진 측면에서도 활용가치가 높은 예술로 부상할 것이다.

2) 서예치료

모든 예술이 다 작가의 사상과 감정 등 모든 것을 담아내는 역할을 하지만 특히 서예는 그 사람을 그대로 드러내 보이는 예술이다. 사람의 얼굴이 다 다르듯이 필체도 사람마다 다 다르다. 그런데 이 필체는 서예를 통해서 연마하면 한층 더 격이 높은 필체로 변화시킬 수 있다. 서예를 통해 연마된 필체는 그 사람의 천부적 재능과 평소에 지닌 뜻과 지금까지 배운 학식과 현재의 감정까지 그대로 반영한다. 그러므로, 동아시아 한자문화권 문화예술의 정수(精髓)인 서예를 정의하는 가장 대표적인 이론은 "서예는 곧 그 사람이다"이다. 서예는 곧 그 사람이기 때문에 서예를 통하여 그 사람의 심리적 변화를 파악하고 치료할 수 있는 것이다. 최근, 홍콩과 대만, 그리고 한국에서도 서예의 심리치료 효과에 대한 연구가

활발하게 진행되고 있다. 지금까지 얻은 결과에 의하면, 미술치료나 음악치료, 시(詩)치료보다 서예치료가 훨씬 높은 효과를 얻고 있는 것으로 나타나고 있다.

3) 서예 디자인

현대 사회에서 시각 디자인이 얼마나 중요한 역할을 하며 또 디자인 산업이 얼마나 부가가치가 높은 산업인지에 대해서는 더 이상 설명이 필요 없을 것이다. 서예가 가지고 있는 필획의 매력이나, 운묵(暈墨: 번짐)의 효과, 혹은 한지와 먹물이 만나서 형성하는 독특한 비백(飛白: 먹이 다 묻지 않는 현상) 등을 이용하면 지금까지 누구도 개발하지 않은 독특한 디자인 상품을 개발할 수 있을 것이다. 지금 서예는 현대의 새로운 시각디자인 콘텐츠로 부상하고 있다.

4) 서예공연

(1) 서예와 음악

북송시대의 학자인 뢰간부(雷簡夫)는 다음과 같이 말하였다.

나는 어느 날 누워서 그림을 보다가 그림을 통하여 강물이 불어나면서 내는 폭포와 같은 물소리를 듣게 되었다. 그러한 물소리를 통하여 나는 일렁이는 파도와 빠른 물살과 부서져 깨어지는 물보라를 상상하게 되었다. 이런 물소리와 일렁이는 파도와 물보라를 상상하고 있는 나의 이런 상황을 무엇을 이용하여 어떻게 표현해야 할지를 몰랐다. 어떤 것으로도 당시의 내 감정을 표현할 수 없을 것 같았다. 문득 나는 붓을 들고 글씨를 쓰기 시작하였다. 그러자, 마음 안에서 들려오던 물소리와 상상 속의 파도와 물보라가 모두 붓 아래에 나타나기 시작했다.[22]

뢰간부(雷簡夫)의 이 말에 대해서 현대 중국미학 연구가인 종백화(宗白華)는 다음과 같이 평하였다.

이것은 곧 글씨를 쓰는 것, 즉 서예가 소리의 이미지를 망라할 수 있음을 의미하며 서예와 음악의 미(美)가 상통함을 뜻한다.[23]

이어서, 종백화는 다음과 같이 말했다.

중국의 서예는 하나의 예술이다. 다른 예술과 마찬가지로 능히 그 사람의 인격을 표현해 낼 수 있고, 의경(意境)을 창출할 수 있다. 서예는 특히 음악과 근접해 있는 예술이며 무용과 인접해 있는 예술이고 건축성 구조미와 가까이 있는 예술이다. 오히려 회

---

22 「余偶畫臥, 聞江漲瀑聲, 想其波濤翻翻, 迅駛掀搖, 高下蹙逐奔去之狀, 無物可以寄其情, 遽起作書, 則心中之想盡在筆下矣.」 宗白華, 〈書法在中國藝術史上的地位〉, 『藝境』, 북경대학출판사, 1987, 124쪽에서 재인.

23 是則寫字可網羅聲音意象, 通于音樂的美. 위의 책, 같은 곳.

화와 조소의 구상미(構象美)와는 거리가 있는 예술이다.[24]

　종백화의 이러한 말을 통하여 우리는 서예가 음악이나 무용과 보다 더 근접해 있는 예술임을 알 수 있다. 그렇다면 서예와 음악은 어떤 점에서 유사성이 있을까?

　'표현'이라는 관점에서 보았을 때 서예와 음악은 모두 1회성의 순간 예술이다. 성악이든 기악이든 간에 음악은 순간에 연주된다. 만약 한 순간의 실수로 인하여 음을 놓치거나 박자를 놓치면 그 연주는 결코 다시 만회할 수 없다. 다음 기회에 다시 부르거나 연주 할 수는 있어도 방금 전의 그 연주는 그것으로 끝이 나고 마는 것이다. 서예도 마찬가지다. 서예는 다시는 개칠(덧칠: 改漆)할 수 없는 1회성의 필획을 이용하여 순간적으로 표현되는 예술이다. 바로 이 점, 즉 1회성의 표현법을 사용한다는 점에서 서예는 음악과 같다.

　그림이나 조각은 고정적으로 정해진 피사체가 없다. 작가가 그때그때 그리고 싶은 것을 그리거나 새기면 된다. 그러나 서예는 써야할 것이 이미 정해져 있다. 문자가 바로 그것이다. 음악도 연주해야 할 것이 이미 정해져 있다. 악보가 바로 그것이다. 이미 정해진 악보가 있듯이 서예도 이미 쓰기로 정해져 있는 문자가 있다. 이점에서도 서예와 음악은 매우 흡사한 예술이다.

　음악과 서예는 즉흥성이 강하다는 점에서도 매우 흡사한 예술이다. 서예나 음악은 모두 시·공간적으로 유동성과 불확정성을 가지고 있다. 언제 어

24　中國書法是一種藝術, 能表現人格, 創造意境, 和其他藝術一樣, 尤接近音樂的, 舞蹈的, 建築的構象美. 위의 책, 같은 곳.

디서라도 즉흥적인 창작을 겸한 연주가 가능한 것이다. 음악의 즉흥곡이 그렇고 서예의 현장 휘호가 그렇다.

음악과 서예는 반드시 사전 몰입을 필요로 한다는 점에서도 매우 흡사한 예술이다. 연주든 연창(演唱)이든 음악은 1회성으로 흘러지나가 버리는 순간 예술이기 때문에 연주자는 연주전에 이미 모든 것이 준비되어 있어야 하고 연주하고자 하는 곡에 몰입이 되어 있어야 한다. 서예도 마찬가지이다. 글씨를 쓰기 전에 이미 글씨를 쓰는 행위를 통하여 무엇을 표현할 것인지가 마련되어 있어야 한다. 이른 바, '의재필전(意在筆前)' 즉 '붓에 앞서 뜻이 먼저 서 있어야 하는 것'이다.

음악과 서예는 선율을 생명으로 여긴다는 점에서도 같다. 명나라 때의 전기(傳奇) 작가로 유명한 탕현조(湯顯祖)는 다음과 같이 말하였다.

> 모든 물건은 기(氣)가 있으면 상(象)이 있게 되는데 상으로부터 그림이 나오고 그림으로부터 서예가 나오며 서예의 간결하고 깔끔한 면에서 음악이 나온다.[25]

탕현조의 견해에 따르자면 서예는 그림과 음악의 중간에 위치한 예술이라고 할 수 있다. 서예는 물건의 형을 떠나 추상적인 선의 선율을 이용하여 작가의 사상과 감정을 표현하는 예술인 것이다. 회화가 조형을 통하여 현실세계의 물상(物象)을 재현하는 예술이라고 한다면 서예나 음악은 선과 선율

---

25 「凡物氣而生象, 象而生畵, 畵而生書, 其皦生樂.」 탕현조, 〈답유우위시어논악(答劉于威侍御論樂)〉, 金開誠 王岳川 주편, 『中國書法文化大觀』, 북경대학출판사, 1995, 388쪽에서 재인.

동아시아 한자인문로드 한자의 역사

을 통하여 주관세계의 감정을 표현하는 예술이라고 할 수 있는 것이다.

음악과 서예는 그 연주기법과 서사기법 자체는 물론 그 기법을 연마하는 과정에 있어서도 같은 점이 매우 많다. 서예는 한 획 한 점이 모두 그 획과 그 점만이 가지는 심미적 의의가 있고 또 그 획과 그 점을 표현할 때 사용되는 독특한 기법이 있다. 마찬가지로 음악에도 각종 음악부호를 악기나 음성으로 표현하는 독특한 기법이 있다. 바이올린의 연주장면을 보면 현을 활로 타기도 하지만 때로는 퉁기기도 한다. 때로는 현을 누른 채 흔들고 때로는 현 위에서 손가락을 비비듯이 빨리 문지르기도 한다. 이 모든 기법들이 다양하게 어우러져서 하나의 아름다운 곡을 연주해 내는 것이다. 서예도 마찬가지이다. 전서(篆書), 예서(隸書), 해서(楷書), 초서(草書)의 필법이 따로 있다. 또 서체별로도 누구의 필의(筆意)를 살려 쓰느냐에 따라 그 기법이 달라질 수 있다. 집필법도 다양하고 운필법도 다양하다. 그리고 점법도 다양하고 획법도 다양하다. 이러한 기법들이 어우러져서 한 곡의 음악과 같은 서예 작품을 탄생시키는 것이다. 그런데, 송나라 사람 황정견은 다음과 같이 말하였다.

"마음은 손목을 굴릴 수 있고, 손은 능히 붓을 굴릴 수 있으면 글씨가 바로 그 사람이 마음먹은 대로 써질 것이다. 옛 사람들이 글씨를 잘 쓴 데에는 특별한 이유가 있는 것이 아니다. 단지 붓을 마음먹은 대로 운용할 수 있었을 뿐이다."[26]

---

26 「心能轉腕, 手能轉筆, 書字便如人意. 古人能書無他異, 但能用筆耳.」『山谷集』권 28, 〈題縫本法帖〉, 문연각사고전서 영인본, 대만 상무인서관, 1987, 292쪽.

마음과 손이 상응하여 자유자재일 때 비로소 완미한 서예 작품을 창작할 수 있다. 음악 역시 마찬가지이다. 이 점, 즉 연주기법과 서사기법 자체는 물론 그 기법을 연마하는 과정과 필요로 하는 숙련의 정도에 있어서도 같은 점이 매우 많다는 점에서 서예와 음악은 매우 흡사한 성격의 예술이다.

(2) 서예와 무용

무용의 사전적 의미는 다음과 같다.

> 시간과 공간 가운데에서 전개되는 신체의 율동적 운동이나 동작.
> 시간예술임과 동시에 공간예술.[27]

무용이 시간예술임과 동시에 공간예술이라는 점에서 서예와 매우 밀접한 관계가 있다. 리듬을 가장 중시하는 예술이라는 점에서도 무용과 서예는 맥을 같이 한다. 무용은 리듬을 중요시하기 때문에 음악이 없는 무용은 상상도 할 수 없다. 음악과 무용은 거의 등식관계에 있는 예술이다. 앞서이미 음악과 서예의 등식관계를 확인했는데 무용과 음악이 등식관계이므로 무용과 서예는 당연히 등식관계가 성립한다.

무용은 신체의 동작이 없이는 근본적으로 존재할 수 없는 예술이다. 그런데, 서예도 신체성이 매우 강한 예술이다. 예로부터 서예를 연구해온 많은 학자들은 서예를 근육과 뼈와 피를 가진 하나의 신체로 보았다. 소식(蘇軾)은 다음과 같이 말하였다.

27　신기철·신용철 편, 『새 우리말 큰 사전』, 삼성출판사, 1975, 1225쪽.

서(書)에는 神(정신), 氣(기운), 骨(뼈), 肉(살), 血(피)가 있다. 이 다섯 가지 중 하나만 부족해도 書를 이룰 수 없다.[28]

소식이 이런 이론을 제기하면서부터 서예의 아름다움을 신체미에 견주어 구체적으로 설명할 수 있게 되었다. 서예는 사람과 마찬가지로 근과 골과 혈과 육으로 구성된 신체를 가지고 있다. 이러한 신체에 기(氣)를 불어넣고, 힘을 넣어주며, 세(勢)를 형성하여 때에 따라 빠르게, 느리게, 무겁게, 가볍게 자유자재로 춤을 추게 하는 게 바로 서예이다. 따라서 이러한 구체적인 신체성을 갖춘 서예는 바로 무용 그 자체라고 해도 과언이 아니다.

이미 신체를 갖춘 서예는 강한 의형성(擬形性)을 가질 수 있기 때문에 더욱 무용과 밀접한 예술이다. 여기서 사용한 '의형(擬形)'이라는 말은 실지 사물의 모양이나 동작에 의탁하여 새로운 형상을 창조해 낸다는 뜻이다.[29] 고대의 서예 이론 중에는 서예의 의형성을 구체적으로 묘사한 것이 많다.

종요(鍾繇)의 글씨는 구름같이 하얀 고니가 하늘에서 노니는 듯, 무리 지은 기러기가 바다를 희롱하는 듯이 행간이 촘촘하여 그

---

28 「書必有神, 氣, 骨, 肉, 血. 五者闕一, 不爲成書也」 蘇軾 〈論書〉, 『東坡題跋』卷4, 臺灣 世界書局 『宋人題跋』上, 80쪽.

29 '의형(擬形)'이라는 말이 우리말 사전에 나오는 것은 아니다. '擬'는 '빗댄다', '빗대어 본뜬다', '빗대어 헤아린다'는 뜻으로서 뭔가를 본뜸에 있어서 '모(模)'보다는 직접적이지 않을 때 사용하는 글자이다. 무용이나 서예에서의 '본뜸'은 있는 그대로의 모양이나 동작을 본뜨는 것이 아니라 모양이나 동작을 추상화하여 그 형상성을 취하기 때문에 직접적인 모방은 아니라고 생각한다. 이에, '빗대어 본뜬다.'는 의미의 '의형(擬形)'이라는 말을 필자가 만들어 사용하였다.

사이로 지나가기가 쉽지 않은 느낌이 든다. 왕희지의 글씨는 그 기세가 웅장하고 방일하여 마치 용이 하늘 문을 향해 뛰어오르는 듯하고 봉황새의 궁궐 앞에 호랑이가 누워 있는 듯하다.··· 위탄(韋誕)의 글씨는 용이 위엄을 부리고 호랑이가 날뛰는 듯하고, 장사가 칼을 빼어든 듯 쇠뇌를 팽팽히 당기고 있는 듯하다. 소자운(蕭子雲)의 글씨는 마치 높은 봉우리가 해를 가리고 서있는 것 같다. 외로운 소나무 한 가지가 쭉 뻗은 것과 같고 자객으로 유명한 형가(荊軻)가 칼을 차고 있는 모습과 같으며 장사가 활을 당기고 있는 모습과 같다."[30]

서예에는 이처럼 강한 의형성이 있기 때문에 무용과 매우 흡사한 예술이다. 이제, 동아시아의 서예는 한국의 서예가 중심이 되어 세계를 향해 나아가야 한다. 서예의 근본적인 예술성을 이해하고 중시하는 가운데 서예를 건강증진, 심리치료, 디자인 산업, 무대공연 등 다양한 방면에서 현대적인 변용과 활용을 한다면 서예는 세계의 문화시장에 우뚝 서는 예술이 될 것이다. 서예의 세계화를 위한 노력이 필요한 때이다. 한국서예의 세계화는 또 하나의 매력이 있는 한류가 될 수 있을 것이다.

---

30 鍾繇書雲鵠如天, 群鴻戲海, 行間茂密, 實亦難過. 王羲之書字勢雄逸, 如龍跳天門, 虎臥鳳閣, 故歷代寶之, 永以爲訓. 韋誕書如龍威虎振, 拔劍弩張. 蕭子雲書如危峰阻日, 孤松一枝, 荊軻負劍, 壯士彎弓.... 蕭衍. 앞의 『중국서법논문선』, 〈古今書人優劣評〉, 76쪽.

6. 당대 자양학과 과거

이경원
(한양대학교)

당대(唐代)는 해서(楷書) 표준화가 완성된 시기이며, 해서 표준 자형의 학술적 근거는 자양학이다. 자양학(字樣學)은 남북조 시대의 해서 형체의 혼란상을 바로 잡고 정자를 확정하기 위해 일어난 학술 조류이며, 그 결과 한자문화권의 해서 자형은 12세기동안 고정되어 오늘날에 이르렀다.

수당(隋唐)시대에는 학술과 어문생활의 수요에 기인하여 자양학이 흥기하였고, 서예를 중시하는 기풍이 사회 전반을 지배하고 있었다. 특히 당대에 이르러 인재 임용 전형에 '신언서판(身言書判)'을 적용하게 되면서 '書(서예)'에 대한 학습 열기는 더욱 높아졌다. 이에 국가 정책으로 서학(書學)을 설립하는 한편 문자와 서예 방면의 전문가를 선발하는 명서과(明書科)를 실시였다. 이처럼 학술적 기풍과 국가 차원의 교육과 과거제도 등 각종 조치에 힘입어 해서의 표준화는 더욱 공고해졌다.

이 글은 해서 표준화의 핵심적 성공 요소인 학술조류-자양학, 교육-서학, 과거제도-명서과, 선관 전형제도-'신언서(書)판'등을 연계하여 고찰하였다.

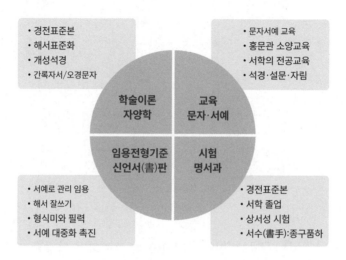

【당대 자양학-서학-명서과-신언서판 연계도】

1. 자양학: 해서 표준화 이론

1) 서론(緖論)

당(唐)나라 시기 한자의 가장 큰 특징은 해서(楷書) 자형의 표준화이다. 해서 표준화 사업을 주도한 학술이 자양학(字樣學)이며, 자양(字樣)은 해서의 표준 모양(模樣), 즉 해서 표준 자형을 가리킨다. 또 당대에는 진사 급제 뒤에 '신언서판(身言書判)'으로 재차 전형하고서야 관직을 부여하였다. 그 중 '서(書)'는 해서(楷書)의 형식미와 필력을 주요 기준으

동아시아 한자인문로드 한자의 역사

로 삼았다. 국가의 수요에 따라 홍문관 등에서 해서 교육을 시작하였으며, 문자 표준화를 도모하고자 문자와 서예 교육기관인 서학(書學)를 설립하였다. 그리고 '서학(書學)' 졸업 후 명서과(明書科)에 합격하면 '종구품하(從九品下)'의 서수(書手)라는 벼슬을 수여받고 국가 부서에서 해서수(楷書手)로 관련 직무를 담당하였다.

이처럼 국가 주도의 문자표준화 사업, 서예 교육 및 신언서판의 관리 전형제도 등 일련의 정책과 사회 기풍으로 해서 표준화는 정상 궤도에 오르게 되었다.

여기서 자양학과 서학 및 과거를 연계하여 당대의 해서 표준화 사업을 고찰하기로 한다.

2) 자양학 개략

(1) 자양학의 정의

자양(字樣)은 자형의 견양(見樣), 즉 본보기를 뜻한다. 따라서 자양학(字樣學)은 일차적으로 한자 자형과 필획의 옳고 그름을 판별하고, 궁극적으로 규범적인 자양 즉 표준·표본·샘플(sample)·본보기가 되는 자형을 제시하는 학술조류를 가리킨다.

자양학은 또 정명학(正名學)·정자학(正字學)이라고도 하는데, 명(名)은 字(글자)와 같은 뜻이니, '글자를 바로 잡는 학문'이란 뜻이다. 영어권에도 '정서학(正書法)'·'정자법(正字法)'·'정사법(正詞法)'을 뜻하는 'Orthography'라는 분야가 있는데, 이를 응용하면 자양학의 영문 명칭은 'Chinese Orthography'라고 할 수 있겠다.

❶ 자양학의 분류

자양학은 추진된 시기에 따라 광의와 협의의 자양학으로 나뉜다.

• 광의(廣義)의 자양학

광의의 자양학(字樣學)은 중국 역대에 시행된 문자 정리 사업, 즉 각종 한자 자체의 정자 자형을 제시한 학술사업을 아우른 것이다. 수당시대의 해서 표준화를 비롯하여 모든 시대의 모든 자형의 표준화 사업을 가리킨다.

① 사주편(史籀篇): 주(周)나라 선왕(宣王) 때 태사인 사주(史籀)가 편찬한 학동용 식자 교본이다. 그 당시 통용되던 대전大篆[주문(籀文)]의 표준 자형으로 편찬한 국정교과서이다.

② 서동문(書同文): 진나라가 천하를 통일한 후에 시행한 한자 표준화 사업이다. 진나라의 대전을 근간으로 자형을 대폭 간화하여 진나라의 국정 표준 자형인 소전을 만들었다.

③ 희평석경(熹平石經): 한나라 희평(熹平)연간에 예서(隸書)의 표준 자형으로 각석한 당시 경전의 표준본이다.

④ 정시석경(正始石經): 위나라 정시(正始)연간에 삼체(三體) 즉 고문·소전·예서로 각석한 당시 경전의 표준본이다.

⑤ 간화자방안(簡化字方案): 1935년 중화민국의 교육부가《간체자표(簡體字表)》를 제정한 이래 신중국 건립 후에도 지속적으로 간화자 사업이 추진되었다. 그 결과물이 1964년과 1986년에 발표된《간화자총표(簡化字總表)》이다. 즉 현대에 통용되는 한자의 필획을 간략화 한 것이다.

⑥ 현대 각국의 한자 표준화: 2013년에 중국 국무원에서 공포한《통용

규범한자표(通用規範漢字表)》, 1979년 대만 교육부가 출판한《상용
국자표준자체표(常用國字標準字體表)》, 1981년 일본의 문부과학성에
서 고시한《상용한자표》, 2000년 한국의 교육인적자원부에서 공포
한《'한문 교육용 기초 한자 1800자》 등은 현대 동아시아 각국 한자
의 표준 자형을 제시하고 있다.

이처럼 광의의 자양학은 역대의 모든 자체에 대한 표준화사업을 가리키
며, 수당대의 해서 표준화 사업 역시 여기에 속한다.

• **협의(狹義)의 자양학**

협의의 자양학은 남북조(南北朝)시기 한자 자형의 혼란상을 바로잡고자
수당(隋唐)시기에 일어난 해서표준화의 학술 조류를 가리킨다. 즉 해서의
형체와 필획의 옳고 그름을 판별하여 표준자형을 제시하고, 자형과 자음이
비슷하여 발생되는 한자의 혼용과 오용을 방지하고, 궁극적으로 해서의 표
준 자형을 제시한 해서 표준화 사업이다.

육조시대 해서 자형의 혼란상은 그 당시 비석에 각석된 갖가지 이체자형
을 통해 쉽게 인지할 수 있다. 당시 이체자 가운데 특이한 것은 후기 회의
자의 조자와 유행으로 한자의 표의성을 강화한 일면을 엿볼 수 있다. 예를
들면 안지추(顔之推)의《안씨가훈(顔氏家訓)》에 거론된 '憂(근심할 우)'를 '百
念(이런저런 생각)'으로, '變(변할 변)'을 '言反(말이 뒤바뀌다)'으로, '老(늙은이
로)'를 '先人(먼저 태어나 나이가 많은 사람)'으로 쓴 것이 바로 후기 회의자의
대표적인 예이다.

상술한 것처럼 협의의 자양학은 수당대에 흥기한 해서의 혼란상을 바로

잡고 그 표준 자형을 제시한 학술 사업을 전적으로 가리킨다.

❷ 자양학과 正字

자양학(字樣學)은 해서(楷書) 자체의 옳고 그름을 판별(判別)하는 한편, 정자(正字) 표준(標準)을 확립하는 것을 궁극적인 목표로 한다. 그렇다면 정자란 무엇인가? 당대(唐代) 이전에도 정자의 표준은 존재하였는가? 해서(楷書) 자양(字樣) 저작(著作)에 나타난 정자 표준은 어떤 양상으로 나타나는가? 당대(唐代) 정자의 주요 표준은 무엇과 가장 밀접한 관련성이 있는가? 이에 대하여 정리하면 다음과 같다.

• 正字의 정의

정자란 무엇인가? 한 마디로 정의하면 正字의 필요조건은 자체의 정확·조자 원칙에 부합·사회에서의 통용성 등이고, 충분조건은 심의를 거쳐 해당 정부에서 공인하는 것이다. 따라서 정자란 바로 해당 정부가 표준안에 따라 확정 공포하여 정식으로 통용하였거나 통용하고 있는 자형을 말한다. 예를 들면 『현대한어통용자표(現代漢語通用字表)』에 수록된 자형이 현재 중국(中國)에서 통용되는 한자의 정자이며, 『상용국자표준자체표(常用國字標準字體表)』의 자형이 현재 대만(臺灣) 상용자의 정자이며, 『상용한자자표(常用漢字字表)』에 수록된 자형이 현재 일본(日本) 상용자의 정자이다. 그리고 『한문 교육용 기초 한자』(1800字)에 수록된 자형이 한국 한자의 표준 자형이다.

- 정자의 표준

수당대(隋唐代) 이전의 정자(正字) 표준(標準)

기록에 의한 최초의 한자학 저작은 주(周)나라 선왕(宣王)시기에 편찬된 『사주편(史籀篇)』이다. 『사주편』은 학동용 식자 교본으로, 그 당시의 표준 자형을 수록하고 있다. 따라서 단순히 학동의 한자 입문을 위한 모범 글자 체 교본에 그치지 않고, 당시 문자 정리의 총결판 내지는 표준방안을 제시 하고 구현한 한자 표준화 저작이라고 할 수 있다.

진(秦)나라 통일 이후 「서동문(書同文)」이라는 「소전(小篆) 표준화 사업」 이 추진된다. 즉 『사주편』의 주문[대전]을 간략화하여 소전을 만들었으며, 그 표준 자형은 이사(李斯)의 『창힐편(蒼頡篇)』에 수록되었다.

한(漢)나라의 정자 표준은 『희평석경(熹平石經)』이다. 당시 정부에서 경 전표준본의 용도로 각석한 것이니 한나라 예서(隸書)의 표준자형임에 틀림 이 없다.

위(魏)나라의 『정시석경(正始石經)』은 고문·소전·예서 등 삼체로 각석되 어 『삼체석경(三體石經)』이라고도 한다. 여기에 각석된 예서 역시 그 당시 표준 자형으로 간주된다.

양(梁)나라 고야왕(顧野王)의 원본 『옥편(玉篇)』에는 이체자형이 있는 경 우, 두 가지 자형을 모두 표제자로 수록하고 어느 자형이 정자인지를 확 정하지 않았다. 즉 그 당시 해서의 표준 자형이 미확정된 상황을 반영하고 있다.

이처럼 각 조대의 정자 표준은 주로 식자교본·자서·경전 등에 수록된 자 형에 고스란히 담겨져 있다. 식자 교본은 표준 자형의 교학과 보급을 위해 편찬된 것이고, 자서나 경전에 수록된 자형 역시 그 당시 정자 표준이 반영된 것이다. 즉 학동용 식자교본이든, 각종 자서이든, 국가차원의 경전표준본인 석경이든 간에 대부분이 그 당시 정부의 문자 표준안을 반영하고 있다.

당대(唐代) 해서(楷書) 자양저작(字樣著作)에 나타난 정자 표준

해서(楷書) 표준 자형의 확립시기인 당대(唐代)의 정자표준은 무엇인가? 당대 자양저작으로는 낭지년(郎知年)의 『정명요록(正名要錄)』(643~643년 편찬)·두연업(杜延業)의 『군서신정자양(群書新定字樣)』(650~677년 편찬)·안원손(顔元孫)의 『간록자서(干祿字書)』(774년 편찬)·장삼(張參)의 『오경문자(五經文字)』(776년 편찬)·당현탁(唐玄度)의 『구경자양(九經字樣)』(837년 편찬) 등이 있다. 이 가운데 낭지년(郎知年)의 『정명요록(正名要錄)』을 제외하고는 모두 편찬 연유와 체례 등을 언급한 서문이 존재한다. 여기서 각 문헌의 서문과 변별 체제에 의거하여 그 정자표준을 정리하면 다음과 같다.

① 낭지년(郎知年) 『정명요록(正名要錄)』의 정자 표준
『정명요록』에는 서문이 결여되어 있지만 여섯 가지의 변별체례를 통해 그 정자표준을 엿 볼 수 있다. 『정명요록』의 정자 표준의 제일 근거는 『설문』이며, 부분적으로 당시 널리 쓰이던 예변(隸變) 이후의 자형을 정자로 인정하고 있음을 알 수 있다.

② 두연업(杜延業) 『군서신정자양(群書新定字樣)』의 정자 표준
『후서(後序)』를 통해 『군서신정자양』의 정자 표준은 정자를 채집한 문헌인 『설문』·『자림』·『석경』 등에 수록된 자형임을 알 수 있다.

③ 안원손(顔元孫) 『간록자서(干祿字書)』의 정자표준(正字標準)
「정체(正體)」 즉 표준자형에 대해 『간록자서(干祿字書)·서(序)』에서

동아시아 한자인문로드 한자의 역사

'모두 근거가 있는 자형이다'라고 하였다. 그러면 근거가 있는 자형은 무엇인가?『간록자서·서』에 따르면 그 첫 번째는 '『설문(說文)』에 수록된 자형이며; 두 번째는 권위 있는 판본의 경전본문과 주석에 사용된 자형이며; 세 번째는 석각문자 등 규율을 간직하고 있는 예서(隸書)의 자형'이라고 하였다. 이렇게 볼 때『간록자서』의 정자표준은『설문』·경전·석각문자 등에 사용된 자형임을 알 수 있다.

④ 장삼(張參)『오경문자(五經文字)』와 당현탁(唐玄度)『구경자양(九經字樣)』의 정자표준(正字標準)

『구경자양』은『오경문자』의 미비함을 증보한 자양저작이다.『오경문자』와『구경자양』에서 제시한 정자 표준은『설문』·『자림』·『석경』·『경전석문』및 권위 있는 경전에 실린 자형이다. 이 두 저작은 당대 자양학 저서 가운데 당시 정부의 정자관(正字觀)이 가장 잘 반영되어 있다. 서명에서 알 수 있듯이 모두 경전문자의 정리를 위하여 편찬된 「爲經字樣(위경자양, 경전문자를 정리하기 위하여 편찬된 자양저작)」이다. 공히 경전문자의 모범 글씨본으로, 이 두 책에서 제시한 표준자형에 근거하여『개성석경(開成石經)』의 십이경(十二經)을 각석하였다. 또한 각각『개성석경』의 마지막에 부록으로 각석되었다. 다시 말하면 이 두 저작에 수록된 자형이 바로 당나라 정부에서 정식으로 확정하고 사용한 표준 자형이다.

당대(唐代) 자양저작에 나타난 정자 표준의 특징

『정명요록(正名要錄)』·『군서신정자양(群書新定字樣)』·『간록자서(干祿字

書)』·『오경문자(五經文字)』·『구경자양(九經字樣)』 등의 정자 표준은 다음과 같이 압축된다.

첫째, 정자 표준의 주요 근거는 『설문(說文)』이다. 둘째, 『자림(字林)』과 『석경(石經)』처럼 『설문(說文)』이후의 자서(字書)와 석경(石經)이다. 세 번째, 『경전석문(經典釋文)』처럼 경전문자를 전문적으로 다룬 전적이나 권위 있는 경전의 주석서에 사용된 자형이다.

이렇듯 비록 저자와 저작은 다르지만 정자 표준은 대개 비슷하게 나타나며, 정자관 역시 크게 보면 별반 다르지 않다. 특히 정부가 주도하였든 민간 학자가 편찬하였든 당시 상황을 감안하면 모두 정부의 문자 표준에 대한 방침이나 방안을 따르고 있다. 그리고 전통적인 『설문(說文)』 자형에 대하여 무조건적 추종보다는 그 시대성을 강조한 점이 공통점으로 나타난다. 즉 『설문(說文)』을 추존하면서도, 시대에 동떨어진 필획이 번잡한 소전보다는 예변 이후 간략화된 자형의 사용을 권장하고 있다. 이와 같은 시의적(時宜的)인 문자관이야말로 자양학(字樣學)이 추구하는 궁극적인 지향점으로, 해서 표준화 사업을 성공으로 이끈 밑바탕으로 작용하였다.

❸ 당대(唐代)의 정자관

당대의 정자 표준은 정자관에 따라 '설문파(說文派)'와 '시의파(時宜派)'로 나뉜다. '설문파'는 또 '수구파(守舊派)'·'보수파(保守派)'라고도 한다. '수구파'는 『설문』소전의 자형을 정자로 간주하고, 『설문』 이후의 자형은 일괄적으로 배척하는 문자관을 가지고 있다. '설문파'는 문자관이 상대적으로 보수적이기 때문에 '보수파'라고도 한다.

'시의파'는 『설문』의 속박에서 벗어나 시대의 변화를 인정하고 당시 통용되던 자형을 인정하고 사용하자는 것이다. 물론 『설문』의 속박에서 벗어나서'라는 말이 『설문』을 완전히 무시한다'는 것을 의미하지는 않는다. 사실 '설문파'이든 '시의파'이든 간에 모두 『설문』에 수록된 자형을 주요 표준으로 하고 있다. 『설문』이 중국 역대 자서 가운데 가장 주요하고 모든 자서의 근본이 되기 때문이다. 다시 말해 후대 자서에 수록된 자형의 주요 래원(來源)은 바로 『설문』이라는 것이다.

『설문』에 수록된 자형이 해서(楷書) 정자의 주요 표준 내지는 주요 래원 (來源)이 되었다는 것은 수당 자양저작에서 확정한 표준 자형의 대부분이 『설문(說文)』소전(小篆)을 그대로 예정(隸定, 고문자를 예서나 해서의 형태로 변환한) 것에서 쉽게 증명된다. 물론 『설문』이외에 『석경』·『자림』이나 경전 등에서 널리 사용되던 자형 역시 표준 자형으로 선택되었다.

당대 자양 저작은 크게 '爲經字樣(위경자양, 經典文字 정리를 爲한 자양저작)'과 '爲字字樣(위자자양, 一般文字 정리를 爲한 자양저작)'으로 나뉜다. 위경 자양이 관방 즉 정부의 표준을 반영하고 있다면, 위자자양은 민간 학자들의 정자표준을 나타내고 있다.

따라서 위경자양인 『오경문자』와 『구경자양』은 정부의 경전표준본을 확정하기 위해 정자표준을 제시한 저작으로, 그 문자관은 보수적이고 전통적이며 학술적이다. 그에 반해 위자자양인 『간록자서』나 『정명요록』은 당시 해서 자형의 정속(正俗)을 변별한 것으로 문자관은 상대적으로 시의적이고 개방적이며 실용적이다.

종합하면 정자는 해당 정부에서 표준안에 의거하여 확정 공포하여 정식적으로 통행되는 자형을 말한다. 또한 그 표준은 시대에 따라 다소의 차이는 있지만, 최우선 표준은 『설문(說文)』임을 알 수 있다. 물론 '시의파(時宜

派)'는『설문(說文)』소전과 다른 예변(隷變) 이후의 세간에 널리 통용되는 자형을 실용적인 각도에서 표준 자형으로 인정하였다. 즉 '설문파(說文派)'의 정자관이 『설문(說文)』에 수록된 자형이 아니면 정자가 아니다'라는 관점을 고수한 반면에, '시의파(時宜派)'의 정자관은 '한 시대에는 그 시대를 대표하는 표준 자형이 있다'는 것이다.

2. 당대(唐代)의 서예 교육

당대의 서예 교육은 서예의 대중화와 예술적 승화를 추구하는 한편 궁극적으로는 해서 표준화 교육의 일환으로 시행되었다. 당대의 서예 교육은 홍문관, 국자감, 서학의 생도를 대상으로 실시되었다.

1) 홍문관의 서예 교육

국가 차원의 서예 교육은 진(晉) 무제(武帝) 사마염(司馬炎)부터 시작된다. 서학박사(書學博士)를 설립하고 고관의 자제들에게 종요(鍾繇)와 호소(胡昭)의 필법을 표준으로 교육시켰다. 수(隋)나라는 개황(開皇) 초년에 문자와 서예 교육을 위해 국자시(國子寺)에 서학을 설립하였다.

서예를 중시하는 이런 기풍은 당나라 태종에 이르러 최고조에 달하였다. 이세민은 사후에 그의 무덤에 〈난정집서(蘭亭集序)〉를 부장하였다는 전설까지 생겨날 정도로 왕희지를 추존하였다고 한다.

동아시아 한자인문로드 한자의 역사

그는 정관(貞觀) 원년에 홍문관에 서학박사를 설립하고, 수도인 장안에 임직하고 있는 5품 이상 문무 관리의 자제 가운데 서예에 관심과 소질이 있는 자 24인을 선발한 뒤, 우세남(虞世南)과 구양순(歐陽詢)더러 해서 필법을 가르치도록 하였다. 이에 정관 2년부터 홍문관 학생들은 유가경전을 주전공으로 하며 부전공으로 서예도 배우게 되었다.

또한 과거 급제 뒤에 서예를 임관의 전형 항목으로 삼기 시작하면서 수험생의 필수적인 학습과제가 되었다. 따라서 모든 교육 기관에서 서예는 전공이든 선택이든 반드시 학습해야 하였다.

이처럼 최고학부인 홍문관에서 서예를 교학하면서 서학 출신자의 출로에 지장을 초래하였다는 일설도 존재한다. 그러나 홍문관 재학생은 귀족 자제로 고급 행정 관리 지망생이고, 서학의 생도는 최고 말단의 필사 전문기술직 자원으로, 장래의 소임과 활동 영역이 서로 판이하게 달랐으므로 상호 영향은 미비하였을 것으로 판단된다.

2) 국자감 생도의 서예 학습

(1) 서학의 문자학과 서예 교육

남북조시대는 해서가 본격적으로 통용되던 시기이다. 그러나 잦은 전란과 지역분열로 해서 자형의 표준화가 이루어지지 않았다. 천하를 통일한 수나라는 문헌정리와 해서 표준화 사업에 착수하였다. 수나라의 전장제도를 물려받은 당나라는 문헌의 수집과 정리·경전표준본과 해서 자형의 확정 등과 같은 국책 사업을 본격적으로 추진하였다. 이런 일련의 사업에 필수적인 문자와 서예 전문가의 교육을 위하여 서학을 설립하게 되었다.

당대의 문헌 정리 사업에 대해서는, 『신당서(新唐書)·예문지(藝文志)』에 "정관(貞觀) 시기에 위징(魏徵)·우세남(虞世南)·안사고(顔師古)가 비서감에 연임되면서 산일된 천하의 서적을 구매하기를 계속 상주(上奏)하게 되었다. 이에 오품 이상 관리의 자제 가운데 글씨를 잘 쓰는 사람을 선발하여 서수(書手)로 삼아, 해당 문헌을 일일이 정서하여 황제의 사고(私庫)에 소장하고, 궁인(宮人)이 이를 장관하였다" 라고 구체적으로 기록되어 있다.

즉 당대에는 산일된 문헌의 수집·교감·필사·소장 등 체계적인 문헌정리 사업을 추진하였으며, 그 과정에서 교감과 정서에 능한 서예 전문 인적자원이 필요하게 된 것이다.

수나라가 문헌의 정서 작업에 위패(韋霈)나 두군(杜顗) 등 몇몇 명필에 의존한 것(『수서(隋書)·경적지(經籍志)』참조)에 비해 당나라는 사업 규모의 확대에 따라 전문 인력이 대대적으로 필요하게 되었다. 이런 상황에서 '서학(書學)'이 폐지(무덕(武德, 서기 618~626년) 초기)되는 바람에 국책사업에 필요한 전문 인력이 크게 부족한 지경에 이르게 되었다. 이에 당대 정부는 정관(貞觀) 원년(서기627년)에 홍문관(弘文館)을 통해 특례 입학자를 선발하여 서예 방면의 인재 수요에 대처하였고, 그 뒤 정관2년(서기628년)에 마침내 '서학(書學)'을 부활시키게 되었다.

종합하면 당나라는 통일 후 정교(政敎)의 필요에 의해 추진된 문헌 정리 사업에 문자학 지식과 서예에 뛰어난 전문 인력이 대대적으로 필요하게 되었고, 이런 인재의 양성을 위하여 문자 전문 교육기관인 서학을 부활시켰다. 서학에 대한 자세한 사항은 아래 3장을 참고하길 바란다.

동아시아 한자인문로드 한자의 역사

(2) 기타 국자감 생도의 서예 교육

국자감의 편제는 유학(儒學)을 전공으로 하는 국자학(國子學)·태학(太學)·
사문학(四門學) 등 소위 '전삼학(前三學)'과 기술전문학과에 속하는 율학(律
學)·서학(書學)·산학(算學) 등 '후삼학(後三學)'로 이루어져 있다.

국자감의 육학(六學) 가운데 서학 외에 다른 학과에서도 매일 한 폭 정도
의 서예를 수련하게 되었다(學書日紙一副). 특히 유학 전공 가운데 최고 의
학과인 국자학의 서예 학습에 대한 요구사항은 더욱 엄격하였다. 틈틈이
예서(隷書)를 수련하는 한편, 또 『설문』·『자림』·『삼창』·『이아』 등 언어문
자학 전적도 배워야 했다.

서학 외에 다른 고급 학과에서 서예를 학습하는 것은 한자가 학술의 기본
도구이며, 또한 서예 실력으로 임관을 전형하는 선관제도의 영향 때문이다.

3. 문자학과 서예 전문 교육
기관의 설립-서학(書學)

수당시대는 문헌의 정리와 필사 및 경전의 교감과 표
준본 확정 사업 등으로 문자학에 밝고 글씨를 잘 쓰는 전문 인력이 필요하
게 되었다. 이에 수나라부터 국자감에 서학(書學)을 설치하게 되었고, 당대
에 사업이 대대적으로 추진되면서 전문 인력의 필요성이 더욱 절실한 상
황에 이르렀다. 따라서 정관(貞觀) 원년(서기627년)에 일차적으로 오품(五
品) 이상 관리의 자제 가운데 서예 솜씨가 뛰어난 자를 선발하여 활용하였

고, 정관(貞觀) 2년(서기628년)에 마침내 국자감(國子監)에 '서학(書學)'을 다시 부활 설치하게 되었다.

여기서 서학의 개황·입학자격·학생정원·교육내용·학교생활·졸업과 출사(出仕) 등에 대해 당대의 행정 법전인 『당육전(唐六典)』과 제도를 기록한 『구당서(舊唐書)·직관지(職官志)』·『신당서(新唐書)·選擧志』 등에 의거하여 살펴보기로 한다.

1) 서학의 편제

『당육전(唐六典)·국자감(國子監)』과 『신당서(新唐書)·선거지상(選擧志上)』에 따르면 국자감에는 국자학·태학·사문학·율학·서학·산학 등 여섯 개의 학과가 설치되어 있고, 서학의 정원은 30명이었다. 『구당서(舊唐書)·직관지(職官志)』의 '국자감(國子監)'조(條)에는 "(서학은) 서학박사 두 사람이 담임하며, 품계는 종구품하(從九品下)이고, 학생은 30명으로, 서학의 박사는 문무 관리 중 팔품 이하 및 서인의 자제로 생도가 된 자들을 가르치는 것을 관장한다"라고 하였다.

당 태종 정관(貞觀) 2년(628년)에 부활된 당나라의 서학은 서학박사 2인, 조교(助敎) 1인, 전학(典學) 2인, 학생 30명으로 구성되었는데, 이는 수나라 서학에 비해 규모가 축소된 것이다.

동아시아 한자인문로드 한자의 역사

2) 서학의 연혁

국자감에 예속된 서학은 문자와 서예 방면의 전문 인력을 양성하는 국가 교육 기관으로 문헌의 정리와 해서 표준화에 지대한 공헌을 하였다. 그러나 수당대에 걸쳐 설립과 폐지와 부활을 거듭하였으며, 학생의 정원 또한 증감이 있었다.

『신구당서(新舊唐書)』의 기록에 의하면 ①무덕(武德) 초(원년, 618년)에 서학(書學)을 폐지하였고, ②태종 이세민(李世民)이 즉위한 뒤 정관(貞觀) 2년(628년)에 다시 설치하였고, ③현경(顯慶) 3년(658년)에 재차 폐지하여 소속박사 이하의 관리들은 비서성(祕書省)으로 예속시켰으며, ④용삭(龍朔) 2년(663년)에 다시 설치하였다. 학생 정원도 정관(貞觀)시기의 30명에 비해 용삭(龍朔) 연간에는 서도(西都)에 10명, 동도(東都)에 3명을 두어 모두 13명으로 대폭 감원되었다. 그 후 개원(開元) 연간에 30인으로 복원되었으나, 원화(元和) 2년(807년)에 다시 서도에 10명, 동도에 3명으로 감원되었다.

3) 서학의 입학에서 졸업까지

당대(唐代) 국립대학교인 국자감의 교육과정은 '束脩之禮(속수지례)' · '督課(독과)' · '試擧(시거)'의 세 단계로 이루어져 있었다. 바로 오늘날의 입학식·학교생활·졸업고사와 공무원 시험 응시 과정과 흡사하였다. 『신당서(新唐書)·선거지(選擧志)』 · 『당육전(唐六典)·국자감(國子監)』 · 『신당서(新唐書)·백관지(百官志)』 등을 참고하여 그 과정을 순차적으로 정리하면 다음과 같다.

■ 서학의 입학

　입학생의 신분과 연령·입학정원·입학식 등에 대해 순차적으로 정리하면 다음과 같다.

　서학(書學)에 입학하려면 팔품(八品) 이하 문무 관리의 자제이거나, 서민 가운데 서학 방면에 소질이 뛰어난 자에게만 허용되었다. 국자감의 국자학 (國子學)·태학(太學)·사문학(四門學) 등 소위 '전삼학(前三學)'은 유학을 전 공으로 하며 입학자격 또한 제한적이고 엄격한데 비하여, 기술전문학교에 속하는 율학(律學)·서학(書學)·산학(算學) 등 '후삼학(後三學)'은 재능이 뛰 어난 서민에게도 문호를 개방하는 등 상대적으로 입학 자격이 느슨하였다. 또 다른 입학 자격인 연령은 14세 이상 19세 이하로 제한하였다.

　입학정원은 정관(貞觀) 2년(서기 628년)에는 30명이었으나, 후기의 원화 (元和) 2년(서기 807년)에 서도(西都)와 동도(東都)의 국자감(國子監) 즉 '兩監 (양감)'의 생도 정원을 조정하면서 서학(書學)은 서도(西都)인 장안(長安) 국 자감에 10명, 동도(東都)인 낙양(洛陽) 국자감에 3명 등 13명으로 크게 감축 되었다. 이는 국자감 전체학부의 생도 정원이 전기의 2,210명에서 후기에 650명으로 극감한 전체적인 교육 상황이 '서학(書學)'에도 그대로 반영된 것으로 판단된다.

　서학(書學)의 입학식은 문헌의 기재에 따르면 국자학·태학·사문학 등 '전삼학(前三學)'의 입학식과 똑같은 의식으로 진행되었다. 서학 생도의 입 학식에는 반드시 '속수지례(束脩之禮)'를 행하였는데, 비단 한 필과 술 한 병, 그리고 육포 한 상을 예물로 준비하였다. 신입생이 바친 예물은 다섯 몫으로 나누어 그들을 가르치고 지도할 서학박사(書學博士)에게 세 몫이, 조교(助敎)에게 두 몫이 배분되었다고 한다.

■ 서학의 학교 생활

서학에 입학하고 나면 본격적인 학교생활이 시작된다. 문헌에 따르면 서학의 학교생활은 매우 빠듯하고 갖가지 구속이 동반된 것을 알 수 있다. 여기서 서학의 교과과정·수료 기한·기율·복장·처벌 등에 대하여 살펴보기로 한다.

• 교과 과정과 수료 기한

① 교과내용: 필수과목은 『석경(石經)』·『설문(說文)』·『자림(字林)』 등 세 과목이다. 이 세 과목을 학습하는 이유는 ⓐ『설문(說文)』은 고금을 통틀어 가장 기본이 되는 자형을 수록하고 있고, ⓑ후기자와 『설문(說文)』에 미수록 된 글자는 『자림(字林)』에 실려 있으며, ⓒ소전과 예서의 자형상의 큰 차이로 時宜性(시의성)이 떨어지는 경우에 『석경(石經)』의 자형을 참작할 수 있기 때문이었다.

보충과목은 기타 자서로, 정확이 어떤 자서인지는 확언할 수 없으나 그 당시 여러 문헌을 종합하면 『경전석문(經典釋文)』·『자고(字詁)』·『자림은표(字林隱表)』·『고문관서(古文官書)』·『삼창(三蒼)』·『고금자고(古今字詁)』·『자지(字指)』·『고금자서(古今字書)』·『자서(字書)』·『옥편(玉篇)』·『고금기자(古今奇字)』 등을 거론할 수 있다. 국자학 학생들이 경전을 익히는 틈틈이 '예서(隸書)'와 『국어(國語)』·『설문(說文)』·『자림(字林)』·『삼창(三蒼)』·『이아(爾雅)』 등을 학습하는 판국에, '문자학'이 전공인 서학과(書學科)의 학생들이 더욱 다양한 자서를 익히는 것은 당연한 일로 간주된다.

② 수료기한: 서학의 수료기한은 『석경(石經)』은 3년, 『설문(說文)』은 2

년, 『자림(字林)』은 1년으로 편성되어 있었다. 또한 규정에 따르면 3년 연속 성적이 불합격하거나, 9년이 지나도 학업을 수료하지 못하면 제적되었다.

• 서학의 기율과 복장

서학(書學)의 생활은 장유유서를 준수하고, 복장도 통일하여 그 기율이 엄격하였던 것으로 추정된다.

① 기율

학생들의 위계질서는 무조건 장유유서(長幼有序)에 따랐다. 당대(唐代) 국자감을 기록한 문헌에 따르면, 나이에 따라 서열을 정하였다(學生以長幼爲序)고 한다. 당시 황제(皇帝)가 국자감에 장학시찰을 나오면 황태자들 역시 연령순으로 학습한 것을 아뢰었으니, 일반 학생들의 경우도 이에 준하였을 것으로 판단된다.

② 교복

당시 국자감의 육학(六學)은 다시 '전삼학(前三學)'과 '후삼학(後三學)' 즉 유학과(儒學科)와 기술과(技術科)로 나눠진다. 국자학·태학·사문학 등 '전삼학(前三學)'은 주로 유가경전을 학습하며, 목적은 명경과(明經科)·진사과(進士科)에 급제하는 것으로 바로 '고급 행정관료'를 양성하는 학과였다. 반면에 율학(律學)·서학(書學)·산학(算學) 등 '후삼학(後三學)'은 일종의 전문기술직 하급관리를 양성하는 교육 기관으로 신분이나 지위도 상대적으로 낮았다.

『구당서(舊唐書)·輿服志』에 따르면 서학 학생의 교복은 '오사모(烏紗帽)를 쓰고 흰색 치마를 입었으며 짧은 웃옷에 푸른 깃을 달았다'고 하

동아시아 한자인문로드 한자의 역사

였다. 이는 전삼학의 학생이 공정흑개책(空頂黑介幘)을 쓰고, 심의(深衣, 상하가 연결되고 가장자리를 다른 색깔과 소재의 천으로 두른 온 몸을 감추는 형태의 옷)를 입은 것과 대비된다. 교복의 디자인과 색깔로 전공학과 내지는 신분을 구별한 것이다.

『당육전(唐六典)·국자감(國子監)』에 따르면 a. 교사의 가르침을 따르지 않은 자, b. 3년 연속 성적이 불합격인 자, c. 9년이 지나도 학업을 수료하지 못한 자, d. 휴가를 규정이상으로 초과한 자, e. 거문고 타기와 활쏘기 연습 외에 잡다한 오락을 한 자는 규정에 의거하여 제적에 처하였다.

■ 서학생에 대한 학업 독려와 테스트

국자감은 고급 행정 관료와 전문 기술직 인력 양성을 목적으로 설립된 국가 최고의 교육기관이다. 따라서 국자감의 교원이나 학생에 대한 요구사항은 매우 엄격하였다. 당시 국자감 교수 요원에게 요구되었던 능력 표준은 '사선이십칠최(四善二十七最)'라는 고과(考課)를 규정한 법률에 보인다. 『구당서(舊唐書)·직관지(職官志)』에서 '국자감 교수요원의 능력을 가늠하는 주된 항목은 가르치고 지도하는 것이 올바르고 생도들의 학업을 충실하게 하는 것을 최고 기준으로 한다(訓導有方, 生徒充業, 爲學官之最)'라고 하였다.

이처럼 당시 국립대학 각 학부 교원들의 고과(考課) 기준은 바로 '생도들을 잘 지도하고, 학업을 충실하게 교육시키는가' 여부에 두었던 것이다.

본인의 고과 기준 충족과 생도들의 실력향상을 위하여 서학의 교원들은 학생들을 독려하고 정기적으로 시험을 실시하였다.

- 서학의 시험(督課)

① 순례고사(旬例考査)

당대 정부는 10일마다 하루 쉬는 '순가제(旬假制)'를 채택하였는데, 이는 국립대학인 국자감에도 동일하게 적용되었다. 따라서 국자감에서는 휴일인 상순·중순·하순 하루 전에 일제히 순례고사를 실시하였다.

② 졸업고사

'순례고사'외에 또 학업을 마치고 정식 과거를 보기 전에 치르는 '졸업고사'가 있었다. 서학에서 생도들의 과업을 시험하고 출사할 의향이 있는 학생들을 선발하여 국자감에 보내면 국자제주(國子祭酒)와 국자사업(國子司業)이 해당 학생의 과업을 재차 테스트하였다. 이처럼 오늘날의 국립대학 총장과 부총장의 테스트와 서학내의 졸업고사에 합격한 생도는 다음해 봄 정식으로 명서과(明書科) 시험에 응시하고자 미리 상서성 이부(吏部)에 그 결과를 통보하였다. 즉 자체적인 졸업고사에 하고나서야 명서과(明書科)에 응시할 자격이 부여되었다.

3. 서학생의 정식 출사 시험
-명서과(明書科)

1) 명서과 시험

　　서학에서 소정의 교과과정을 수료하고 국자감 내부 시험을 통과하면 상서성에 송부되어 성시(省試)를 치르게 된다. 드디어 정식 출사 시험인 명서과에 응시하게 되는 것이다.

　명서과 응시자의 자격은 '서학' 졸업생이며, 시험방식은 실기·구술·필기 고사로 이루어져 있었다. 즉 ① 『설문(說文)』 육첩(六帖)과 『자림(字林)』 사첩(四帖)으로 실기시험을 치르고, ② 무작위적인 문답형식의 구술시험을 치르고, ③ 모두 통과되면 정사(政事)나 경의(經義)등에 대한 필기고사를 치렀다.

　그리고 서학을 졸업하고 '명서과(明書科)'에 합격하게 되면, '종구품하(從九品下)'의 품계를 받고 서수(書手)와 같은 벼슬길에 나서게 된다.

2) 명서과 출신의 진로

　　국립대학인 국자감의 서학에서 정해진 교육과정을 이수하고 명서과(明書科)에 급제하면 '종구품하(從九品下)'의 품계를 받게 된다. 이는 서학에서 가장 높은 직위인 '서학박사(書學博士)'와 같은 품계이며, 대부분 이보다 높이 승진한다는 것은 거의 불가능하였던 것으로 추정된다.

　당나라는 '신언서판'의 기준에 따라 관리를 임용하고 발령을 내렸다. 1

차 필기고사 뒤에 다시 풍채·언사·서예(書藝)·문재(文才)를 기준으로 2차 전형을 한 것이다. '신언서판(身言書判)'의 선관기준 가운데 '서(書)'는 '서예 솜씨'를 테스트하는 항목이다. 만약 '서(書)' 방면에서 해서의 형식미와 필력이 미흡하면 과거에 급제했더라도 발령을 받지 못하는 경우가 발생하기도 하였다. 이는 고대부터 내려온 '이서취사(以書取士)'의 전통을 제도화한 것이다.

이처럼 서예를 선관의 전형 항목으로 내세우면서 명경과나 진사과에 응시하는 '전삼학(前三學)' 생도들도 서예에 열중하게 되었다. 이런 상황에서 서예 전문 인력인 서학 출신자인 서수(書手)들의 장래 입지가 좁아졌을 것으로 추정하기도 한다. 그러나 신분과 전공이 다르고, 활동 무대가 서로 완전히 다른 상황에서 이들 사이의 서예 방면의 경쟁은 애초부터 성립되지도 않는 일이다.

공문과 문헌을 필사하는 서수(書手)와 고급 행정 관료는 그 신분과 소임이 판이하게 다르다. 따라서 선관 기준에서 서예를 중시하면서 명서과 출신의 입지가 좁아졌을 거라는 추정은 설득력이 부족하다고 판단된다.

4. 자양학과 과거

당대의 한자학은 해서 표준화를 궁극적인 목적으로 하는 자양학(字樣學)의 시대이다. 남북조의 지역과 정치적 분열로 경전을 비롯한 각종 문헌은 산일되었고, 해서 자형은 미확정 단계에 머물러 있었다. 이런 상황에서 수나라와 당나라는 경전 정리와 해서 표준화 사업에 역점을 두었다.

자양학의 학술 이론과 홍문관의 서예 교육 및 서학의 설립, 그리고 신언서판의 관리 전형제도 등의 유기적인 연동으로 해서 표준화는 더욱 공고해졌다. 특히 명서과를 실시하여 문자와 서예 전공자를 관리로 등용하는 기회를 부여한 것도 해서표준화 조류에 일조를 하였다.

여기서 자양학과 과거를 연계하여 정리하면 다음과 같다.

(1) 이서취사(以書取士)의 제도

문자는 국가의 정령(政令)을 전달하고 사실을 기록하는 도구이다. 따라서 전통적으로 한자를 반듯하고 미려하게 쓰는 전문 인재를 등용하는 이서취사(以書取士)의 제도가 있었다. 예를 들어 진(秦)나라는 도필리(刀筆吏, 문안 작성을 담당하는 관리. 항상 필사와 수정도구인 도필을 허리춤에 지니고 다닌 데서 유래한 이름)를 양성하여 공문서 작성을 담당하게 하였다. 한(漢)나라에 이르러서는 학동 가운데 주문(籀文)에 통달한 자를 서사(書史, 문서 담당관)로 채용하였고, 거국적으로 팔체(八體)에 능숙한 인재를 선발하여 도서 관련 업무를 담당하게 하였다. 또한 관리들의 한자 사용 실태를 살펴 만약 오용하거나 표준 자형에 부합하지 않으면 처벌토록 하였다. 이처럼 문자학 지식과 서예 솜씨로 관리를 채용하는 전통은 당대에 이르러 비로소 제도화 되었다. 본고에서 누차 언급한 신언서판(身言書判)의 관리 전형제도이다.

이와 같이 신언서판의 전형제도와 표준자형을 중시하는 사회 기풍이 해서 표준화를 더욱 공고히 하였을 것으로 판단된다.

(2) 과거시험의 요구 자형

『간록자서』에서는 과거 시험에 요구되는 자형을 기술하고 있다. 『간록자서(干祿字書)』의 서명에서 '干'은 '구하다', '녹(祿)'은 '봉녹(俸祿)'이 뜻이다. 서명으로 보면 간록자서는 '녹봉을 구하여 관리가 되기 위하여 표준 자형을 학습하는 수험서'이다. 주요 내용은 진사과(進士科) 시험에는 반드시 정자를 따라야 하며, 명경과(明經科)의 대책(對策)을 작성할 때는 권위있는 경전의 전(傳)과 주(注)에 필사된 자형에 따라야 한다(進士考試理宜必遵正體; 明經對策貴合經注本文)고 하였다. 그리고 고문을 작성하거나 관리 선발 전형에 임해서는 정자를 최우선으로 해야 한다.(若須作文言及選曹銓試, 兼擇正體用之尤佳)고 하였다.

이처럼 『간록자서(干祿字書)』에서는 각 등급별 과거에 요구되는 자형에 대하여 서술하고 있다. 용도에 따른 자형을 제시하면서 통속체의 사용도 인정하였지만 종국에는 과거 시험의 경우에는 반드시 정자체를 사용하라고 권고하고 있다. 명경과의 경우에는 경전에 대한 시험이므로, 경전의 경전주소(經傳注疏)에 오랫동안 사용된 통속 자형을 사용해도 그런대로 무방하다고도 하였다.

『간록자서(干祿字書)』는 안원손(顔元孫)이 편찬하고 안진경(顔眞卿)에 의해 각석되었다. 당시 통용되던 각종 자형을 귀납하여 정통속(正通俗)의 세 가지 자형으로 나누었다. 과학적인 체계와 정확한 분류, 그리고 시의적(時宜的)인 문자관을 구비한 최고 권위의 자양저작이다. 특히 안진경이 호주자사(湖州刺史) 시절에 서사하고 각석한 이후 그 미려한 필체로 인하여 수많은 사람들의 필수 아이템이 되었다. 당대 자양학은 해서의 표준 자형을 확립하였고, 진사과나 명경과 같은 고급 과거 시험에는 기본적으로 정자의 사용을 강력히 권고하고 있다. 이처럼 자양학의 학술조류와 서예 중시의 사회 기풍은 해서 표준화를 안착시키고 공고히 하는데 지대한 역할을 하

동아시아 한자인문로드 한자의 역사

였음에 틀림이 없다.

5. 결론

당나라 시기 한자학의 주된 조류는 자양학이다. 자양학은 해서 표준화 운동이다. 해서 표준화는 ① 자양학의 학술이론, ② 서학의 서예 교육, ③ 이서취사(以書取士) 시험인 명서과, ④ 이서취사(以書取士)의 전형제도인 신언서판 등의 유기적인 연계로 더욱 공고화 되었다.

자양학의 학술조류가 일어나고, 서예를 중시하는 사회 기풍으로 교육기관인 서학이 설립되고, 서예 전문 인력을 선발하는 명서과가 실시되고, 과거시험에서 표준자형을 요구하고, 심지어 선관제도에 신언서판을 전형 항목으로 채택하였다.

이처럼 당대에 추진된 해서 표준화가 성과를 거둔 것은 정부의 체계적인 문자 표준화 정책·해서 표준화 학술조류-자양학-의 등장·서예 취사(取士)와 승급의 선관 제도·경전 표준본-『개성석경(開成石經)』-의 확정·오대(五代) 인쇄술의 발명 등에 기인한 것이다.

그 가운데 체계적인 문자 전문 인력 배양 정책과 관리의 선발이나 승급 때 서예를 기준으로 하는 정부 시책이 가장 기본적으로 작용한 것이라고 할 수 있다. 이런 서예를 중시하는 사회적 풍기가 조성된 뒤에 과거준비용(『간록자서(干祿字書)』)과 경전표준용(『오경문자(五經文字)』·『구경자양(九經字樣)』)의 전문 자양저작이 등장하게 되었다. 『오경문자(五經文字)』와 『구

경자양(九經字樣)』이 제시한 표준 자형으로 국정교과서인 『개성석경(開成
石經)』이 각석(刻石)되여 해서 표준화는 더욱 공고해졌으며, 인쇄술의 발
명으로 표준화가 가속화 되었다. 이렇게 표준 자형이 확정된 해서는 그 후
1,200년간 한자문화권에서 정자로 통용되고 있다.

　해서는 자양학의 학술조류·국가 경전 표준본의 각석·인쇄술의 발명 등
다양한 요소들의 유기적 작용으로 표준화를 이룩하였다. 그리고 그 밑바
탕에는 국가차원의 문자표준화 교육과 과거 정책과 연관된 신언서판의 선
관제도 및 서학·명서과 출신 전문 인력의 기여와 공헌이 뒷받침 되었음은
두말할 필요가 없을 것이다.

7. 두 번째 한자 개혁
: 간화자의 탄생

윤창준
(계명대학교)

2008년부터 유엔 내에서 사용하는 한자를 '지엔티쯔(簡体字)'로 통일하기로 결정하였다. 이는 곧 국제사회에서 '지엔티쯔'가 공식적인 한자체로 공인받는다는 것을 의미하는 것으로, 우리에게도 민감한 문제가 아닐 수 없었다. 왜냐하면 우리는 소위 '판티쯔(繁体字)'라 불리는 한자를 사용하고 있기 때문이다.

문제는 '지엔티쯔'는 누가 왜 만들었는가, 전체 한자 중에서 '지엔티쯔'가 차지하는 비중은 얼마나 되며 누가 사용하는가, '지엔티쯔'를 공부하기 위해서는 어떻게 해야 하는가, '지엔티쯔'의 사용은 우리에게 해(害)가 될 것인가, 아니면 득(得)이 될 것인가 등이 될 수 있을 것이다. 이러한 문제를 풀어가기 위해서 지금부터 '지엔티쯔'에 대한 이야기를 해보고자 한다.

1. 마오쩌둥은 왜 한자를 간화 했을까?

1) '大韓民國'과 '大韩民国', '漢字'와 '汉字'

처음 중국어를 공부하는 사람은 중국어 교재에 쓰여져 있는 다소 생소한 모양의 한자를 접하게 된다. 어떤 글자는 우리가 사용하는 한자와 모양이 동일한데 비해, 어떤 글자들은 모양이 조금씩 다르다. 예를 들어 '대한민국(大韓民國)'과 '대한민국(大韩民国)', '한자(漢字)'와 '한자(汉字)'에서 '대(大)', '민(民)', '자(字)'는 모양이 동일하지만, '한(韓)'과 '한(韩)', '국(國)'과 '국(国)', '한(漢)'과 '한(汉)'은 모양이 조금씩 다르다.

모양이 다른 한자들을 모아 살펴보면 한 가지 공통점을 발견하게 되는데, 이는 곧 글자들의 필획수가 현저하게 줄어든다는 것이다. 즉 '한(韓)'은 17획이지만 '한(韩)'은 12획이고, '국(國)'은 11획이지만 '국(国)'은 8획이며, '한(漢)'은 14획이지만 '한(汉)'은 5획이다. '필획수'란 한자를 쓰기 위해서 붓을 종이에 데었다가 떼어내는 횟수를 의미하는 것이므로, 이는 곧 글자를 쓰기 위해 투자되는 시간과 공력이 줄어들었다는 것을 의미한다.

그렇다면 이러한 '지엔티쯔'는 누가 만들었는가?

1949년 모택동(毛泽东)은 중화인민공화국(中华人民共和国)을 수립하였다. 새로운 중국은 시급하게 해결해야 할 많은 일들이 있었는데, 그 중의 하나는 인민들의 사상을 개혁하여 신중국(新中国) 건립 과정에 참여토록

하는 일이었다. 사상 개혁을 위해서는 인민들을 교육시켜야 했는데, 당시 중국 인민의 많은 수는 문맹이었다. 모(毛)정부는 한자 학습이 어려운 이유에 대해서 분석을 하였고, 그 결과 한자학습의 난점은 첫째, 외어야 할 한자의 수가 너무 많다, 둘째, 한자의 모양이 너무 복잡해서 외우기 어렵고 쓰기도 불편하다, 셋째, 지역마다 방언(方言)의 차이로 인하여 동일한 글자임에도 독음이 다르다라는 것을 알아내게 된다.

모(毛)정부는 1952년에 정무원문화교육위원회(政务院文化教育委员会)에 중국문자개혁연구위원회(中国文字改革研究委员会)를 설립하여 한자 학습에 있어서의 이러한 난제를 해결하기 위하여 한자개혁의 기초 작업을 진행하였다. 이후 1954년에는 국무원(国务院) 직속으로 중국문자개혁위원회(中国文字改革委员会)를 만들어 본격적으로 한자와 중국어의 개혁 작업을 진행하였다. 당시의 개혁 작업은 크게 세 가지 과제를 안고 진행되었는데, 첫째는 한자의 간화(简化)이고, 둘째는 이체자(异体字)의 정리, 셋째는 한어병음방안(汉语拼音方案)의 제정 및 보급이었다. 이 기구는 삼십 년간 한자와 중국어의 개혁 작업을 진행한 뒤, 1985년 말에 국가어언문자공작위원회(国家语言文字工作委员会)로 명칭을 바꾸었다.

20세기 중반 이후 중국에서 진행된 세 가지 측면에서의 한자개혁은 수천 년의 역사를 지닌 한자 자체에도 커다란 변화를 가져다주었다. 특히 두 번째와 세 번째 과제였던 이체자(异体字)의 정리와 한어병음방안의 제정 및 보급은 커다란 무리없이 순조롭게 진행되었고, '漢字' 자체에 미치는 영향 역시 그다지 심각하지 않았다. 그러나 한자의 간화는 수천년의 역사를 지닌 漢字에 많은 파급력을 발휘하였다.

2. 모든 한자를 간화한 것인가?

'지엔티쯔'란 간화된 한자를 말한다. '판티쯔'를 사용하고 있는 우리에게 관심이 되는 문제는 '전체 한자 중에서 얼마나 많은 한자들을 간화했는가'일 것이다.

【중국문자개혁위원회(中國文字改革委員會)】

년도	개혁내용
1995.1	한자간화방안초안(汉字简化方案草案) 제시
1956	한자간화방안(汉字简化方案) 공포
1964.5	간화자총표(简化字總表) 발표 - 총 2, 246개의 지엔티즈 수록
1986	지엔티쯔의 총수를 2, 235자로 확정

유엔이 중국에서 사용하는 지엔티쯔를 공식 한자로 지정했다는 소식을 듣고 걱정을 하는 사람들이 많았다. 왜냐하면 그동안 우리가 사용해 온 한자와 전혀 다른 새로운 한자를 처음부터 모두 다시 외워야 하는 것은 아닌가하는 우려 때문이었다.

그러나 위의 표를 통해서 알 수 있듯이 우리가 알고 사용해 온 한자, 즉 판티쯔와 다른 지엔티쯔는 2천여 자에 불과하다.

한자가 모두 몇 글자인지 정확하게 통계내기는 어렵지만, 청대(淸代)에 나온 『강희자전(康熙字典)』(47, 035자), 이후 1990년에 나온 『한어대자전(漢語大字典)』(54, 678자), 1994년에 나온 『중화자해(中華字海)』(85, 568자) 등을

동아시아 한자인문로드 한자의 역사

참고한다면, 현재까지 사용된 한자의 총수는 대략 8만자 정도라고 얘기할 수 있다. 따라서 8만자나 되는 전체 한자 중에서 중국인들이 사용한다는 지엔티쯔는 불과 2천여자에 불과하므로, '지엔티쯔'를 사용한다는 사실 자체는 한자문화권에 속하는 우리에게 그리 심각한 문제가 아닐 수 있다고도 볼 수 있다.

그렇다면 우리는 중국 사람들과 교류하기 위하여 얼마나 많은 한자를 알아야 하는가?

지금까지 사용되어 온 한자의 총수는 약 8만 여자에 이를 만큼 그 수가 너무 많아서, 한자를 학습하는 것은 여간 힘든 일이 아니다. 따라서 중국어 학습을 시작할 때 누구나 가지게 되는 걱정은 그 많은 한자를 모두 알아야 하는가일 것이다.

다행히 중국에서 생활한다고 하더라도 수 만 자에 이르는 한자를 모두 알아야 할 필요는 없다. 1988년 중국의 국가어언문자공작위원회(国家语言文字工作委员会)와 국가교육위원회(国家教育委员会)는 2,500자의 한자를 상용자(常用字)로, 1,000자를 차상용자(次常用字)로 지정하고, 상용자는 소학(小学)에서 가르치고, 차상용자는 초중(初中)에서 가르치도록 하고 있다.[01]

중국 사람들이 많이 사용한다는 「신화자전(新华字典)」에는 모두 8천 5백자가 수록되어 있고, 13억의 중국 사람들이 한번쯤은 읽어보았을 『모택동

---

01 중국에서는 초등학교를 小学, 중·고등학교를 中学, 대학교를 大学이라고 하며, 中学은 다시 우리의 중학교에 해당되는 初中과 고등학교에 해당되는 高中으로 구분된다.

선집(毛泽东选集)』네 권에 사용된 한자의 자종(字種)은 약 3천자에 불과하다. 또한 중국의 출판사에서 인쇄를 위해 사용하는 상용활자(常用字盘) 역시 3천자를 넘지 않는 것이 보통이다.

통계에 의하면 상용자(2, 500자)와 차상용자(1, 000자) 가운데 1, 000자만 알면 중국에서 출판되는 인쇄물의 89%를 읽을 수 있고, 1, 500자를 알면 94%, 2, 000자를 알면 98%, 3, 000자를 알면 99%를 읽을 수 있다고 한다.

따라서 중국어를 공부하고, 중국 사람들과 중국어를 매개로 삼아 교류하기 위해서는 대략 3천자 정도만 알면 큰 문제가 없다고도 할 수 있다.

그렇다면 우리가 사용하는 한자와 중국에서 사용하는 한자는 일치하는가?

우리말 어휘 중에 약 70% 정도가 한자어이기 때문에, 우리는 상당히 많은 한자를 일상 생활에서 사용하고 있다. 예를 들어 국가(國家), 대사관(大使館), 학교(學校), 잡지(雜誌), 사전(辭典) 등 헤아릴 수 없이 많은 어휘들이 한자어이다. 따라서 우리는 비(非)한자문화권에 속하는 서양 사람들과 비교하여 중국어 학습에 있어서 상당히 유리한 조건을 이미 가지고 있다고 볼 수 있다. 그러나 우리나라에서 사용되는 한자를 많이 안다고 해서 중국에서 출판되는 책을 줄줄 읽어 내려갈 수 있는 것은 아니다. 그 이유는 대략 두 가지로 생각되는데, 첫째는 한국과 중국에서 사용되는 한자의 사용 빈도가 다르다는 점을 들 수 있다. 즉 3천자 정도의 한자를 알면 중국에서 생활하는데 큰 불편함이 없다고 할 수 있지만, 문제는 어떤 3천자를 알아야 하는가이다.

예를 들어 우리나라에서 가장 많이 사용되는 한자를 1위에서 10위까지 나열하면, 국(國), 대(大), 문(文), 김(金), 학(學), 유(由), 이(李), 인(人), 서(書), 동

동아시아 한자인문로드 한자의 역사

(東)이지만, 중국에서는 的(dè), 一(yī), 了(le), 是(shì), 不(bù), 我(wǒ), 在(zài), 有(yǒu), 人(rén), 这(zhè)가 사용빈도 1위에서 10위까지를 차지한다. 사용빈도가 10위안에 드는 양국의 한자 중에서 일치되는 것은 '人', 한 글자뿐이다.

사용빈도 100위 안에 드는 한자를 비교해 보면 양국 한자의 사용빈도가 다르다는 것이 더욱 명확해진다. 즉 양국 한자의 사용빈도 100위 안에 드는 한자 중에서 일치되는 한자는 31자에 불과하고, 나머지 69자는 각각 자기 나라에서만 많이 사용된다. 따라서 중국어를 매개로 중국인과 교류하기 위해서는 중국에서 많이 사용되는 한자가 무엇인가를 알고, 이 한자들을 우선 익혀야 할 것이다.

두 번째로는 양국에서 모두 자주 사용되는 한자라고 하더라도, 글자의 모양이 다를 수 있다는 점을 들 수 있다. 즉 중국에서는 지엔티쯔를, 한국에서는 판티쯔를 사용하기 때문에, 이미 우리가 알고 있는 한자라고 하더라도 알아보지 못하는 경우가 있을 수 있다. 위에서 언급한 것처럼 양국의 사용빈도 100위안에 드는 한자 중에서 일치하는 한자는 31자, 즉 적(的), 일(一), 불(不), 인(人), 지(地), 대(大), 설(說), 자(子), 회(會), 주(主), 시(時), 국(國), 생(生), 학(學), 년(年), 천(天), 가(家), 동(動), 중(中), 자(自), 민(民), 면(面), 성(成), 의(義), 경(經), 도(道), 심(心), 사(事), 방(方), 행(行), 장(長)이다. 그러나 일치한다고 하더라도 이 중에는 양국의 글자 모양이 다른 경우가 상당수 있다. 즉 說(설)과 说(shuō), 會(회)와 会(huì), 時(시)와 时(shí), 國(국)과 国(guó), 學(학)과 学(xué), 動(동)과 动(dòng), 義(의)와 义(yì), 經(경)과 经(jīng), 長(장)과 长(cháng)은 동일한 한자이지만, 글자의 모양이 다르다. 따라서 설(說), 회(會), 시(時), 국(國), 학(學), 동(動), 의(義), 경(經), 장(長)이라는 한자를 우리가 이미 알고 있더라도, 说(shuō), 会(huì), 时(shí), 国(guó), 学(xué),

动(dòng), 义(yì), 经(jīng), 長(장)을 모른다면, 중국에서 출판된 책을 읽어내기가 쉽지 않다. 앞에서 예로 든 국가(國家), 대사관(大使館), 학교(學校), 잡지(雜誌), 사전(辭典) 등과 같은 어휘들은 발음만 다를 뿐이지 어휘의 의미와 사용되는 한자가 동일하다. 그러나 현재 중국에서는 지엔티쯔인 国家(guójiā), 大使馆(dàshǐguǎn), 学校(xuéxiào), 杂志(zázhì), 辞典(cídiǎn)으로 쓰기 때문에, 지엔티쯔에 대한 학습이 병행되지 않는다면, 이미 알고 있는 한자임에도 불구하고 제대로 읽어내지 못하는 경우가 발생할 수 있다. 따라서 이미 알고 있는 한자라도 지엔티쯔가 있는 경우에는 지엔티쯔를 함께 익혀놓아야 중국인들과의 교류에 제한을 받지 않을 것이다.

3. 어떤 원칙으로 간화한 것인가?

그렇다면 지엔티쯔를 보다 쉽고 정확하게 익힐 수 있는 방법은 무엇인가. 이 문제에 대한 해답은 지엔티쯔를 만들어낸 원칙이 무엇인가를 알아낸다면 쉽게 풀릴 수 있을 것이다. 즉, 복잡한 한자의 자형을 간화(簡化)할 때, 어떠한 원칙에 의거하여 간화하였는가를 먼저 이해한다면, '지엔티쯔'를 보다 쉽게 익히는데 큰 도움이 될 것이다. 다음에서 몇 가지 간화의 원칙에 대해서 살펴보고자 한다.

1) 간화의 원칙 1
: 지엔티쯔를 알면 옛 글자가 보인다.

간혹 한식당에 가면 근사한 동양화와 함께 한자로 시 (詩)를 적어놓은 병풍이 놓여 있곤 하는데, 읽어보라는 부탁을 받게 되면 매우 당혹스럽다. 왜냐하면 대부분의 한자들이 정체(正體)가 아닌 초서(草書)나 행서(行書)로 쓰여져 있어서 읽어내기가 여간 어려운 것이 아니기 때문이다. 다행히 알고 있는 시구(詩句)라면 추측하면서 읽어내지만, 그렇지 않은 경우에는 얼굴만 붉어지게 마련이다. 그러나 조금 차근차근 살펴보면 우리가 알고 있는 지엔티쯔와 무척 비슷한 모양의 한자들도 발견하게 되고, 그로 인해 최소한의 체면을 유지할 수 있게 되기도 한다. 지난번에 얘기했던 바대로, 오늘날 중국에서 사용하고 있는 지엔티쯔 중에는 초서나 행서에서 모양을 그대로 따온 글자들이 많이 있다. 몇 가지 글자를 예로 들어 살펴보기로 하자.

(1) 마(馬)와 마(马)

갑골문·금문	소전	예서	초서	해서	행서	지엔티쯔
𢂶𢂶	馬	馬	马	馬	馬	马

'말'이란 뜻의 한자는 처음에는 '말'의 형상을 그대로 본뜬 뒤 세로로 배열하여 글자로 삼았다. 말의 갈기와 꼬리, 큰 눈 등 말의 특징을 형상화하여 글자로 삼은 것이다. 그러나 오늘날의 지엔티쯔를 보면 말의 모양과는

거리가 멀다. 소전(小篆)까지는 그래도 말의 모양이 글자에 남아 있으나, 예서(隷書)부터 한자의 자형이 직선화되면서 본래의 모양과는 거리가 멀어졌다. 이후 초서(草書)와 행서(行書)는 글자의 필획을 생략하였는데, 오늘날의 지엔티쯔는 행서의 모양을 빌려서 '마(马)'로 쓴다.

(2) 어(魚)와 어(鱼)

'물고기'란 뜻의 한자는 '물고기'의 지느러미와 비늘, 꼬리 등의 모양을 그대로 본 떠 만들었다. 소전부터 글자의 모양이 조금씩 바뀌었고 예서에 와서는 물고기의 꼬리가 네 개의 점으로 바뀌게 되었다. 초서와 행서에서는 물고기의 꼬리가 다시 하나의 횡선으로 간화되었는데, 오늘날의 지엔티쯔는 초서와 행서의 모양을 그대로 빌려 쓰고 있다.

갑골문·금문	소전	예서	초서	해서	행서	지엔티쯔

(3) 조(鳥)와 조(鸟)

갑골문·금문	소전	예서	초서	해서	행서	지엔티쯔

'새'라는 뜻의 한자는 날개와 깃털 등 새의 옆모습을 그대로 본 떠 만들었다. 이후 예서부터 새의 꼬리 부분이 네 개의 점으로 바뀌게 되면서 '새'의 모습과는 달라지게 되었다. 초서는 예서를 흘려 써서 알아보기 어렵게 되었고, 행서는 해서의 네 점을 하나의 횡선으로 간화하였다. 오늘날의 지엔티쯔는 행서의 모양을 거의 그대로 빌려 쓰고 있다.

(4) 위(爲)와 위(为)

갑골문·금문	소전	예서	초서	해서	행서	지엔티쯔

초기 한자에서 '위(爲)'자는 사람의 '손'과 '코끼리'를 합하여 만들었다. 즉 '✗'는 사람의 손을 나타내고 '🐘'는 '코끼리'를 나타낸다. 고대 중국은 지금보다 기온이 온난해서 코끼리가 하남성(河南省) 일대에 많이 서식하였고, 당시 사람들은 코끼리를 사냥하고 사육하여 무거운 돌이나 나무를 운반하였다고 한다. 그래서 '~을 하다', '~을 시키다'라는 뜻의 '위(爲)'자를 사람의 '손'과 '코끼리'를 합하여 만든 것이다. 소전부터 글자의 모양이 복잡해졌지만 여전히 사람의 '손'과 '코끼리'가 결합한 것임은 알 수 있었다. 그러나 예서부터는 원래의 모양과 거리가 멀어져 더 이상 코끼리의 모양을 찾을 수 없게 되었다. 초서와 행서는 글자의 모양을 대폭 간화하였는데, 오늘날의 지엔티쯔는 초서나 행서의 모양을 거의 그대로 빌려서 사용하고 있다.

(5) 매(買)와 매(买)

갑골문·금문	소전	예서	초서	해서	행서	지엔티쯔

고대 중국인들은 '조개'를 화폐로 사용하였다. 그래서 초기 한자는 그물로 조개를 담는 형상으로 '～을 사다'라는 뜻의 '매(買)'자를 만들었다. 즉 '貝'는 조개의 형상을 본 뜬 '貝'자이고, '網'은 그물의 형상을 본 떠 만든 '망(网)'자이다. 소전과 예서를 거치면서 그물과 조개의 형상이 실물과 달라지게 되었고, 초서와 행서는 글자의 모양을 대폭 간화하였다. 지엔티쯔는 초서와 행서의 모양을 거의 그대로 빌려 쓰고 있다.

(6) 견(見)과 견(见)

갑골문·금문	소전	예서	초서	해서	행서	지엔티쯔

'～을 보다'라는 뜻의 '견(見)'자는 무릎을 꿇고 앉아있는 사람의 형상을 본뜨면서 사람의 '눈'을 크게 강조하여 만들었다. 소전에서는 사람의 '눈'이 '목(目)'으로 바뀌었지만 글자를 만든 의도는 큰 변화가 없다. 그러나 예서부터는 필획이 직선화되어 원래의 의도가 감추어졌다. 초서와 행서는

동아시아 한자인문로드 한자의 역사

'목(目)' 부분의 가로획 두 개를 세로획 하나로 간화하였는데, 오늘날의 지엔티쯔는 이를 그대로 따르고 있다.

(7) 차(車)와 차(车)

갑골문·금문	소전	예서	초서	해서	행서	지엔티쯔

'수레'라는 뜻의 '거(車)'는 위에서 내려다 본 고대 중국의 수레 형상을 그대로 본 떠 만들었다. 소전에서는 복잡한 글자의 모양을 대폭 간화하였고, 예서는 이를 직선화시켰다. 초서와 행서는 글자의 필획을 흘려 써서 다시 간화시켰는데, 오늘날의 지엔티쯔는 이를 그대로 쓰고 있다.

위에서 살펴본 것처럼 오늘날 사용되는 지엔티쯔 중에는 초서나 행서의 모양을 그대로 빌려 쓰는 것이 있다. 그래서 지엔티쯔를 알면 배우기 어렵다는 초서나 행서 중에서 몇 글자를 어렵지 않게 읽어내기도 한다. 그러나 간화의 원칙은 생각보다 복잡해서 모든 지엔티쯔의 원형(原型)을 옛 한자에서 찾아낼 수 있는 것은 아니다.

2) 간화의 원칙 2: 판티쯔의 일부를 삭제한다.

　　　　　　위에서는 행서(行書)나 초서(草書)의 자형을 그대로 본
떠 만들어진 지엔티쯔의 예를 들었다. 행서나 초서는 더 생소한데, 그렇다
면 지엔티쯔를 익히기 위해서 더 어려운 행서나 초서를 모두 알아야 하는
가. 그렇지는 않다. 왜냐하면 전체 지엔티쯔 중에서 글자의 원형(原型)을 고
자(古字)에서 찾아낼 수 있는 양은 그리 많지 않기 때문이다. 대신 대부분
의 지엔티쯔들은 판티쯔의 자형을 일부 삭제하거나 대체하거나 변형하여
만들어진 것들이다. 물론 이 경우에도 원래 자형의 특징은 완전히 없어지지
않고 최소한 유지되면서 간화되기 때문에, 판티쯔를 알고 있다면 충분히 어
떤 글자인지 유추해 낼 수 있는 것이 대부분이다. 다음에서는 판티쯔의 일
부를 삭제하여 간화한 지엔티쯔에 대해서 예를 들어 살펴보기로 하자.

(1) 류(類)와 류(类)

　'류(類)'는 '종류', '가지' 등의 의미를 나타내며, 지엔티쯔는 글자의 우측
부분을 삭제하여 '류(类)'로 쓴다. 지엔티쯔를 익힐 때 조심할 점은 판티쯔
의 좌측 아래 부분은 '견(犬)'이지만 지엔티쯔의 아래 부분은 '대(大)'라는
것이다. 주로 '種類'(종류), '类別'(갈래), '类聚'(같은 종류를 한데 모으다) 등으
로 쓰인다.

(2) 시(時)와 시(时)

　'시(時)'는 '시기', '시간' 등의 의미를 나타내며, 지엔티쯔는 글자의 우측
상단에 있는 '土'를 삭제하여 '시(时)'로 쓴다. '시(時)'를 '시(时)'로 쓴 것은

　　　　　　　　　　　동아시아 한자인문로드　한자의 역사

이미 오래된 것으로, 아래와 같이 『급취장(急就章)』이나 거연한간(居然漢簡) 등 한(漢)나라의 문헌 중에서도 '시(时)'로 간화(簡化)하여 쓴 것이 자주 보인다. 주로 '时间'(시간), '时候'(때, 시기), '时期'(시기) 등으로 쓰인다.

(3) 수(雖)와 수(虽)

'수(雖)'는 '비록', '설사' 등의 의미를 나타내며, 지엔티쯔는 글자의 우측 부분을 삭제하여 '수(虽)'로 쓴다. 송(宋)나라 때의 『대당삼장취경시화(大唐三藏取經詩話)』나 청(淸)나라 때의 『령남일사(岭南逸史)』 등에도 아래와 같이 모양이 조금씩 다르긴 해도 오늘날의 지엔티쯔와 거의 비슷하게 간화된 '수(虽)'가 보인다. 주로 '수연(虽然)', '수설(虽说)', '수칙(虽则)'(비록 …하지만)으로 쓰인다.

(4) 비(飛)와 비(飞)

'비(飛)'는 '날다', '휘날리다', '빠르다' 등의 의미를 나타내며, 부사로 쓰이면 '매우', '아주'라는 뜻도 나타낸다. 지엔티쯔는 글자의 외곽만을 간단하게 남겨놓고 나머지는 생략하여 '비(飞)'로 쓴다. 아래와 같이 '비(飛)'는 간화되기 이전부터 아주 많은 이체자(글자의 자음과 뜻은 같으나 자형만 조금 다른 글자들)들이 사용되었다.

오늘날의 지엔티쯔는 과거에 사용되어 온 '비(飛)'의 이체자들을 기초로 삼아 간화하여 만들어진 것이다. 주로 '飞机'(비행기), '飞驰'(나는 듯이 달리다), '飞升'(날아오르다) 등으로 쓰인다.

(5) 향(鄉)과 향(乡)

'향(鄉)'은 '시골', '농촌', '고향' 등의 뜻이며, 지엔티쯔는 글자의 좌측부분만 남기고 중앙과 우측 부분을 모두 삭제하여 '향(乡)'으로 쓴다. 글자의 특징이 되는 일부가 남아 있어서 지엔티쯔를 익히기에 그리 어려운 편은 아니지만, 글자의 조자의도는 사라지게 되었다. 즉 '향(鄉)'은 본래 '饗'(잔치할 향; xiǎng)의 본자(本字)였고, 초기의 자형은 먹을 것을 사이에 두고 두 사람이 마

갑골문의 향(饗)

주 앉아있는 모양으로, '음식으로써 손님을 대접한다'는 뜻이었다. 이후 '고향', '시골'이란 의미로 인신(引伸)되어 쓰이자, 본래 의미와 구별하기 위하여 '먹는다'는 의미의 '식(食)'을 추가하여 '향(饗)'을 만들었다. 지엔티쯔에서 '향(饗)'은 '향(乡)'과 '식(食)'을 더하여 '향(飨)'으로 쓴다. '향(乡)'은 주로 '故乡'(고향), '乡村'(시골, 농촌) 등으로 쓰인다.

(6) 독(獨)과 독(独)

'독(獨)'은 본래 '늙어서 아들이 없는 사람'이란 뜻으로, 현대 중국어에서는 '외롭다', '다만', '단지' 등으로 쓰인다. 지엔티쯔는 글자의 우측 부분 중에서 '虫'만 남기고 나머지는 삭제하여 '독(独)'으로 쓰는데, 사실 '독(獨)'을 '독(独)'으로 간화하여 쓴 역사는 이미 천년이 넘는다. 예를 들어 송(宋)나라 때의 『고열녀전(古列女傳)』 등에서도 '독(独)'으로 간화하여 썼고, 이후 明·淸시기의 통속문학에서도 '独'으로 쓴 것이 많이 보인다. '독(独)'은 주로 '孤独'(외롭다), '独立'(독립), '独步'(월등하다), '独創'(독창적이다) 등으로 쓰이며, 산아제한정책 이후 태어난 외동딸, 외동아들을 '独生女(독생녀)', '独生子(독생자)'라고 부른다.

3) 간화의 원칙 3
: 형성자(形聲字)의 형부(形符)를 생략한다.

처음 중국 사람들은 중국어를 기록하기 위한 한자를 만들 때 사물의 형상을 본 떠 문자로 삼았다. 따라서 문자의 모양에는 당시 언어가 담고 있는 의미의 형상이 반영되었지만, 그 문자의 발음이 무엇인가에 대한 정보는 담고 있지 않았다.

甲骨文	金文	小篆	隷書	楷書
壺	壺	壺	壺	壺

예를 들어 '壺'(병 호)자는 뚜껑이 있고 배가 불룩하며, 양쪽에 손잡이가 달린 술병의 모양을 그대로 본 떠 글자를 삼았다. 따라서 글자의 모양을 보면 이 글자의 의미가 무엇인가를 금세 알아낼 수 있지만, 이 글자의 발음이 무엇인지는 알아낼 수 없다. 이러한 조자법(造字法)을 '상형(象形)'이라 부르는데, 초기에 만들어진 한자의 대부분은 상형의 방법을 기본으로 삼아 조자(造字)되었다.

그러나 빠른 속도로 문명이 발달하면서 새로운 어휘 역시 급속도로 탄생하게 되었고, 이에 따라 새로운 한자를 만들어내야 할 필요성 역시 급증될 수밖에 없었다. 그러나 새로운 한자를 상형의 방법으로 그때그때 만들어내기에는 여러 한계가 있었다. 이에 중국인들은 표의문자(表意文字)라는 한자의 기본적 특징에 표음(表音) 성분을 부가시키는 새로운 조자법인 형성(形聲)의 방법으로 새로운 한자를 만들어내게 되었다. 형성(形聲)이란 기존에 사용 중인 두 개 이상의 글자를 결합하여 새로운 한자를 만드는 방식인데, 이때 한 글자는 새로운 글자의 의미를, 다른 한 글자는 새로운 글자의 발음을 나타낸다.

형성의 방법으로 새로운 한자를 조자하면서 한자의 수는 빠른 속도로 증가되었고, 그 결과 전체 한자의 약 90%를 형성자가 차지하게 되었다. 따라서 한자를 간화하는 과정에서도 이들 형성자에 대한 간화가 가장 많은 부분을 차지할 수밖에 없었는데, 기본적으로 사용된 방식은 형성자의 형부(의미를 나타내는 부분)를 삭제하고 성부(발음을 나타내는 부분)만을 남기거나 혹은 간단한 모양의 동음자(同音字)로 성부를 교체하는 것이었다. 다음에서는 우선 첫 번째 방식에 대해서 예를 들어 살펴보기로 하자.

동아시아 한자인문로드 한자의 역사

(1) 면(麵)과 면(面)

'麵'(miàn)은 본래 '국수'라는 뜻으로 '麥'(mài)를 형부로, '面'(miàn)을 성부로 삼은 형성자이다. 즉 형부인 '맥(麥)'은 이 글자의 의미가 '보리' 등의 곡류와 관련이 있음을 나타내고, 성부인 '面'은 이 글자의 발음이 'miàn'이라는 것을 나타낸다. 현대 중국어에서는 '湯麵'(온면) 등과 같이 '麵條'(국수 ; 面条)라는 뜻으로 주로 쓰였는데, 지엔티쯔에서는 형부인 '麥'을 생략하여 '면(面)'으로만 쓴다. 문제는 '면(麵)'을 간화한 '면(面)'과 본래부터 사용되던 '면(面)'의 자형이 동일하기 때문에 의미상 중의성(重義性)을 띤다는 점이다. 요즘에는 아예 구분 없이 '면(面)'이 '얼굴', '표면', '면' 외에도 '국수'라는 뜻을 함께 지닌 것으로 사전에 수록되기도 한다.

(2) 운(雲)과 운(云)

'구름'이란 의미의 '雲'(yún)은 '雨'(yǔ)와 '云'(yún)이 결합된 글자인데, 이때 '운(云)'이 성부가 되어 글자의 발음을 나타낸다. 지엔티쯔에서는 '우(雨)'를 생략하고 성부인 '운(云)'으로 쓴다. 그러나 이 글자의 초기 자형을 살펴보면 '운(云)'이 본래부터 이 글자의 성부로 사용된 것이 아니라 '운(雲)'의 본자(本字)였음을 알 수 있다. 즉 '구름'이란 의미의 갑골문(甲骨文)은 '구름'의 형상을 본 떠 '하늘'을 나타내는 가로 선과 '뭉게구름'의 형상을 나타내는 '구부러진 선'으로 되어 있고, 이후의 금문(金文)에서도 자형의 변화가 거의 없다. 그러나 소전 단계에 와서는 '우(雨)'가 추가되기 시작한다.

甲骨文	金文	小篆
云	云	雲

그 이유는 '구름'이란 의미의 '우(雨)'이 점차 '말하다'라는 뜻으로 가차(假借)되어 사용되면서 '구름'이란 뜻을 나타내는 전용자(專用字)가 필요했기 때문이다. 따라서 본래 '구름'이란 뜻의 '운(云)'을 이번에는 발음을 나타내는 성부로 삼고, 여기에 의미를 나타내는 '우(雨)'를 형부로 추가하여 '운(雲)'자가 새로 만들어지게 된 것이다. 지엔티쯔에서는 다시 '운(雲)'이 '운(云)'으로 간화됨으로써 본래의 모양을 되찾게 되었는데, 문제는 단독으로 사용되는 '운(云)'과 '운(雲)'에서 간화된 '운(云)'의 모양이 같아서 의미상 중의성을 띤다는 점이다. 즉 현대 중국어에서 '운(云)'은 '구름'이란 의미와 함께 '말하다'라는 뜻도 함께 지닌다.

(3) 송(鬆)과 송(松)

'송(松)'은 형부인 '목(木)'과 성부인 '공(公)'이 결합된 형성자이며, 의미는 주지하듯이 '소나무'이다. 그런데 현대중국어 사전에서 '송(松)'을 찾아보면, '소나무'라는 뜻 외에 '푸석푸석하다', '엄격하지 않다'라는 의미도 있음을 알 수 있다. '소나무'라는 이 글자에 왜 이러한 의미가 추가되었을까. 해답은 간화의 과정에 있다.

즉 판티쯔 중에는 원래 '송(鬆)'이란 글자가 있었는데, 이 글자는 '머리털이 드리워진 모양'이란 뜻의 '髟'(biāo)를 형부로 삼고, '松'(sōng)을 성부로 삼아 만들어진 형성자로, '더벅머리', '엉성하다' 등의 의미를 나타냈다. '송

동아시아 한자인문로드 한자의 역사

(鬆)'이 간화되면서 형부인 '표(髟)'를 생략하고 성부인 '송(松)'만으로 지엔티쯔를 삼았기 때문에, 기존에 '소나무'로 사용되던 '송(松)'과 모양이 같아지면서 '송(松)'의 의미가 늘어나게 된 것이다.

(4) 회(迴)·회(廻)와 회(回)

갑골문	금문	소전	예서	해서
ㄹ	⌒	⊙	回	回

'회(回)'는 '돌다'라는 의미를 나타내며, 처음부터 물길이 선회하는 모양을 본 떠 만들었다. 이후 예서부터 필획이 직선화되면서 오늘날의 '회(回)'가 되었다.

'회(回)'가 만들어진 이후 '회(迴)', '회(廻)' 등의 글자가 만들어졌는데, 모두 '회(回)'의 인신의를 구분하기 위하여 '회(回)'를 성부로 삼고 형부인 '착(辶)'과 '인(廴)'을 추가하여 만들어진 후기자(後起字)이다. 지엔티쯔에서는 '회(迴)', '회(廻)'의 형부를 생략하여 모두 '회(迴)'로 쓰는데, 의미상 큰 차이가 없으므로 간화 과정을 통하여 불필요한 두 글자를 줄였다고 볼 수 있다.

(5) 권(捲)과 권(卷)

'권(卷)'은 본래 '구부리다'는 뜻이었고, 이후 "물건을 말아 동그랗게 만들다"라는 뜻으로 인신되어 사용되었다. 우리는 책을 세는 양사로 '권(卷)'을 쓰는데, 그 이유는 종이가 발명되기 전에는 대나무를 엮어 만든 '죽간

(竹簡)'으로 책을 만들었기 때문이다. 즉 죽간을 돌돌 말아서 가지고 다녔기 때문에, 이것을 세는 양사로 '권(卷)'을 쓴 것이다.

이후 인신의를 나타내기 위하여 '권(卷)'을 성부로 삼고, 여기에 '손'을 나타내는 '수(手)'를 형부로 더하여 '권(捲)'을 만들었다. 지엔티쯔에서는 '권(捲)'에서 형부를 생략하여 '권(卷)'으로 쓰는데, 이는 곧 본래의 자형을 다시 찾은 것이라고 할 수 있다.

(6) 표(錶)와 표(表)

'시계'는 대략 명청(明淸) 시기에 중국에 전래되었으므로, '시계'라는 뜻인 '종표(鐘表)' 역시 이 시기에 만들어진 것으로 추정된다. 본래 '鐘'은 비교적 큰 시계를 지칭하고, '표(表)'는 비교적 작은 손목 시계 등을 지칭하였으나, 이후 '종(鐘)'과 '表'는 '종표(鐘表)'로 연용되어 마치 하나의 낱말처럼 사용되었다. 이후 작은 시계를 나타내는 '표(表)' 역시 금속 재질로 만들기 때문에, '금속'을 나타내는 '금(金)'을 형부로 추가하여 '표(錶)'자를 새로 만들었다. 지엔티쯔에서는 추가된 형부 '金'을 생략하여 '표(表)'로 쓴다. 즉 원래의 자형을 복원한 셈이다.

이상과 같이 형성자를 간화하는 과정에서 형부를 생략하고 성부만으로 지엔티쯔를 삼은 경우에는 간화된 글자와 성부로 쓰인 글자가 의미상의 중의성(重義性)을 띠게 되고, 이로 인해 두 글자의 의미가 한 글자에 합해지는 등 몇 가지 문제점이 지적되기도 하였다.

그러나 전체 한자를 놓고서 본다면 이러한 점은 결코 부정적인 면이라고 단정할 수는 없다. 오히려 필요 이상으로 많이 만들어진 유사한 의미의 한

동아시아 한자인문로드 한자의 역사

자들을 통합해 주었다는 긍정적인 측면이 강조될 필요도 있다.

예를 들어 비교적 늦게 만들어져서 청나라때의 『강희자전(康熙字典)』에도 수록되어 있지 않은 '가(傢)'는 형부인 '인(人)'과 성부인 '家'(jiā)가 결합된 형성자인데, 실제로는 '傢伙'(녀석, 자식), '傢俱'(가구), '傢倻'('가구'라는 뜻의 방언) 등의 경우에서만 사용될 뿐 거의 쓰이지 않는 글자이다. 지엔티쯔에서는 '가(傢)'의 형부를 생략하여 '가(家)'로 쓰는데, 사실 '가(傢)'가 조자(造字)되기 이전에는 본래 '가화(家火)', '가구(家具)', '가사(家私)'로도 사용된 용례가 있는 만큼, '가(傢)'를 굳이 '가(家)'와 구분하여 사용할 필요가 없었다고 할 수 있다. 따라서 필요 없이 부가된 '인(人)'을 생략하여 '가(家)'로 쓰는 것은 불필요한 한자의 수를 줄였다는 측면에서 긍정적으로 볼 수 있다.

지엔티쯔 중에는 이처럼 유사한 의미의 한자들이 간화됨으로써 한 글자로 의미가 통합된 것들이 다수 보인다.

4) 간화의 원칙 4: 형성자의 성부를 대체한다.

위에서 살펴본 것처럼 형성자를 간화하는 방식은 크게 두 가지로 구분되며, 형성자의 형부를 생략하여 만들어진 지엔티쯔에 대해서는 위에서 언급하였다. 다음에서는 형성자 간화의 두 번째 방식인 형성자의 성부(聲符)를 자형이 간단한 동음자(同音字)로 대체하여 만들어진 지엔티쯔에 대해서 살펴보기로 하자. 두 번째 방식의 공통점은 발음이 같거나 유사한 글자 중에서 자형이 간단한 글자를 새로운 성부로 취함으로써 간화하였다는 점이다. 그러나 그 내면을 살펴보면 몇 가지 복잡한 양상이 있음을 알 수 있다.

(1) 종(鍾)·종(鐘)과 종(钟)

'鍾(zhōng)'은 '金(쇠 금)'을 형부로, '重(무거울 중)'을 성부로 삼은 형성자이고, 본의(本義)는 '주기(酒器)'이다. 이후 '쇠로 만든 북'이란 악기를 지칭하기도 하였다. 즉 '금속재질로 만든 기물'임을 나타내기 위하여 '金'을 형부로 삼고, 'zhong'이란 발음을 나타내기 위하여 '중(重)'을 성부로 삼은 것이다. 지엔티쯔인 '钟(쇠북 종)'은 성부인 '중(重)'을 필획이 간단하면서도 발음이 같은 '중(中)'으로 대체하여 자형을 간화하였다.

'鐘(zhōng)'의 본의는 '쇠로 만든 악기'이고, '금(金)'을 형부로 '동(童)'을 성부로 삼은 형성자이다. 지엔티쯔인 '종(钟)'은 성부인 '동(童)'을 역시 필획이 간단하면서 발음이 같은 '중(中)'으로 대체하였다.

즉 지엔티쯔의 '종(钟)'은 판티쯔의 '종(鐘)'과 '종(鍾)', 두 글자의 지엔티쯔이다.

성부인 '중(重)'을 '중(中)'으로 대체하여 만들어진 지엔티쯔로는 '종(種)'과 '종(种)', '종(腫)'과 '종(肿)'이 있다.

(2) 우(優)와 우(优)

'優'(yōu)는 '인(人)'을 형부로 '우(憂)'를 성부로 삼은 형성자이다. 지엔티쯔는 성부인 '憂'(yōu)를 필획이 간단하고 발음이 같은 '尤'(yóu)로 대체하여 '우(优)'로 쓴다. '우(憂)'를 성부로 삼은 다른 글자, 예를 들어 '요(擾)'는 '어지럽다'라는 뜻인데, 역시 성부인 '우(憂)'를 '우(尤)'로 대체하여 '扰'로 간화하였다. 그러나 성부로 사용된 '우(憂)'는 단독으로 쓸 때 '우(尤)'로 쓰지 않고, '심(心)'을 편방으로 추가하여 '우(忧)'로 간화하였다. 즉 간화하면서 새로운 편방을 추가한 것이다. 이는 '근심하다'라는 자의(字義)를 명확하게 나타내고, 또한 판티쯔 중의 '우(尤)'와 구분하기 위하여 '마음'을 나타내는 '심(心)'을 추가하였기 때문이다.

조심해야 할 점은 한자 중에 이미 '심(心)'과 '우(憂)'가 결합된 '우(優)'자가 있다는 점이다. 따라서 '우(忧)'를 '우(優)'의 지엔티쯔로 오인할 수도 있지만, '우(忧)'는 '우(優)'의 지엔티쯔가 아니라 '우(憂)'의 지엔티쯔이다. '優(yōu)'는 '느릿느릿하다'라는 뜻이며, 간화하지 않고 그대로 '우(優)'로 쓴다.

(3) 계(階)와 계(阶)

'階(jiē)'는 '阜(阝)'를 형부로, '개(皆)'를 성부로 삼은 형성자이다. 본의는 '섬돌'이고, 이후 '계단'의 뜻으로 쓰였다. 지엔티쯔인 '계(阶)'는 성부인 '皆'(jiē)와 발음이 같으면서 필획이 간단한 '介'(jiè)를 성부로 삼아 자형을 간화하였다.

그러나 '개(皆)'을 성부로 삼았다고 해서 모두 '개(介)'로 대체하여 간화한 것은 아니다. 즉 '皆'를 편방으로 삼은 '楷'(나무 이름, kǎi, jiè), '揩'(문지르다, kāi, kài) '鍇'(쇠, jiē, jiě)' 등은 지엔티쯔에서 '皆'를 '介'로 대체하지 않고 그대로 '楷', '揩' '鍇'로 쓴다.

대신 '가격(價格)'이란 뜻의 '價(jià)'는 '인(人)'을 형부로 '고(賈)'를 형부 겸 성부로 삼은 형성자인데, 성부인 '고(賈)'를 '개(介)'로 대체하여 '개(价)'로 간화하여 쓴다.

(4) 전(戰)과 전(战)

'戰(zhàn)'은 '과(戈)'를 형부로, '단(單)'을 성부로 삼은 형성자이다. 지엔티쯔인 '전(战)'은 성부인 '단(單)'을 '점(占)'으로 대체하여 만들어졌는데, 이 글자는 필획이 간단한 글자로 성부를 대체하여 자형을 간화함과 동시에 현실음을 고려하여 독음(讀音)을 보다 정확하게 나타낼 수 있는 글자를 성부로 삼았다. 즉 '단(單)'의 현대 중국어 발음은 'dān'이기 때문에, 'zhàn'이란 독음을 정확하게 나타낼 수 없다. 따라서 현대 중국어 발음을 고려하여 '占'(zhān, zhàn)을 성부로 삼은 것이다.

(5) 등(燈)과 등(灯)

'燈(dēng)'은 '화(火)'를 형부로, '등(登)'을 성부로 삼은 형성자이고, 본의는 '등잔', '등불'이다. 지엔티쯔인 '정(灯)'은 성부인 '등(登)'을 자형이 간단한 '정(丁)'으로 대체하여 간화하였다. 그러나 이 글자의 경우에는 지엔티쯔의 성부인 '丁'(dīng)의 발음이 오히려 본래의 성부인 '登'(dēng)과 비교하여 '등(燈)'의 발음과 차이가 있기 때문에, 주의가 필요하다.

또한 성부가 '등(登)'이라고 해서 모든 글자의 성부를 '정(丁)'으로 대체하는 것은 아니다. 즉 '證(zhèng)'은 '言'을 형부로, '등(登)'을 성부로 삼은 형성자인데, 이 글자의 지엔티쯔는 '정(订)'이 아니라 '증(证)'이다. '정(订)'은 '訂(dìng)'의 지엔티쯔이다.

(6) 억(億)과 억(亿)

'億(yì)'는 '인(人)'을 형부로 '의(意)'를 성부로 삼은 형성자이며, 현대 중

동아시아 한자인문로드 한자의 역사

국어에서는 주로 숫자의 단위인 '억'으로 쓰이지만, 본의는 '편안하다(安)'이다. 지엔티쯔에서는 성부인 '意(yì)'를 자형이 간단한 '乙'(yǐ)로 대체하여 간화하였다. 또한 '기억(記憶)하다'는 뜻의 '억(憶)'도 성부인 '의(意)'를 '을(乙)'로 간화하여 '억(忆)'으로 쓴다.

그러나 편방으로 사용된 모든 '의(意)'가 '을(乙)'로 대체되는 것은 아니다. 즉 癔(심화병, yì), 薏(율무, yì), 臆(가슴, yì), 镱(이테르븀, ì) 등 '의(意)'를 편방으로 삼은 글자들은 '의(意)'를 '을(乙)'로 대체하지 않고 '억(癔)', '억(薏)', '억(臆)', '의(镱)'로 그대로 쓴다.

대신 '예술(藝術)'이란 뜻의 '예(藝)'는 글자의 아래 부분을 '을(乙)'로 대체하여 '예(艺)'로 쓴다.

(7) 량(糧)과 량(粮)

'糧(liáng)'은 '곡식'이란 뜻이며, '미(米)'를 형부로 '量(liáng)'을 성부로 삼은 형성자이다. 지엔티쯔는 성부인 '량(量)'보다 자형이 간단하면서 동음(同音)인 '良(liáng)'으로 성부를 대체하여 '粮'으로 쓴다.

그러나 '량(糧)'을 '량(粮)'으로 간화하여 쓰는 것은 『간화자총표』에 처음 보이는 것은 아니고, 고적(古籍) 중에서 이미 많이 보였다. 따라서 이체자 중에서 보다 자형이 간단한 한 글자를 지엔티쯔로 삼고, 나머지는 폐기한 것으로 볼 수도 있다.

5) 간화의 원칙 5: 판티쯔의 일부만 취하거나 다른 글자로 대체한다.

지금까지 몇 가지 간화의 원칙에 대해서 살펴보았다. 이러한 방식으로 간화된 지엔티쯔들은 판티쯔와 자형상·발음상 연관성이 있기 때문에, 학습에 커다란 어려움은 없어 보인다. 그러나 모든 지엔티쯔가 판티쯔와 뚜렷한 연관성이 있는 것은 아니다.

즉 판티쯔의 복잡한 자형 중에서 일부만을 취하여 간화하거나, 판티쯔의 복잡한 형태를 간단한 형태의 다른 한자나 편방, 부호 등을 써서 대체한 지엔티쯔들도 상당수 있다. 다음에서는 이러한 방식으로 간화된 지엔티쯔에 대해서 예를 들어 살펴보기로 하자.

이러한 방식으로 간화된 지엔티쯔는 판티쯔와 자의상·발음상으로 연관성이 없다. 또한 합체자(合體字)의 경우 한자의 구성원리를 고려하지 않고 자형상의 간단함만을 추구하여 간화하였기 때문에, 자형과 자의의 연관관계가 명확하지 않은 것이 대부분이다. 다만 복잡한 모양의 판티쯔 중에서 일부분을 생략하여 만들어졌기 때문에, 곰곰이 살펴보면 비슷한 점을 발견할 수는 있다. 몇 가지 예를 들어보자.

(1) 시(時)와 시(时)

'시(時)'의 본의는 '사계(四季)'의 '계(季)'이며, 초기 자형은 '일(日)'을 형부로, '지(之)'를 성부로 삼아 결합된 형성자이다. 이후 예서 단계에서 '촌(寸)'이 추가되어 오늘날의 '시(時)'가 되었는데, 지엔티쯔에서는 오른쪽 편방인 '사(寺)'에서 '사(土)'를 생략하여 '시(时)'로 쓴다.

동아시아 한자인문로드 한자의 역사

갑골문	금문	예서	소전	해서	지엔티쯔
旹	旹	時	時	時	时

그러나 고문헌(古文獻)을 살펴보면 '시(時)'를 '시(时)'로 간화하여 쓴 역사가 매우 오래 되었음을 발견할 수 있다.

예를 들어 한(漢)나라 이후 성서(成書)된 문헌들 중에는 이미 '시(时)'로 간화하여 쓴 것들이 많이 보인다.

(2) 종(從)과 종(从)

'종(從)'은 본래 '～을 따르다'라는 의미를 나타내며, 지엔티쯔는 글자의 우측 상단에 있는 '종(从)'만을 취하여 글자로 삼았다. 그러나 이 글자의 초기자형을 보면 본래 이 글자의 자형이 오늘날의 지엔티쯔와 동일하였음을 알 수 있다.

갑골문	금문	예서	소전	해서	지엔티쯔
从	從	從	從	從	从

초기 자형인 갑골문에서는 두 사람이 나란히 줄지어 선 모양을 취하여 '따르다'라는 의미를 나타냈는데, 이는 오늘날의 지엔티쯔의 자형과 완전히 동일하다. 즉 '亻'은 오늘날의 '인(人)'자이므로, '从'는 '인(人)'자 두 개가

나란히 배열된 '종(从)'과 동일한 자형이다. 이후 금문에서는 'ʒ'과 'ᵕ'가 새로 편방으로 추가되었는데, 이는 각각 '길'과 '발'이란 의미를 나타낸다. 즉 '길'을 따라 '두 명의 사람'이 나란히 '가다'라는 의미를 나타내기 위하여 새로운 편방인 '착(彳)'과 '지(止)'를 추가한 것이다. 이러한 자형은 해서에까지 이어져 그대로 사용되다가 간화 과정에서 다시 초기 자형을 되찾게 되었다.

(3) 개(開)와 개(开)

'개(開)'는 '~을 열다'라는 의미를 지니며, '문(門)'과 '개(开)'로 이루어진 글자이다. 지엔티쯔에서는 '문'을 나타내는 '문(門)'을 생략하고 가운데 부분인 '개(开)'로 쓴다. 조심할 점은 '문(門)'을 편방으로 삼은 모든 글자들이 간화될 때 '문(門)'을 생략하는 것은 아니라는 점이다. 예를 들어 '개(鐧)'자의 지엔티쯔는 '개(锏)'이고, '개(開)'의 반대어인 '폐(閉)'의 지엔티쯔는 '폐(闭)'이다. 모두 門을 간화하지만 생략하지는 않는다.

(4) 점(點)과 점(点)

'점(點)'의 본의는 '검은 점'으로, '검은 색'을 뜻하는 '흑(黑)'을 형부로 삼고, '점(占)'을 성부로 삼아 결합된 형성자이다. 지엔티쯔는 형부인 '흑(黑)'에서 아래 부분의 '화(灬)'만을 남기고 나머지는 생략하여 '점(点)'으로 쓴다.

點 → 點 → 点

(5) 성(聲)과 성(声)

'성(聲)'은 '소리'라는 뜻으로, '이(耳)'를 형부로,
'殸'을 성부로 삼은 형성자이다. 중국 최초의 자전
(字典)인 『설문해자(說文解字)』에서는 '殸'을 주문(籒
文)의 '경(磬)'이라고 하였다. '경(磬)'은 중국에서 가
장 오랜된 석부(石部)에 속하는 악기 중의 하나로, 그림과 같이 모양이 다
른 여러 개의 돌을 매달아 연주하는 고악기(古樂器)이다.

형부인 '殸'은 편경(編磬)을 막대기로 치고 있는 형상(수(殳))이고, 이후에
악기의 재질이 '돌'이므로 '석(石)'을 편방으로 추가하여 오늘날의 '경(磬)'
이 되었다. '소리'라는 뜻의 '성(聲)'은 이 악기가 연주되는 것을 '듣는다'는
의미를 강조하기 위하여 '이(耳)'를 편방으로 추가한 글자이다.

지엔티쯔에서는 '막대기로 치다'라는 의미의 '수(殳)'와 '듣는다'는 의미
의 '이(耳)'를 생략하고, '성(声)'으로만 쓴다. 지엔티쯔의 '성(声)'은 곧 '편경
(編磬)'이라는 악기를 뜻하게 된 것이다.

(6) 비(飛)와 비(飞)

'비(飛)'는 '날다'라는 뜻으로, 지엔티쯔에서는 복잡한 자형을 대폭 생략
하여 '비(飞)'로 쓴다. 즉 9획이었던 필획수가 간화된 결과 3획이 된 것이다.
산술적으로는 판티쯔 한 글자를 쓸 동안 지엔티쯔는 세 글자를 쓸 수 있게
된 셈이다. 또한 '비(飛)'는 자형이 복잡하여 필획수도 자전마다 조금씩 다
르고, 글자를 쓰는 순서 또한 사람마다 달랐다. 이렇게 복잡한 글자가 '비
(飞)'로 간화됨으로써 쓰고 익히는데 소요되는 시간이 절감되었다.

(7) 창(廠)과 창(厂)

'창(廠)'은 '공장', '헛간' 등의 의미로 쓰이며, '집'을 나타내는 '엄(广)'을 형부로, 자음을 나타내는 '창(敞)'을 성부로 삼은 형성자이다. 지엔티쯔는 성부를 삭제하고, 형부인 '엄(广)'에서 꼭지점을 생략하여 '창(厂)'으로 쓴다. 사실 판티쯔 중에는 '창(廠)'의 지엔티쯔인 '창(厂)'과 자형이 동일한 '창(厂)'이 따로 있지만, '창(厂)'은 현대 중국어에서 이미 독체자(獨體字)로는 사용되지 않고 있으므로, '창(廠)'의 지엔티쯔인 '창(厂)'과 혼동될 염려는 없다.

6) 간화의 원칙 6:
판티쯔의 일부를 취한 뒤 다시 간화

한자 간화의 목적은 복잡한 자형을 간단하게 만들어서 사용상의 편리함을 추구하는 것이다. 이러한 목적을 달성하기 위하여 한자를 간화할 때는 몇 가지 방식을 사용하였는데, 위에서는 판티쯔의 복잡한 자형 중에서 일부만을 취하거나, 일부 편방을 간단한 형태의 다른 한자나 편방, 부호 등을 써서 대체한 지엔티쯔에 대해서 살펴보았다. 이러한 지엔티쯔들은 합체자(合體字)의 구성원리를 고려하지 않고 간화된 것이 많기 때문에, 자형과 자의의 연관관계가 명확하지 않지만, 복잡한 모양의 판티쯔 중에서 일부분을 생략하여 만들어졌기 때문에, 곰곰이 살펴보면 비슷한 점을 발견할 수는 있다.

그러나 일부 지엔티쯔 중에는 판티쯔의 일부를 취한 뒤, 다시 한번 더 간화시키거나 수정하여 만들어진 글자들이 있다. 이러한 글자들은 앞에서 제시된 글자들과 비교하여 판티쯔와의 연계성이 더 빈약하기 때문에, 지엔티

동아시아 한자인문로드 한자의 역사

쯔를 학습할 때 보다 세심한 주의가 필요하다. 몇 가지 예를 들어 살펴보기로 하자.

(1) 총(總)과 총(总)

'총(總)'은 형부인 '멱(糸)'와 성부인 '총(悤)'이 결합한 글자이다. 지엔티쯔인 '총(总)'은 형부인 '멱(糸)'를 생략한 뒤, 성부인 '총(悤)'의 상단부를 간화시키고 변화시켜 만들어졌다. 필획수는 17획에서 9획으로 대폭 줄었지만, 자형상의 연관성이 적기 때문에 지엔티쯔를 익힐 때 주의해야 한다.

(2) 처(處)와 처(处)

'처(處)'는 '호(虍)'를 형부로 삼아 만들어진 합체자이다. 지엔티쯔인 '처(处)'는 형부를 생략하고, 글자의 하단부 역시 변화시켜 만들어졌다.

(3) 야(爺)와 야(爷)

'야(爺)'는 '부(父)'를 형부로 '야(耶)'를 성부로 삼은 형성자이며, 현대 한어에서는 주로 '할아버지(爺爺)'라는 뜻으로 쓰인다. 지엔티쯔인 '야(爷)'는 성부인 '야(耶)'를 대폭 간화하여 만들어졌다.

(4) 비(備)와 비(备)

'비(備)'는 '인(人)'을 형부로 삼은 합체자이다. 지엔티쯔는 '인(人)'을 생략한 뒤, 남은 글자 중에서 '용(用)'을 '전(田)'으로 고치고, 글자의 상단부도

'치(夂)'로 대폭 간화시켰다.

(5) 격(擊)과 격(击)

'擊'은 수(手)를 형부로 삼은 합체자이다. 현대 중국어에서 상용자(常用字)로 사용되지만 필획수가 17획이나 되고 글자의 모양이 매우 복잡하다. 지엔티쯔인 '격(击)'은 형부인 '수(手)'와 글자의 우측 상단부에 있던 '수(殳)'를 생략한 뒤, 글자의 좌측 상단부를 다시 간화하여 만들어졌다.

(6) 압(壓)과 압(压)

'압(壓)'은 '토(土)'를 형부로 '염(厭)'을 성부로 삼은 형성자이다. 지엔티쯔인 '압(压)'은 글자의 윤곽인 '厂'은 그대로 둔 채 글자의 내부를 대폭 간화하여 만들어졌다. 즉 성부인 '厭'에서 견(犬)자의 우측에 있던 점만을 취하고, 형부인 '토(土)'과 결합하여 만들어졌다.

(7) 엄(嚴)과 엄(严)

'엄(嚴)'은 '口'를 부수로 삼은 합체자로, 필획수가 20획이나 되는 복잡한 글자이다. 지엔티쯔는 글자 상단부의 '口口'를 간략한 형태로 바꾸고, 글자의 내부에 있던 '감(敢)'을 생략하여 만들었다.

(8) 뇌(腦)와 뇌(脑)

'뇌(腦)'는 '육(肉)'을 형부로 삼은 합체자이며, 필획수는 13획이나 글자의 모양이 복잡하여 제대로 쓰기가 쉽지 않다. 지엔티쯔는 형부인 '육(肉)'은 그대로 두고, 대신 글자의 우측 부분을 대폭 간화하여 만들어졌다. 본래의 모양과 많이 다르기 때문에 지엔티쯔를 익힐 때 주의해야 한다.

(9) 현(顯)과 현(显)

'현(顯)'은 '혈(頁)'을 형부로 삼은 합체자이며, 필획수는 23획이나 된다. 지엔티쯔인 '현(显)'는 형부인 '혈(頁)'을 생략하고, 글자 좌측부분 중의 '사(絲)'를 '업(业)'으로 간화한 뒤, 글자 상단부인 '일(日)'과 결합하여 만들어졌다.

(10) 잡(雜)과 잡(杂)

'잡(雜)'은 '추(隹)'를 형부로 삼은 합체자로, 필획수는 18획이다. 지엔티쯔인 '잡(杂)'은 형부인 '추(隹)'를 생략하고, 좌측 상단부를 '구(九)'로 변화시킨 뒤 '목(木)'과 결합하여 만들어졌다.

(11) 위(衛)와 위(卫)

'위(衛)'는 '행(行)'을 형부로 '위(韋)'를 성부로 삼은 형성자로, 필획수는 16획이다. 지엔티쯔인 '위(卫)'는 형부인 '행(行)'을 생략하고, 성부인 '위(韋)'를 '위(卫)'로 간화하여 만들어졌다. 이는 아마도 '위(韋)'의 상단부를 취하여 변화시킨 것으로 보이는데, 조심할 점은 '위(韋)'의 지엔티쯔는 '위(韦)'로 쓴다는 것이다.

(12) 보(寶)와 보(宝)

갑골문	금문	소전	예서	해서	지엔티쯔
𡪍	𡪍	寶	寶	寶	宝

'보(寶)'는 '면(宀)'을 형부로 삼은 합체자이며, 초기 자형은 집안에 '조개'(𝒞)와 '옥'(王)이 있음을 나타내 '귀한 보물'이란 의미를 나타냈다. 금문 단계에서는 '부(缶)'(𝒮)가 성부로 추가되었고, 이후 소전 단계부터 오늘날의 '보(寶)'와 동일한 자형을 가지게 되었다. 지엔티쯔에서는 성부인 '缶'를 생략하고, 집안에 있던 보물 중에서 '조개'(貝)를 생략하고 '집'(宀)과 '옥'(玉)만을 남겨 글자로 삼았다.

(13) 려(麗)와 려(丽)

갑골문	금문	소전	예서	해서	지엔티쯔
𪋯	𪋯	麗	麗	麗	丽

'려(麗)'의 초기 자형을 보면 아름다운 두 쌍의 뿔을 가진 사슴을 상형한 것임을 알 수 있다. 이후 소전 단계에서 두 쌍의 뿔이 사슴으로부터 떨어지게 되었고, 예서에서는 두 개의 '병(丙)'으로 예변(隸變)되었다가 해서에서 오늘날의 '려(麗)'가 되었다. 지엔티쯔는 '려(麗)'로 쓰는데, 즉 '사슴'(鹿)은 생략하고 '두 쌍의 뿔'만을 남겨둔 셈이다.

(14) 망(網)과 망(网)

'망(網)'은 '멱(糸)'를 형부로 '망(罔)'을 성부로 삼은 형성자이다. 지엔티쯔는 형부인 '멱(糸)'를 생략하고, 성부인 '망(罔)'을 '망(网)'으로 간화·변화시켜 만들어졌다. 글자의 모양은 크게 달라졌지만, 초기 한자의 자형을 보면 본래의 자형을 되찾은 것임을 알 수 있다.

갑골문	금문	소전	예서	해서	지엔티쯔
冈	网	网	網	網	网

즉 갑골문에서 '망(網)'은 그물의 형상을 그대로 본 뜬 상형자였다. 이후 금문과 소전에서는 초기 자형의 모습이 그대로 유지되었으나, 예서에 와서 그물의 재질을 나타내기 위하여 '糸'를 편방으로 추가하였고, 소전의 자형을 직선화하면서 '망(罔)'으로 예변(隸變)되어 오늘날의 '망(網)'이 된 것이다. 따라서 지엔티쯔인 '망(网)'은 '망(網)'의 초기자형을 되찾은 셈이다.

7) 간화의 원칙 7: 새로운 글자를 만들다

지금까지 살펴본 간화의 방법은 복잡한 판티쯔 자형의 일부를 간단한 자형으로 대체하여 만드는 것이 대부분이었다. 형성자의 경우, 형부가 복잡하면 형부를 의미가 유사한 다른 간단한 자형으로 바꾸었고, 성부가 복잡하면 동음의 다른 간단한 자형으로 성부를 바꾸어 지엔티쯔를 만들었다. 또한 초서(草書)나 행서(行書) 등 고서(古書)의 간단한 자형을 빌어 지엔티쯔로 삼거나, 간화한 자형을 다시 한번 더 간단한 자형으로 변형시켜 지엔티쯔를 만들기도 하였다. 이러한 지엔티쯔들은 판티쯔와 비교하여 자형에 이미 많은 간화가 일어났기 때문에 쉽게 연관성을 찾기 어렵지만, 여전히 A를 A'로 간화하였다는 최소한의 연계성은 남아있었다. 그러나 일부 지엔티쯔의 경우에는 마치 새로운 한자를 조자(造字)하는 것처럼 판티쯔와의 연계성이 전혀 없는 것이 있다.

　다음에서는 간화의 마지막 방식으로 이 방법으로 만들어진 지엔티쯔에 대해서 살펴보기로 하자.

　(1) 체(體)와 체(体)

　'체(體)'는 '골(骨)'을 형부로, '풍(豊)'을 성부로 삼은 형성자로, 자의는 '몸'이란 뜻이다. 지엔티쯔는 23획이나 되는 이 글자를 7획의 '체(体)'로 간화하였다. 즉 지엔티쯔인 '체(体)'는 사람(人)의 근본(本)이 '몸'이라는 것을 나타내기 위하여 '인(人)'과 '본(本)'을 결합하여 만든 회의자로, '체(體)'와 '체(体)'는 자형상의 연관성이 전혀 없기 때문에 새로운 한자를 익히는 것처럼 공부하지 않으면 알기 어렵다.

　(2) 중(衆)과 중(众)

　'중(衆)'은 '혈(血)'을 부수로 삼은 합체자이며, 자의는 '무리', 즉 '많은 사람'을 나타낸다.

갑골문	금문	소전	예서	해서
𗀖	𗀖	𗀖	衆	衆

그러나 '중(衆)'의 초기 자형을 보면, 이 글자는 '혈(血)'이 아니라 태양을 나타내는 '일(日)' 아래에 세 명의 사람이 나란히 서 있는 것임을 알 수 있다. 즉 태양을 나타내는 '일(日)'이 예서에 와서 '혈(血)'과 같이 와변(訛變)되었고, 해서는 이를 그대로 받아 오늘날의 '중(衆)'이 된 것이다.

지엔티즈는 '많은 사람'이란 의미를 나타내기 위하여 12획인 이 글자를 6획인 '중(众)'으로 간화하여 쓴다. '중(众)'은 '사람(人)'을 세 명 모아 놓은 형상인데, 마치 새로운 글자를 조자(造字)한 것과 같지만, '중(衆)'의 초기 자형을 보면 갑골문 자형과 매우 유사함을 알 수 있다.

(3) 양(陽)과 양(阳)

'양(陽)'은 '언덕(阜)'를 형부로 '양(昜)'을 성부로 삼은 형성자이며, 자의는 '볕', '양지' 등이다. 지엔티쯔는 12획인 이 글자를 간화하여 7획인 '양(阳)'으로 쓴다. 판티쯔의 자형과는 연계성이 적지만, 지엔티쯔만을 놓고서 본다면 자의를 충분히 잘 나타낸다고 할 수 있다. 즉 '볕'이란 의미를 나타내기 위하여 '언덕(阜)'과 '태양(日)'을 결합한 회의자이다.

(4) 음(陰)과 음(阴)

'음(陰)'은 '언덕(阜)'를 형부로 삼은 형성자로, 자의는 '응달'이다. 지엔티쯔는 11획인 이 글자를 간화하여 7획인 '음(阴)'으로 쓴다. 양(陽)·음(阴)과 마찬가지로 '응달'이란 의미를 나타내기 위하여 태양과 반대되는 '달(月)'을 편방으로 삼은 것으로, 마치 새로운 글자를 조자한 것과 같다.

(5) 쌍(雙)과 쌍(双)

'쌍(雙)'은 '추(隹)'를 부수로 삼은 합체자이며, 두 마리의 새(隹)를 손(又)으로 잡는다는 의미를 나타내 '쌍'이라는 자의를 나타냈다. 지엔티쯔는 18획인 이 글자를 4획으로 간화한 '쌍(双)'으로 쓴다. '쌍(雙)'과 '쌍(双)'은 자형상으로 연관성을 찾기 어렵지만, 지엔티쯔만을 놓고 본다면 자의를 나타내는데 문제가 없음을 알 수 있다. 즉 두 개의 손(又)이 나란히 놓여 있는 것을 취하여 '쌍'이란 의미를 나타낸 것으로, 마치 새로운 글자를 조자한 것과 같다.

(6) 필(筆)과 필(笔)

'필(筆)'은 '죽(竹)'과 '율(聿)'이 결합된 회의자로, '대나무로 만든 붓'임을 나타낸다.

갑골문	금문	소전	예서	해서
𦥑	肀	肅	聿	聿

동아시아 한자인문로드 한자의 역사

편방으로 쓰인 '율(聿)'은 본래 '손으로 붓을 잡고 있는 형상'을 취한 것이며, 주로 대나무로 붓을 만들었기 때문에 대나무를 나타내는 '죽(竹)'과 '율(聿)'을 더하여 '붓'이란 의미의 '필(筆)'을 만들었다. 지엔티쯔에서는 '율(聿)' 대신에 '털'을 나타내는 '모(毛)'를 '죽(竹)'과 결합하여 '필(笔)'로 쓴다. 이 글자의 경우에는 간화의 목적과 함께 자의를 보다 명확하게 나타내기 위하여 편방을 교체한 것으로 볼 수 있다. 즉 필획수는 12획에서 10획으로 단지 2획이 감소하였지만, '붓'이란 의미는 '필(筆)' 보다는 '필(笔)'이 보다 명확하게 나타낼 수 있다. 왜냐하면 오늘날 '율(聿)'은 그리 많이 사용되는 글자가 아니기 때문이다.

(7) 조(竈)와 조(灶)

'조(竈)'는 '혈(穴)'을 부수로 삼은 합체자로, 자의는 '부엌'이다. 필획수가 21획이나 되고 자형이 무척 복잡하여 쓰기도 어렵고 익히기도 쉽지 않다. 지엔티쯔는 '부엌'이란 자의를 나타내면서 필획수를 대폭 줄이기 위하여 부엌에서 자주 사용하는 불(火)과 흙(土)을 결합한 '조(灶)'로 쓴다. '조(竈)'와 '조(灶)'는 자형상으로 전혀 연관성이 없어서 다른 글자처럼 보이므로, 주의해서 익혀야 한다.

(8) 멸(滅)과 멸(灭)

'멸(滅)'은 '수(水)'를 부수로 삼은 합체자이며, 자의는 '멸망하다', '소멸하다' 등이다. 지엔티쯔는 13획인 이 글자를 대폭 간화하여 5획인 '멸(灭)'로 쓴다. 지엔티쯔인 '멸(灭)'은 '멸(滅)'과 자형이 완전히 다르기 때문에 두 글자가 번간

(繁簡)의 관계임을 쉽게 알 수 없지만, 자의는 충분히 나타낸다. 즉 글자 하단부의 불(火)이 상단부의 어떤 물건(一)에 눌려서 꺼짐을 나타내는 회의자이다.

이상에서 살펴본 지엔티쯔들은 판티쯔와 자형이 완전히 다르기 때문에, 마치 새로운 글자를 만들어낸 것과 같다. 따라서 지엔티쯔를 익힐 때 보다 각별한 주의가 필요하다.

이와는 반대로 우리가 이미 사용하고 있는 한자를 지엔티쯔로 삼은 것들이 일부 있는데(약 29자), 이 지엔티쯔들은 이미 알고 있는 글자들이기 때문에 자형을 익히는 것은 어렵지 않으나, 두 가지 이상의 의미를 함께 지니기 때문에 역시 세심한 주의가 필요하다. 예를 들어 '료(瞭)'의 지엔티쯔는 '료(了)'이고, '척(齣)'의 지엔티쯔는 '출(出)'이며, '후(後)'의 지엔티쯔는 '후(后)'이다. 지엔티쯔인 '료(了)', '출(出)', '후(后)'는 판티쯔에서 이미 다른 의미로 사용되고 있는 글자들이기 때문에, 두 가지 이상의 중의(重意)를 지니게 되는 것이다. 이 밖에도 '척(只)'와 '척(隻)', '기(几)'와 '기(幾)', '재(才)'와 '재(纔)', '별(別)'과 '별(彆)', '간(干)'과 '간(乾)', '천(千)'과 '천(韆)', '판(板)'과 '판(闆)', '충(冲)'과 '충(衝)', '곡(谷)'과 '곡(穀)' 등이 있다.

동아시아 한자인문로드 한자의 역사

4. 한자 간화의 득과 실

중국인들이 사용하는 '지엔티쯔'는 말 그대로 복잡한 필획(筆劃)을 간단하게 간화(簡化)하여 만든 한자이다.

龜와 龟

'귀(龜)'는 '거북이'라는 뜻의 한자로 필획수는 16획이다. 그러나 모양이 너무 복잡하여 글자를 쓰는 사람에 따라 필획수가 조금씩 달라질 수도 있고, 정확하게 써내는 것 역시 그리 만만하지는 않다. 간체자는 자형을 간화하여 '龟'로 쓰는데, 필획수가 7획으로 줄었을 뿐만 아니라 글자를 쓰기 위해 투자되는 시간과 공력이 줄어들고, 글자를 외우는 것 역시 훨씬 쉬워졌다.

지엔티쯔의 가장 큰 장점은 이처럼 필획수가 줄어들었다는 것이다. 통계에 의하면 지엔티쯔로 정해진 2, 235자의 평균 필획수는 10.3획인데 반해, 이 글자들의 간화하기 이전 평균 필획수는 15.6획이라고 한다. 산술적으로는 판티쯔(繁體字) 두 자를 쓸 동안 지엔티쯔 세 자를 쓸 수 있는 셈이다.

한자 간화의 가장 큰 소득은 아마도 한자를 보다 쉽고 빠르게 학습할 수 있게 되었다는 점일 것이다.

그렇다면 한자를 간화함으로써 잃게 된 것은 무엇일까?

전체 지엔티쯔 중에서 글자의 일부를 생략하여 만들어진 지엔티쯔가 많은 부분을 차지하며 이러한 과정에서 한자가 가지고 있는 표의문자(表意文字)라는 특징이 상당부분 소실되었다는 점은 단점으로 지적되기도 한다. 지엔티쯔의 이러한 단점을 얘기할 때 주로 인용되는 이야기가 있는데, 간단히 소개하고자 한다.

한 중국인이 도시에 가서 크게 성공한 뒤, 고향으로 돌아가 공장을 세워 물건을 만들려고 했지만 동네 사람들이 반대하였다고 한다. 그 사람은 공장에서 물건을 만들어 사랑하는 친척들을 돕기 위해서라고 둘러댔지만, 고향 사람들은 끝까지 반대하였다고 한다. 왜냐하면 그 사람은 사랑하는 마음이 없고, 친척을 돌보지도 않을 것이라고 여겼기 때문이다. 결국 공장은 텅 비고 그 중국인은 아무것도 만들어내지 못했다고 한다.

이 이야기는 실화(實話)는 아니고, 지엔티즈의 단점을 지적하기 위해서 만들어진 이야기이다. 즉 '애(愛)'는 '사랑하다', '좋아하다'는 뜻이지만, 지엔티쯔는 글자 중앙에 있던 '心'(마음)을 생략하여 '애(爱)'로 쓴다. '친(親)'은 '어버이', '혈육관계' 혹은 '사랑하다', '좋아하다'라는 뜻을 나타내지만, 지엔티쯔는 글자 우측에 있던 '견(見)'(만나다, 접촉하다)를 생략하여 '친(亲)'으로 쓴다.

'창(廠)'은 '공장', '헛간' 등의 뜻이지만, 지엔티쯔는 글자의 내부를 모두 생략하여 '엄(厂)'으로 쓰기 때문에, 마치 공장이 텅 비어 있는 것 같다. '산(産)'자는 '낳다', '만들어내다', '나오다' 등의 뜻이지만, 지엔티쯔는 '나다, 만들어지다'라는 뜻을 나타내는 '생(生)'을 생략하여 '산(产)'으로 쓴다. 결국 만들어진 것이 없게 된 셈이다.

이상과 같이 지엔티즈의 탄생과 사용은 중국의 인민들이 한자를 쉽고 빠르게 학습하고 비교적 편리하게 사용할 수 있게 되었다는 긍정적인 면도 있는 반면, 한자 고유의 표의문자로서의 특징이 다소 소멸되었다는 부정적인 면도 동시에 가지고 있다.

8. 동아시아 한자문화권, 한자 사용의 과거와 현재

김은희
(성신여자대학교)

문자는 언어를 기록하는 시각적인 기호체계다. 우리에게 익숙한 문자에는 한글과 한자 외에 영문 알파벳을 대표로 하는 로마자, 그리고 키릴문자, 아랍문자, 인도계 문자, 가나(仮名) 등이 있다.

　현재 인류가 사용하는 문자의 종류는 언어보다 적다. 그 이유는 언어와 문자가 일대일로 대응되는 경우가 드물기 때문이다. 우선 프랑스어, 독일어, 스페인어, 네덜란드어, 스웨덴어, 아이슬란드어, 이탈리아어, 그리스어, 포르투갈어, 핀란드어, 체코어, 터키어 등 유럽 각국의 언어 중에 그리스 문자(greek alphabet)를 사용하는 그리스어를 제외한[01] 다른 언어[02]는 모두 라

01　그리스 문자는 라틴문자의 모체이며, 키릴문자도 그리스 문자에서 파생된 문자다.

02　에스놀로그의 통계(2019)에 의하면, 각 언어의 사용 인구는 영어 다음에 표준중국어, 힌디어, 스페인어, 표준아랍어, 벵골어, 러시아어, 포르투갈어, 인도네시아어 순

틴문자[03]를 사용한다. 이런 이유로 문자 사용 인구를 보면, 세계의 약 400종의 문자 중에 라틴문자가 1위를 점유하고 한자는 2위에 있다.

15세기에 창제된 한글은 현재 우리말을 기록하는 공식적인 문자이며 고유의 언어와 일대일로 대응된다. 그러나 한자는 중국어를 기록하는 공식 문자이기 전에 주변 국가의 언어를 기록했던 역사를 갖고 있으므로, 문자의 역사성 측면에서 보면 한자와 언어의 대응 관계가 한글보다 복잡하다.

5천여 년의 유구한 역사를 가진 한자는 고대 중국의 국가 패권과 중화 문명의 위상에 힘입어 중국권역의 여러 지역뿐만 아니라 주변 국가로 전파되었고, 한자는 '한인(漢人)의 언어를 기록하는 문자'[04]에서 주변 국가의 언어를 기록하는 문자로 확장되었다. 중국에서 자생한 자원문자(字源文字)이면서 주변 국가에 차용된 차원문자(借源文字)라는 이중 신분을 갖게 된 한자는, 동아시아 여러 지역의 '공동 문어'로서 오랜 시간 동안 독보적인 문자적 위상을 갖게 되었고, '한자문화권'이라는 문화권역을 형성시켰다.

일반적으로 동아시아 국가는 북쪽부터 몽골, 중국, 러시아 극동, 북한, 한국[05], 일본을 포괄하지만, 한자문화권이라는 틀에서는 베트남, 싱가포르까지

으로 많고, 표준독일어가 12위, 일본어가 13위에 있으며, 한국어는 20위에서 벗어나 있다.(www.ethnologue.com)

03 유럽 각국의 문자는 로마자를 기반으로 각 언어에만 존재하는 분절음을 구별부호를 덧붙여 별도로 표기한다. 구별부호는 Ş(루마니아어), Ç(알바니아어), Ü(독일어) 등과 같이 로마자 알파벳의 위 또는 아래 첨자의 형식으로 표기한다.

04 고대 문헌에서 漢字(한자)라는 명칭은 『원사(元史)』에 처음 출현한다. 몽골인은 중국인을 漢人(한인)이라 불렀고 그들이 쓰는 문자를 漢字라고 지칭하였다.(최영애 1998:127)

05 본문에서 현재의 문자사용 상황을 말할 때는 지역적으로 북한과 한국으로 구분하

동아시아 한자인문로드 한자의 역사

포함한다. 이 글에서는 고대부터 오랜 시간 동안 한자문화의 영향권에 있었던 한반도, 일본, 베트남에서 사용된 한자의 과거와 현재에 대해 살펴본다.

1. 중국 한자의 동아시아 전파

고대에 한자문화권이라는 거대한 문화권역의 중심에 있던 중국은 예제(禮祭)를 근간으로 국가 제도를 확립하고 유가 사상을 공고히 다지면서 중화 문명을 꽃피웠다.

문자의 전파는 종교의 확산, 상업적 교류, 전쟁과 침략 등의 영향으로 이루어진다. 중국은 강력한 군사력으로 권력을 확장하였고, 그들이 장악한 패권은 한자 전파의 주요 동력이 되어 자민족의 언어를 기록하는 문자가 없는 주변 국가에 자연스럽게 흡수되었다. 특히 한반도와 일본은 정치적 자립을 확보하기 위해 책봉 체제라는 제도적 장치에 순응하며 중국의 제도, 사상, 문화를 수용하였다. 수많은 외교 문서가 오가고 한문 전적(典籍)이 전파되면서 동아시아 주요 국가에서 한자는 중화 문명의 사상을 담은 문자(文字)이자 정치적·문화적 규범으로서 상층문화에 정착하게 되었다.

중국 한자의 전파 경로는 지역에 따라 구분되며, 차용과 변용이 이루어지면서 자국의 언어를 기록하는 새로운 문자 형성에 영향을 주었다. 북방으로 서하, 여진, 거란으로 전파되어 서하문자, 거란문자, 여진문자의 형성

며, 고대의 상황을 말할 때는 '한반도'라는 명칭을 사용한다.

에 영향을 주었고, 남방으로는 소수민족, 베트남 등지에 전파되어 고장자(古壯字), 쯔놈(chữ nôm, 字喃) 등의 형성에 영향을 주었으며, 동방으로는 한반도, 일본으로 전파되어 공동 문어로서 정치적, 경제적, 문화적 교류의 매체로 기능하였다.

1) 한반도에 전파된 한자

한반도에 한자가 유입된 시기에 관해 고조선 후기인 기원전 3세기 전후로 추정하기도 하며, 기원전 2세기 초에 한무제(漢武帝)가 한반도 북방에 한사군(漢四郡)을 설치한 이후에 대량의 한문 자료가 유입되었다고 전해지고 있다. 경상남도 창원의 다호리 유적에서 발굴된 '붓'은 기원전 1세기 전후에는 문자 자료의 유입뿐만 아니라 문자의 보급과 사용이 이루어지고 있었음을 설명한다.

이후 한자는 삼국시대에 공식 문어로서 통치 계층을 중심으로 보편적으로 사용되었다. 중국 법제의 도입, 사서(史書)의 편찬, 비문의 기록 등은 그 준거가 된다.[06] 그 예로, 고구려의 장수왕 2년에 세워진 〈광개토왕비〉(414)에 1, 802자가 새겨져 있다. 여기에는 고구려의 건국설화에 이어서 중국의 경서에 나오는 문구를 인용하여 왕의 덕을 칭송하고 있으며, 대외 정복 사업을 연대순으로 기록하고 있다. 그리고 『삼국사기』[07]에 의하면 백제의 『서기

---

06 김언종(2008: 371-372) 참조.

07 본문에 인용된 『삼국사기』의 원문과 국역은 '한국사데이터베이스'(db.history.go.kr)에 근거한 것이다.

【그림 1】일제시대 광개토대왕릉비 옆에선   【그림 2】동아대학교 석당박물관 광개
조선인의 모습 (tongilnews.com)   토왕비 탁본 모형 (동아대학교)

(書記)』(369?), 고구려의 『신집(新集)』(600)[08] 등의 역사서가 편찬되었다. 한편 신라의 지눌 왕 시기(500~514)에 중국의 군현제를 도입하여 왕의 칭호에 한자를 사용한 것을 보면, 대략 4~5세기 이후에는 한자가 상층문화에서 보편적으로 통용되었음을 알 수 있다.

> 겨울 11월에 왕이 사망하였다. 고기(古記)에는 "백제는 개국 이래 문자로 사적을 기록한 적이 없다가, 이때 이르러 박사(博士) 고흥(高興)을 얻어 비로소 서기(書記)를 갖게 되었다."라고 기록되어 있다. 그러나 고흥이라는 이름이 다른 서적에 나타난 적이 없기

---

08 『三國史記』卷第二十 髙句麗本紀 第八 嬰陽王 十一年春一月(600년 음력 1월): 詔大學博士李文眞, 約古史爲新集五卷. 國初始用文字時, 有人記事一百卷, 名曰留記, 至是刪修.(대학박사 이문진에게 명하여 옛 역사를 요약하여 『신집』 5권을 만들었다. 나라 초기에 처음으로 문자를 사용할 때 어떤 사람이 사실을 100권으로 기록하여 이름을 『유기』라 하였는데, 이에 이르러 깎고 고친 것이다.)

때문에, 그가 어떠한 사람인지는 알 수 없다.

- 『삼국사기·백제본기』(근초고왕 30년 375년 음력 11월)

고려 시대(958)에 과거제도가 시행된 이후, 과거제도는 유가 경전의 고급 한문 문장을 습득한 이들이 기득권을 획득하여 상층문화를 향유할 수 있는 관문으로 확립되었다. 이와 함께 기록과 소통의 매체인 한자는 행정 도구와 정치적 수단으로서 사회적 위상이 강화되었다.

2) 일본에 전파된 한자

일본에 한자가 전파된 시기에 관해서 일부 학자는 고대 일본의 노국왕(奴國王)이 후한에 사신을 보내 책봉을 받은 57년에 한자가 유입된 것으로 추정하기도 한다.[09]

문헌 기록에는 4세기 말에 백제인 왕인(王仁)이 일본에 한자를 전했다고 한다. 『고사기』에는 백제 근초고왕 또는 아신왕 때 일본에서 아리타와케 (荒田別) 등을 보내어 학자와 서적을 요청하자, 왕의 손자 진손왕(辰孫王)과 함께 『논어』 10권과 『천자문』 1권[10]을 가지고 건너가게 했다는 기록이 전해지고 있다.[11]

---

09 박진수·廉松心(2004: 31-32).

10 김언종(2008: 374)은 근초고왕(346-375) 때나 아신왕(392-4058) 시대는 『천자문』을 지은 양나라의 주흥사(周興嗣, -521)가 태어나기 이전이므로 이 기록에 문제가 있다고 지적하였다.

11 김언종(2008: 373) 참고.

백제국에 만약 현인이 있다면 헌상하라는 오진 천황(應神天皇)의 명령을 받고 백제가 헌상한 사람의 이름은 와니키시(和邇吉師, 왕인)라고 한다. 『논어』 10권과 『천자문』 1권, 도합 11권을 이 사람에게 부쳐서 바쳤다.

百濟國若有賢人者貢上, 故受命以貢上人名, 和邇吉師, 即論語十卷 千字文一卷 幷十一卷, 付是人即貢進.

- 『고사기(古事記)』(712)

고대 일본에서 사용한 초기의 한문을 엿볼 수 있는 이나리산(稻荷山) 고분에서 출토된 철검의 명문은 5세기의 기록물로 추정된다. 이 명문은 금으로 상감한 115자의 해서체이며, 자신의 이름과 자신의 뿌리가 되는 선조들의 이름과 함께 왕을 보좌하기 위해 검을 만들게 했다는 내용이 대체로 중국식 한문으로 기록되어 있다.

신해년 7월에 기록한다. (나의 이름은) 오와케 신, 시조의 이름은 오호히코, 그의 아들은 다카리 스쿠네. 그의 아들의 이름은 데요카리 와케. 그 아들의 이름은 다카히(하)시 와케. 그 아들의 이름은 다사키 와케, 그 아들의 이름은 하테히, 그 아들의 이름은 가사히요, 그 아들의 이름이 오와케 신이다. 대대로 장도인의 우두머리가 되어 봉사하며 지금에 이르렀다. 와카타케루 관청이 시키 미야에 있을 때, 나는 천하를 다스리는 것을 보좌하였고, 이 백 번 단련한 날카로운 검을 만들게 하여 내가 섬기는 근원을 기록한다.

辛亥年七月中記.乎獲居臣, 上祖名意富比垝, 其児多加利足尼, 其児名互已加利獲居, 其児名多加披次獲居, 其児名多沙鬼獲居, 其児名半互比. 其児名加差披余, 其児名乎獲居臣. 世々為杖刀人首, 奉事来至今. 獲加多支鹵大王寺在斯鬼宮時, 吾左治天下, 令作此百練利刀, 記吾奉事根原也.

- 〈이나리산 고분 철검(稻荷山古墳鐵劍銘)〉

이 철검의 명문에는 '亥'(亥, 해), 兒(兒, 아) 등과 같이 정자(正字)가 아닌 이체자(異體字)가 보이기도 한다. 이체자는 고대의 서체를 당시의 서체로 옮겨 쓰거나, 정자를 필기체로 간략하게 빨리 쓰는 과정에서 발생하기도 한다. 이 명문의 '亥'(亥)는 『신가구경자양』에 예서(隷書)를 간략하게 쓴 '예성(隷省)'으로 수록한 亥(亥)의 행태와 유사하고[12], 兒(兒)는 『간록자서』에 수록된 兒의 속자인 '児'[13]의 형태와 유사하다. 이렇게 중국에서 유입된 한자의 변이형이 출현한 것은 당시에 한자의 사용이 어느 정도 정착되었음을 반증한다.

이 같은 문자 자료로 볼 때 일본의 한자는 5~6세기경에 한반도의 백제 및 중국 남방의 육조문화와 직접적인 언어문자 교류를 통해서 정착되었으며, 7세기 후반에 율령제도의 확립과 함께 지방으로 확산되었다.[14]

---

12   대만교육부 〈이체자자전〉 A00062 亥: a00062-010 亥

13   대만교육부 〈이체자자전〉 A00277 兒: a00277-005 児

14   고노시 다카미쓰(2002:7-9) 참고.

동아시아 한자인문로드 한자의 역사

3) 베트남에 전파된 한자

문헌 기록에 의하면 베트남에 한자가 유입된 시기는 기원전 2세기로 추정되며, 베트남에 중국의 정치적 영향력이 미친 시기는 기원전 3세기로 거슬러 올라간다.

『사기(史記)·남월열전(南越列傳)』에 기원전 213년 진시황이 계림(桂林), 남해(南海), 상군(象君)을 설치하고 백성을 그곳으로 이주시켰으며, 기원전 209년~206년에 남해군위(南海郡尉) 찌에우다(Trieu Da, 趙陀)가 계림(桂林)과 상군(象君)을 점령하여 남월국(南越國)의 왕이 되었다는 기록이 전한다.

기원전 112년 한무제(漢武帝)가 남월(南越)에 9개 군(郡)을 설치하고 중앙 정부에 직속시켰다.[15] 따라서 베트남에서 한자의 사용은 적어도 기원전 2세기 초에 시작된 것으로 보인다. 중국의 한대 이후부터 유입된 정치제도와 함께 한문과 유학이 베트남의 지배계층에 '문명(文明)'으로 자리하면서 한자의 파급력이 점차 확대되었다.

10세기 이후 베트남은 중국으로부터 정치적으로 독립했지만, 한문 및 중국문화에 대한 수용은 이 시기에 제도적으로 확립된다. 939년 베트남 북부에 응오꾸옌(Ngô Quyền, 吳權)의 독립 왕조가 수립되었을 때 중국의 법률과 제도를 전적으로 따르고 한자를 통용문자로 규정하여 공식문서에 사용했지만, 한자의 사회적 영향력은 그다지 크지 않았다.[16]

베트남 최초의 장기 집권 왕조인 리(Ly, 李, 1009~1225) 왕조 시기에는 문묘가 세워지고 유학이 장려되었으며 학교가 설립되면서 상층문화의 표상

15　김언종(2008: 374), 楊保筠(2010: 242) 참고.

16　楊保筠(2010: 243) 참고.

으로 정착되기 시작된다. 1075년에 과거제도가 실시되면서 한문 문해력과 유학 지식에 능통한 관인(官人)이 새로운 지배계층으로 출현하였고, 봉건제 도가 공고해지는 쩐(Tran, 陳, 1226~1400) 왕조 시기에는 한자의 사회문화적 지위가 한층 높아졌다. 그리고 레(Le, 黎, 1428~1527) 왕조 이후 마지막 왕조 인 응우옌(Nguyen, 阮, 1802~1945) 왕조 시기까지 한문 경전 및 유학을 근간 으로 한 정치 및 교육 제도가 발전하였다.[17]

2. 고대 동아시아의 한자 수용과 변용에 나타나는 특징

1) 변체한문(變體漢文)의 출현

중국어는 고립어이기 때문에 격조사를 사용하지 않으며 어형 변화 없이 단어의 위치와 '的', '得', '了', '着' 등의 조사를 통해서 문법적 의미를 나타낸다. 그러나 교착어인 한국어 및 일본어는 격조사와 어형 변화로 문법적 의미를 나타낸다. 따라서 중국어의 문어가 어느 정도 수용된 이후에는 자국어의 통사구조에 맞도록 문장 형식이 변화되는 현상이 발생하였다.

한반도 및 일본에 통용된 중국어의 문어가 자국어의 어순 및 문법에 적 응하는 과정에서 대략 6~7세기에 '변격한문(變格漢文)'이 출현한다. 변격한 문은 '한화(韓化) 한문' 또는 '화화(和化) 한문'이라고 하며, 비한문적 표현

---

17   유인선, 『새로 쓰는 베트남의 역사』(노영순 2002: 139, 재인용), 楊保筠(2010: 243) 참고.

을 쓰거나 고유어의 통사구조(어순)와 문법이 반영된 한문식 표기를 사용한 문장을 지칭한다.[18] 이러한 변화는 중국어의 문장 구조는 대체로 SVO의 통사구조이지만, 한반도와 일본의 한문 문장은 SOV의 구조로 쓴 것에서 두드러진다.

　한자가 상층문화를 중심으로 보편적으로 사용된 한반도의 삼국시대에는 한자를 매체로 한 고유어식 표기가 점차 정착되었다. 고구려의 〈광개토왕비〉(414)에는 비한문적 요소가 보이지 않지만, 신라의 비문 자료인 〈임신서기석(壬申誓記石)〉(552 또는 612)[19] 등에는 한반도 고유어의 통사구조 및 문법이 반영된 '한화(韓化) 한문'을 보여주고 있다.[20] 단순히 관용적 표현이 한문 문장에 삽입되거나 비한문적 구문 표현이 사용되는 단계에서 벗어나 점차 언문의 일치를 추구해 가는 현상이 본격적으로 나타난 것이다. 다음

18　沖森卓也(Okimori Takuya 2008: 46, 49).

19　〈임신서기석(壬申誓記石)〉은 향찰식(鄕札式) 표기, 한문식(漢文式) 표기 외에 훈석식(訓釋式) 표기를 보여주는 유일한 금석문으로 평가받고 있다. 신라 젊은이들의 신서(信誓) 관념의 표상물(表象物)인 〈임신서기석〉의 기록 연도는 552년(진흥왕 13) 또는 612년(진평왕 34)으로 추정한다. 내용 면에서 우리 민족의 고대 신앙 중 '천(天)'의 성격의 일단을 시사해 주고 있으며, 서예사적 측면에서도 자형과 획법, 그리고 명문의 새김방식에서 6세기 신라 시대 석문의 일반적인 특징을 보여주는 자료다.(『국가지정문화재(보물) 지정』, 문화재청장, 대한민국 관보 제15729호, 43면, 2004, 위키피디아: ko.wikipedia.org)

20　이밖에 '한화(韓化) 한문'이 나타나는 비문에는 신라의 〈무술오작비명(戊戌塢作碑銘)〉(578), 〈남산신성비(南山新城碑)〉(591) 등이 있다. 〈무술오작비(戊戌塢作碑)〉(578)에는 그 작성자가 하급관리임을 기록하고 있으며, 이것은 6세기 후반 신라에서 중국의 정통 한문 문장이 아닌 변격 한문이 보편적으로 통용되고 있었음을 보여준다.(沖森卓也, 2008: 46, 59-60)

문장에 나오는 '忠道執持 過失无誓(충도집지 과실무서, 충도를 굳게 지키고 허물이 없기를 맹세한다)'는, 중국식 한문의 어순이라면 '執持忠道 誓无過失(집지충도 서무과실)'로 써야 한다.

> 임신년 6월 16일에 두 사람이 함께 맹세하여 기록한다. 하느님 앞에 맹세한다. 지금으로부터 3년 동안 충도(忠道)를 굳게 지키고 허물이 없기를 맹세한다. 만일 이 서약을 어기면 하느님께 큰 벌을 받을 것을 맹세한다. 만일 나라가 불안하고 세상에 큰 혼란이 닥치면 기꺼이 나아가 충도를 행할 것을 맹세한다. 그리고 별도로 앞서 신미년 7월 22일에 크게 맹세하였다. 시경(詩經)·상서(尚書)·예기(禮記)·춘추전(春秋傳)을 3년 동안 차례로 습득하기로 맹세하였다.
>
> 壬申年六月十六日 二人幷誓記 天前誓 今自三年以後 忠道執持 過失无誓 若此事失 天大罪得誓 若國不安大亂世 可容行誓之 又別先辛未年 七月卄二日 大誓 詩尚書禮傳倫得誓三年
>
> - 〈임신서기석(壬申誓記石)〉(552 또는 612)[21]

　현재 전해지는 고대 일본의 한문 자료 중에 〈보살반가상 명문(菩薩半跏像銘)〉(606) 등에는 일본 고유어의 통사구조 및 문법이 반영된 '화화(和化) 한문'을 살펴볼 수 있다. 이것은 7세기 중엽에는 일본 구어를 반영한 한문이 보편적으로 사용되었음을 보여준다.[22]

21　문화재청 관보 제15729호 43면, 2004.(ko.wikipedia.org)

22　고대 일본의 한문 자료에는 〈이나리산 고분 철검 명문(稻河山古墳鐵劍銘)〉(471), 〈오

2) 표의문자인 한자의 '표음화'

고유어의 어순을 따르는 변격 한문의 글쓰기는 한자의 음(音) 또는 훈(訓, 뜻)을 차용하여 고유어를 표기하는 이두(吏讀) 및 향찰(鄕札)[23]과 같은 차자 표기법을 태동시켰다.

'고유어식 읽기'의 편의성을 고려하여 중국식 한문에 격조사를 표기하는 구결(口訣) 등의 부호 표기가 출현하였으며, 고유어식 읽기가 쓰기로 전환되면서 한반도와 일본 고유어의 어순이 반영된 '훈석식 표기'가 자연스럽게 발생한 것이다. 이러한 차자 표기법은 조선 시대 후반까지 사용되었지만 그 사용범위는 제한적이었다.

카다산 1호 고분 출토 철검 명문(岡田山一号墳出土鐵劍銘)〉(6세기 중반), 〈보살반가상 명문(菩薩半跏像銘)〉(606), 〈호류지 금당 사천왕상 명문(法隆寺金堂四天王像銘)〉(약 650) 등이 있으며, 7세기 후반에 한자로 기록된 가사를 모은 '가키노모토노 히토마로카슈(柿本人麻呂歌集)'는 고유어의 한문 표기, 즉 '화화(和化) 한문'이 정착되었음을 보여준다.(沖森卓也 2008: 61-64)

23 일반적으로 고유어의 문법 형태를 보충하기 위해 한자의 음 또는 훈을 차용한 문법 요소를 이두(吏讀)라고 하고, 고유어 문장 전체를 한자의 음과 훈을 차용하여 표기하는 것을 향찰(鄕札)이라고 한다. 이두와 향찰은 우리말의 어순이 적용된 문장에 사용되지만, 구결(口訣)은 지금 '현토(懸吐)'라고 지칭하는 것과 같이 한문 문장에 한자를 차용한 격조사를 삽입해서 다는 것을 말한다.

【표 2】한반도의 차자 표기법

표기법	예시	고유어
이두 (吏讀)	令是去等, 隱, 乙	~이시거든, ~은, ~을
	進賜	나으리
	他矣	남의/저 사람의
향찰 (鄕札)	遊行如可	노닐다가
	善化公主主隱	선화공주님은
	四是良羅	넷이어라
구결 (口訣)	隱, 伊, 乙, 果,	~은, ~이, ~을, ~과
	爲尼, 爲去乙, 伊羅刀	~하니, ~하거늘, ~이라도

　　7세기 중반 이후 일본은 이두나 향찰과 같은 만요가나(萬葉仮名)로 일본 고유어를 표기하게 되었고 표기법에서 한반도와 일본의 간극은 점차 멀어지게 되었다.[24]

　　『고지키(古事記)』(712)와 7세기 후반~8세기 후반에 편찬된 『만요슈(萬葉集)』 등에 만요가나를 사용했으며, 8세기에는 한자를 간략하게 변형한 가나(仮名)가 만들어지면서 한문 훈독이 발달하였다.[25] 고대 한반도의 지식인이 한문의 원음을 읽고 작문을 했던 것과 대조적으로, 과거제도의 전통이 없던 일본에서 지식인들이 한문에 훈점을 찍으며 일본어로 읽게 되면서 국한문혼용체가 일찍부터 확립되었다.[26]

24　沖森卓也(2008: 46) 참조.

25　고노시 다카미쓰(2002: 7-9) 참고.

26　박진수·廉松心(2004: 32)

세계의 문자가 대체로 표음문자로 발달한 것은 언어의 소리를 문자에서 보고 그것을 쉽게 읽어내고자 하는 문자 사용자의 요구가 반영된 것이다. 한자를 수용한 한반도와 일본에서 나타난 '차자 표기법'은 언문 불일치의 불편함을 해소하고, 언어의 소리를 표상하는 시각적 기호로서 말소리로 직접 환원될 수 있는 문자의 기능성을 추구한 결과라고 할 수 있다.

3) 자국화(自國化)된 한자, 국자(國字)와 와지(和字) 그리고 쯔놈(字喃)

한반도와 일본에서는 인명, 지명 등의 고유명사, 중국 한자어에 없는 고유어를 표기하기 위해서 자체적으로 한자를 만들어서 쓰기도 하였다. 이러한 한자를 '국자(國字)'라고 하고 일본에서는 '고쿠지(国字, こくじ)'와 함께 '와지(和字, わじ)'라는 명칭을 쓰기도 한다. 그리고 나라별로 '한제한자(韓製漢字)', '화제한어(和製漢語)' 등으로 구분하여 말하기도 한다.

이러한 국자는 주로 중국 한자의 제자원리로 만들어졌으며, 대부분 두 글자의 뜻을 결합하여 새로운 뜻을 나타내는 '회의(會意)'와 의미를 나타내는 글자와 소리를 나타내는 글자를 결합하는 '형성(形聲)'[27]의 제자원리가 적용되었다. 한편 '일꾼'을 뜻하는 부(奀)와 같이 공(功)과 부(夫)를 한 글자

---

27 '형성'의 원리로 구성된 한자는 한 글자는 음을 표상하고 다른 한 글자는 뜻을 표상한다. 한자학에서는 이것을 의부(意符, 형부形符)와 성부(聲符, 음부音符)라는 용어로 지칭한다. 성부와 글자의 독음은 같거나 유사하며, 여기에서 유사 정도는 성모 또는 운모가 부분적으로 일치하는 것도 포함된다. 중국어의 발음 변화로 인해서, 현재 이러한 형성자 중에 성부의 독음과 글자의 독음이 완전히 일치하는 경우는 많지 않다.

로 합쳐서 쓰는 합문(合文)의 방식을 쓰기도 하였다.

【표 3】한반도와 일본의 국자(國字)

국가	국자(國字)	뜻(음)	제자원리
한반도	숏	망치(마)	상형
	畓	논(답)	회의
	欌	장롱(장)	회의
	梯	사다리(비)	회의
	媤	시집(시)	형성
	奀	일꾼(부)	합문
일본	辻	네거리(つじ)	회의
	峠	고개(とうげ)	회의
	糀	누룩(こうじ)	회의
	腺	분비선(セン)	형성
	鱇	아귀(アンコウ, 鮟鱇)	형성

고대 베트남에서 한자는 사문서 및 공문서, 시가 등의 문학작품에서 역사서에 이르기까지 천 년 동안 상층문화에서 지배적인 역할을 한 공식문자였다.

오랜 시간 한자를 사용하는 과정에서 베트남에서도 구어체에 바탕을 둔 문장을 기록하기 위해, 베트남제 한자인 '쯔놈(chữ nôm, 字喃)'을 사용하게 된다. 쯔놈(字喃)은 8~9세기에 출현하여 10~12세기[28]에 완성되었으며, 현

---

28 Nguyen Ngoc Tuyen.이찬규(2017: 39), 각주 2번. 쯔놈(字喃)의 출현 시기를 보여주는 명확한 증거는 없지만, 일반적으로 베트남이 중국에서 독립하는 시기인 939년에는 쯔놈(字喃)이 이미 존재했다고 본다.(노영순 2002: 141)

동아시아 한자인문로드 한자의 역사

재 전해지고 있는 쯔놈(字喃)으로 쓴 최초의 문자 자료는 11세기 리(Ly, 李) 왕조 시기에 제작된 '운판종정문(雲板鐘鼎文, 1076)'이다.

쯔놈(字喃)은 13세기부터 19세기 초반까지 한자와 함께 베트남의 언어를 기록하는 문자로 통용되었으며[29], 그 유형은 일반적으로 '한자의 차용'과 '한자 제자원리의 차용'의 두 가지로 구분한다.

'한자의 차용'은 글자의 음과 뜻을 모두 차용한 것, 뜻은 같지만 음이 다른 것, 음이 같지만 뜻이 다른 것[30]의 세 가지로 구분된다. 이들 글자의 발음은 현대중국어와 유사한 것이 많다.

---

29 Nguyễn Tài Cẩn(1998)은 언어와 문자의 상관성의 측면에서 베트남에서 사용된 문자의 역사에 대해 다음과 같이 설명하고 있다. 8세기부터 12세기까지 베트남의 문자는 한자이며, 13세기부터 16세기에는 한자와 쯔놈(字喃)이 함께 통용되다가 17세기에서 19세기 초반에는 한자, 쯔놈(字喃), 쯔 꾸옥 응으(國語字)가 통용되었고, 프랑스 식민기에는 불문, 한자, 쯔놈(字喃), 쯔 꾸옥 응으(國語字)가 사용되었고, 그리고 1945년 이후에는 쯔 꾸옥 응으(國語字)가 사용되었다.(Nguyen Ngoc Tuyen·이찬규 2017: 39)

30 전통적으로 한자의 제자원리로 일컫는 육서(六書) 중에 '가차'의 개념에 해당된다. 한자학에서 '가차'는 소리가 같거나 유사한 글자를 차용하는 것을 말하며, 지금은 일반적으로 제자원리에 포함시키지 않는다.

유형	한자	베트남어	중국어 발음	뜻
'음'과, '뜻'을 모두 차용한 것	山	sơn	shān	산
	頭	đầu	tóu	머리
	命	mệnh	mìng	명령
	北	bắc	běi[31]	북쪽
'뜻'이 같은 것	羊	dương	yáng	양
	腋	nách	yè	겨드랑이
	西	tây	xī	서쪽
'음'이 같은 것	没(잠기다)	một	mò[32]	숫자 1

　쯔놈(字喃)에는 주로 한자의 제자원리 중에 회의(會意) 및 형성(形聲)의 방식이 적용되었으며, 특히 형성의 원리로 만든 글자가 많은 수를 차지한다. 회의의 원리로 만들어진 쯔놈(字喃)에는 '하늘'을 뜻하는 '조' 같이 두 글자 중 한 글자의 뜻만으로도 그 의미가 전달되는 경우가 있다.

31　중국어 발음은 근대로 오면서 입성운미 'k'가 탈락된 것이다

32　중국의 중고음(中古音)은 'mət'이었으며, 뜻은 '침몰하다', '잠기다'이다.

쯔놈	베트남어	뜻	제자원리	설명
𡗶	trời	하늘	회의	天(하늘) + 上(위)
𤕔	cha	아버지	형성	吒(음, cha) + 父(뜻)
媄	mẹ	어머니	형성	女(뜻) + 美(음, mĩ)
狋	chó	개	형성	犭(犬, 뜻) + 主(음, chúa)
𠽌	miệng	입	형성	口(뜻) + 皿(음, mãnh)
𠀧	ba	숫자 3	형성	巴(음, ba) + 三(뜻)

이밖에 과거 한반도의 구결이나 일본의 가나(仮名)에 적용된 방식과 같이 한자 낱글자 형태의 일부분을 취하여 단어를 기록한 것도 있다. 예를 들어, '하다'를 뜻하는 베트남어의 làm은 '爲(위)'의 윗부분인 '爫'로 썼다.

12~13세기 리(Ly, 李) 왕조와 쩐(Tran, 陳) 왕조 시기에는 쯔놈(字喃)으로 쓴 문학작품이 발달하였다. 1400년에 세워진 호뀌리(Ho Quy Ly, 胡季犛, 1400~1407) 왕조는 정권을 장악한 시기가 짧았지만, 쯔놈(字喃)을 공식 문자로 채택하여 법령을 쯔놈(字喃)으로 표기하였을 뿐만 아니라 유학 서적을 쯔놈(字喃)으로 번역하고 사용을 장려하는 교육 개혁을 실시했다.[33]

이처럼 중국과의 정치적·외교적 교류와 문헌의 유입을 통해서 한자가 전파된 이후에 동아시아 각 나라에 수용되는 양상은 다르면서도 공통점을 보인다. 동아시아 한자문화권에서 한자를 수용하여 자국의 언어를 기록하는 과정에서 나타나는 공통점은 '한자의 직접적 차용'이며, 이와 더불어 한

---

33 유인선(2002: 151-152), 『(새로 쓴)베트남의 역사』 이산.(노영순 2002: 139-141)

자를 토대로 새로운 문자를 고안해내기도 한다. 이들의 문자에 적용된 제자 방식은 대체로 '한자 제자원리의 활용', '한자 필획의 적용', '한자 형태의 간략화' 등 한자의 변용이었다.

3. 근대화 이후 동아시아 한자 문화권의 한자

1) 베트남, 새로운 문자 표기법의 탄생과 한자의 쇠락

중국의 지배권에 있었던 기원전 2세기에 베트남의 문어로 사용된 '한자'는 독립 왕조가 성립된 10세기 이후에 통용된 '쯔놈(字喃)'으로 개조되었다. 이렇게 대중적인 문자로의 변신을 꾀했지만, '쯔놈(字喃)'은 17세기 중반에 서양의 선교사들이 베트남어 표기법으로 고안한 '라틴문자'로 대체되기 시작하였다.

베트남어의 라틴문자 표기는 19세기 중반에 시작된 프랑스 식민기 이전으로 거슬러 올라가며, 라틴문자 표기가 발생하는 사회적 배경은 기독교의 전파에서 시작된다. 16세기 말에서 17세기 초, 베트남에서 유럽 선교사의 선교 활동이 본격화되었고, 이들은 선교 활동을 위해서 베트남어의 라틴문자 표기법을 고안하기 시작하였다.

17세기 초에 예수회 선교사들이 기독교 교리를 전파하기 위해 베트남어를 라틴문자로 기록하면서 현재 베트남의 문자인 '쯔 꾸옥 응으(chữ quốc ngữ, 國語字)'가 형성된다. 이들은 29개의 알파벳과 6개의 성조 기호를 고

【그림 1】 베트남 호치민, '알렉상드로 드 로드'(Alexandre de Rhodes)거리(blog.naver.com/PostView)

안하였으며[34], 1651년에 포르트갈 출신의 프랑스 선교사인 '알렉상드르 드 로드(Alexandre de Rhodes)' 신부가 『베트남어-포르투갈어-라틴어』 사전을 발간하면서 꾸옥 응으의 표기법이 정비되었다.

19세기 중반에 프랑스가 베트남을 점령한 후에 한자와 한학에 기반한 과 거제도가 폐지된다. 1865년, 1915년, 1918년에 각각 베트남 남부, 북부, 중 부에서 마지막 시험이 시행된 후에 한자에 기반을 두고 형성된 학문과 지 배계층이 점차 사라지게 되었고, 한자의 사회적 위상과 실용적 가치도 이와 함께 쇠락하였다.[35] 프랑스 식민 정부는 베트남 통치와 프랑스어 교육을 위 해 베트남 남부(Cochinchina)의 학교 교육과 공문서에 라틴문자의 사용을 정 책적으로 실시하였고 이렇게 베트남어의 라틴문자 표기법이 서서히 전파

---

34 배양수(2001: 256), 「베트남의 인간과 문화」.(노영순 2002: 142-143, 재인용)

35 유인선(2002), 『새로 쓴 베트남의 역사』(노영순 2002: 139, 재인용), 楊保筠(2010: 243) 참고.

【그림 2】'Gia Định Báo(嘉定報)[36]

되기 시작하였다.[37] 1865년에는 라틴문자 표기법을 보급하고 교육하기 위해 최초의 꾸옥 응으 신문인 '자딘바오(Gia Định Báo, 嘉定報)'를 관방에서 발행하였다.[38]

20세기 초 프랑스 식민기(1884~1945)에 베트남 지식인의 문자에 대한 의식은 두 가지로 나뉜다. 일부는 한자와 쯔놈의 사용이 베트남의 전통을 유지하고 민족의식을 고취하는 데 중요한 작용을 한다고 확신하였다.[39] 그 반면에 일부는 프랑스의 주도하에 보급된 라틴문자 표기가 습득하기에 수월하므로, 민족주의 사상을 전파하기에 유리하다는 판단에서 라틴문자 표기를 권장하기도 하였다.

학습과 응용의 편의성을 우세에 두는 문자의 조건에 따라 베트남어의 라틴문자 표기인 '쯔 꾸옥 응으(國語字)'는 대중에게 급속도로 흡수되었다. 이렇게 대중의 문해력이 향상되면서 베트남의 한자 및 쯔놈 텍스트, 그리고

---

36 출처: https://hatgiongtamhon.vn/truong-vinh-ky-ky-4-nha-bao-truong-vinh-ky-88435.html

37 노영순(2002: 142-143, 154, 155), 楊保筠(2010: 245) 참고.

38 1874년 교육법령에 학생들이 각 가정의 가장에게 '자딘바오(嘉定報)'를 낭독하는 것을 규정하기도 하였다.(楊保筠 2010: 246) '자딘(嘉定)'은 베트남 남부에 있는 도시명이며, 지금의 호치민(구 사이공)이다.(그림 2 참조: hatgiongtamhon.vn)

39 1880년대와 1890년대 통킹과 안남 베트남에서 저항문학에 한자를 광범위 하게 사용했다. 코친차이나에서는 저항운동 과정에서 쯔놈으로 쓴 애국적인 글이 양산되었다.(노영순 2002: 156)

중국 문헌이 '꾸옥 응으'로 대량 번역되었다. 프랑스는 한자의 폐지와 라틴 문자 표기법의 보급으로 중국과 베트남의 정치적, 문화적 단절을 꾀했지만, 20세기에 쯔 꾸옥 응으(國語字)의 보급은 지식의 대중화뿐만 아니라 중국문화의 전파 및 교류에 새로운 기폭제가 되었다고 평가[40]받기도 한다.

1919년 6월 14일에 카이딘(啓定) 황제가 전국의 모든 한자 교육 학교를 폐지하는 칙령을 내렸고, 지식인들의 쯔 꾸옥 응으(國語字)에 대한 적극적인 수용이 전개[41]되었다. 1930년에는 베트남 전역에 75종의 라틴문자 신문이 발행[42]되었다고 한다.

베트남 사회에서 라틴문자 표기법이 정착해나가면서 한자의 사용은 쇠퇴했지만, 마지막 왕조인 응우옌 왕정은 1940년까지 한자 문해력이 있는 지식인을 관리로 임명하였다. 그리고 1945년까지 통킹(Tonkin, 하노이)과 베트남 중부의 촌락에서 종교 의식과 토지 매매계약과 같은 전통적이고 보수적인 영역에서 한자가 여전히 사용되었다.[43]

조지 코디에(Georges Cordier, 1935: 121)에 의하면, 1차 세계 대전 후에 교육을 받은 베트남인 100명 중에 70%가 쯔 꾸옥 응으(國語字)를 알고 있었

---

40 楊保筠(2010: 254) 참고.

41 판보이쩌우(Phan Bội Châu, 潘佩珠, 1867~1940)의 '유신운동(維新運動)'과 판쩌우 찐(Phan Châu Trinh, 潘周楨, 1872~1926)의 '통킹의숙(東京義塾)' 설립은 반봉건·반 식민 운동과 함께 전개된 쯔 꾸옥 응으(國語字)의 보급 운동이었다.(Nguyen Ngoc Tuyen·이찬규 2017: 43)

42 楊保筠(2010: 250) 참고.

43 Nguyen Khac Vien 1971. 'General Education in the D.R.V.N.' Vietnamese studies ; no. 30, Hanoi: Xunhasaba, 1971.(노영순 2002: 159, 재인용)

으며, 20%는 쯔놈(字喃)을 알고, 10%는 한자를 알고 있었다고 한다.[44] 이같이 정치적인 영향권에서 배제된 한자는 결국 베트남 사회에서 문자적 지위를 잃게 되었으며 베트남이 독립하는 20세기 중반에는 문어로서의 기능을 거의 상실한다.[45]

2) 선택받은 문자, '표음문자'

중국을 제외한 동아시아 한자문화권 각국의 한자 사용의 역사에서 다음과 같은 공통점을 살펴볼 수 있다.

> 공동 문어로 한문 표기 ⇒ 한자를 매체로 고유어 표기
> ⇒ 한자어의 표음적 표기/새로운 한자 제자(製字)
> ⇒ 표음문자 체계의 채택

한자의 수용 및 변용 과정을 거치면서 한반도, 일본, 베트남 각국은 결국 자국어를 기록하기에 적합한 표음문자 체계를 채택하여 사용하게 되며, 그 과정은 서로 다른 양상으로 나타난다.

일본은 8세기 이후에 한자의 초서체를 간략한 형태로 정제하여 음절 단위로 표기하는 '가나(仮名)'를 사용하게 되었고, 한반도는 15세기에 음소 단위로 표기하는 '한글'이라는 고유의 자원문자(字源文字)를 창제했다.

---

44   노영순(2002: 159) 재인용.
45   노영순(2002: 159) 재인용.

동아시아 한자인문로드 한자의 역사

【그림 3】베트남 신문　　　　　【그림 4】베트남 간판(퍼보, 분짜)[46]
(2017.10.02. 한국일보)

1945년 베트남이 독립한 이후에 자국어를 표기하는 공식 문자로 채택한 '쯔 꾸옥 응으(國語字)'는 17세기 중반에 형성되고 프랑스 식민기를 거치면서 보급된 라틴문자 표기법이다.

한자를 사용한 한반도, 일본, 베트남이 표음문자를 사용하게 되었지만, 기존의 라틴문자 체계를 채택한 베트남과 다르게 한반도와 일본은 고유어의 특성에 맞는 문자를 개발해내었으며, 특히 한반도는 고유한 제자원리와 체계를 갖춘 새로운 문자를 창제해냈다는 점에서 일본과 다르다.

한국, 일본, 베트남의 문자사용 역사에서 나타나는 공통점은 그야말로 '나랏말싸미 듕귁'과 다른 언문 불일치를 자각하고 자국의 언어를 기록하기에 적합한 문자를 새로 제정했으며, 문자체계가 뜻을 표상하는 표의문자에서 말소리를 표상하는 표음문자로 완전히 탈바꿈된 데 있다.

한반도와 일본 그리고 베트남의 문자사용에서의 또 다른 공통점은 새로운 문자가 정착하기까지의 과정에서도 나타난다. 새로운 문자는 지배계층

46　출처: https://www.hankookilbo.com/News/Read/201710022041853360

이 기득권을 보존하는 데 저해 요소로 간주되었으며, 상층문화의 한문에 대립되는 하층문화의 저급 문자로 취급받았다.

한글과 가나(仮名)는 궁중에서 탄생한 문자이며 궁중 및 규방의 여성들이 주로 사용한 문자라는 공통점을 갖고 있다. 한반도에서 한글은 19세기 말까지 여자들이나 사용하는 문자로 비하된 '암클'이라는 오명을 얻고 천대받았다. 그러나 근대화 과정에서 신지식인들이 민족의식을 고취하기 위해 고유 문자인 한글의 중요성을 자각하고 한글 운동을 전개하였으며, 신문·잡지 및 공문서 등에 점차 한글이 사용되었다. 일본에서 가나(仮名)도 여자가 쓰는 글을 의미하는 '온나데(おんなで, 女手)'라는 별칭을 갖게 되었으며, 상층문화로 진입하고 통용문자로 사용되는 데 오랜 시간이 소요되었다.

베트남 사회에서 쯔 꾸옥 응으(國語字)가 보급되던 초기에는 한자보다 상대적으로 낮은 지위의 문자로 경시되었고, 주로 교회에서 제한적으로 사용되었으며, 이러한 상황은 19세기 말까지도 식민 정권에 저항하는 전통 지식인을 중심으로 지속되었다.[47]

1948년 이후 한반도는 남북으로 분리되고 서로 다른 '어문정책'을 시행하게 되었다. 북한은 정권 수립 이후 1946년에 한자 사용을 폐지하고 한글전용의 어문정책을 시행했지만, 1968년부터 공교육에 한자 교육을 시행하여 한자 교과서에 1, 500자를 사용하고 있다. 한편 2014년부터 12년제 의무교육 과정에 한문 교과를 포함하였고, 일부 대학에서는 3, 500자를 교육한다.

한국에서는 1948년 '한글 전용에 관한 법률' 제정(한자 사용 제한), 1970년 초등학교 한자 교육 폐지, 1972년 문교부 '교육용 기초한자 1800자' 제

---

47 楊保筠(2010: 246).

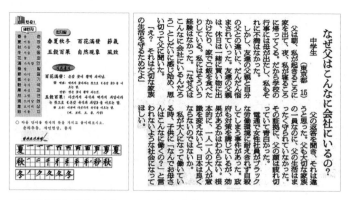

【그림 5】북한, 『한문교과서』 　　【그림 6】일본 아사히 신문(2017.03.20., SBS 뉴스)
(2014.03.14 조선일보)

정, 2005년 국어기본법 '한글 전용에 관한 법률' 폐지, 그리고 2000년대 이후 한중 관계에 따른 한자 교육의 정책적 변화 등 여느 나라와 다르게 한자가 통용과 폐지의 경계를 오가며 역사적으로 수많은 사회적 이슈를 안고 고유문자와 공존하고 있다.

현재 일본에서 사용하는 '한자·가나 혼용문'은 에도 시대 말기인 19세기 중반에 언문일치 운동이 전개된 이후에 정착된 것이다. 이렇게 한자와 가나가 함께 사용되고 있지만, 통용되고 있는 한자의 수량 범위를 정해서 제한적으로 사용되고 있다.

일본의 근대화 초기에 이미 한자의 수량을 2, 000자로 제한하자는 주장이 대두되었다. 1923년에 임시국어조사회가 상용한자 1,962자를 발표하였고, 1942년에 국어심의회가 표준한자(標準漢字) 2, 528자를 제정하였다. 그리고 2차 세계 대전이 종식된 이후, 1946년에 국어심의회가 당용한자(當用漢字) 1,850자를 제정하여 공포하고, 그중에 교육용 한자를 따로 정하여 글

자체를 통일하고 자체적인 약자를 제정하였다.[48]

1945년 호치민(胡志明)이 베트남의 독립을 선포한 이후에 '쯔 꾸옥 응으'(國語字)가 베트남의 공식 문자가 되었다. 그후 정부 차원에서 교재, 간행물, 공문서 등에 쯔 꾸옥 응으를 전면적으로 사용하는 보급 정책이 시행되면서 한자의 사용이 공식적으로 폐지[49]되었다. 라틴문자 체계가 베트남에서 사회적으로 통용된 것은 프랑스 식민 정부의 라틴문자 전파와 보급 정책으로 시작된 것이다. 그런데도 베트남이 독립된 후에 과거 봉건적 사회질서의 표상인 한자 체계로 회귀시키지 않고 라틴문자 체계를 채택한 이유는, 한자 체계인 쯔놈보다 학습과 사용에 편리하고 무엇보다 자국어를 쉽게 표기할 수 있어서 자연스럽게 넓은 사용 계층을 확보하게 되었기 때문이다. 이것은 국가의 정책적 선택이 아니라 언중(言衆)의 선택을 따른 것이다.

---

48 박진수·廉松心(2004: 33).

49 Vũ Thế Khôi(2009: 43)에 의하면, 1950년 베트남 교육 개혁 과정에서 한자 교육이 폐지되었다.(Nguyen Ngoc Tuyen·이찬규 2017: 43, 재인용)

동아시아 한자인문로드 한자의 역사

4. 동아시아 한자문화권, 한자의 현재

1) 문자의 팰림프세스트, 한자어(漢字語)

한자어(漢字語)는 자국어의 발음으로 읽는 하나 또는 둘 이상의 한자를 결합하여 구성된 단어를 말한다. 동아시아 한자문화권에서 형성된 한자어는, 대체로 현재 중국어 단어와 형태가 같지만 발음이 다른 한자어, 각 나라에서 만들어진 한자어, 그리고 19세기 이후 일본에서 외래어를 번역하는 과정에서 만들어진 한자어 등으로 구분된다.

『한국한자어사전(韓國漢字語辭典)』(1996)에는 한반도에서 독자적으로 생성된 '한국제 한자어(韓國製漢字語)'가 수록되어 있다. 다른 나라의 한자어와 조어법이 다른 한국제 한자어에는 '감기(感氣)', '공책(空冊)', '농담(弄談)', '소풍(逍風)', '지갑(紙匣/紙甲)' 등이 있다. 한편 19세기 말, 근대화 시기에 일본에서 서구의 외래어를 번역하는 과정에서 만들어진 '과학(科學)', '숙제(宿題)', '예술(藝術)', '전화(電話)', '철도(鐵道)', '현상(現象)' 등의 화제 한자어(和製漢字語)는 중국과 한국에 유입되어 현재까지 사용되고 있다. 그렇다면 고대에 오랜 시간 동안 한자 문화의 영향을 받은 베트남어에도 한자어가 존재할까?

중국어를 지칭하는 한어(漢語)는 56개의 민족 중 인구의 90% 이상을 차지하는 한족(漢族)이 사용하는 언어다. 베트남어도 베트남의 54개의 민족 중 인구의 80% 이상을 차지하는 비엣(Viet)족의 언어를 지칭하며, 이것을 공식 언어로 지정[50]한 것이다. 현재 베트남어는 라틴문자에 구별부호 및 성조부호를 덧붙여서 기록되고 있다.

라틴문자로 표기되는 베트남어에 시각적으로 한자의 흔적을 발견할 수 없지만, 전체 어휘의 대다수가 중국어에서 차용된 것이다. 이렇게 한자 어원을 가진 어휘를 '한월어(漢越語)'라고 한다. 한 통계에 의하면, 베트남어 어휘의 약 50~70% 정도가 한자어라고 한다.

우리말로 표기한 다음의 베트남어 단어는 어떤 한자어에 대응될까?

'싸 호이', '찐 찌', '코아 혹', '쭝 꾸옥', '티 쯔엉', '엄 냑'

사회(社會, xã hội), 정치(政治, chính trị), 과학(科學, khoa học), 중국(中國, Trung quốc), 시장(市場, thị trường), 음악(音樂, âm nhạc)에 대응된다.

일반적으로 우리말 한자어의 독음은 고대 중국의 중고음(中古音, 위진남북조~당, 송)의 흔적이 남아있으며, 베트남 한자어의 발음에는 10세기 당대(唐代) 장안(長安) 방언에 기초한 한자음이 남아있다고 한다. 특히 받침이 있는 '코아 혹', '쭝 꾸옥', '엄 냑' 등은 현대 중국어를 한국어로 표기한 '커쉬에(科學)', '중궈(中國)', '인웨(音樂)'보다 우리말 한자어 독음인 '과학', '중국', '음악'에 좀 더 가깝게 들린다.

우리가 익히 알고 있는 베트남의 대표적인 도시 명칭인 하노이, 호치민, 하롱, 다낭 외에도 대부분의 지명이 한자어이며, 이것을 베트남어 발음으로 표기한 것이다.

---

50 Nguyen Ngoc Tuyen·이찬규(2017: 36) 참고.

동아시아 한자인문로드 한자의 역사

【표 6】베트남어의 지명 표기

우리말	베트남	하노이	호치민	하롱	다낭
한자	越南	河內	胡志明	下龍	峴港
베트남어	Việt Nam	Hà Nội	Hồ Chí Minh	Hạ Long	Đà Nẵng

베트남어에서 외국의 다른 인명이나 지명도 대부분 한자어로 전환된 것을 베트남어의 음절 단위로 표기한다.

【표 7】베트남어의 외국 지명 표기

우리말	파리	캐나다	일본	런던	브라질
한자	巴黎	加拿大	日本	伦敦	巴西
베트남어	Ba Lê	Gia Nã Đại	Nhật Bản	Luân Đôn	Ba Tây
중국어 발음	Bālí	Jiānádà	Rìběn	Lúndūn	Bāxī

외국의 인명이나 지명은 'Gia Nã Đại', 'Canada'와 같이 원어 표기가 공존하기도 한다. 이러한 베트남어의 한자 차용어는 대부분 한자어의 원뜻을 그대로 나타내고 있지만, 일부는 원뜻 외에 베트남어의 여러 가지 뜻이 덧씌워져 다의어가 되기도 하였다. 예를 들어, 베트남어의 'trang[짱]'은 중국어의 '마을(村莊)', '옷차림', '여장을 꾸리다(裝束)', '장엄하다(莊嚴)', '치장하다(妝飾)' 등의 뜻 외에도 '페이지 번호', '깨끗이 정리하다' 등의 뜻을 나타내기도 한다.[51]

---

51   楊保筠(2010: 251) 참고.

한국어, 일본어, 베트남어 어휘의 50~70% 정도가 한자어다. 각국의 한
자어를 중국어와 대조해보면, 앞에서 살펴본 베트남어의 한자어와 같이 뜻
이 같은 것도 있지만, 다른 의미로 사용되는 단어를 살펴볼 수 있다.

【표 8】 형태가 같은 한자어의 뜻 비교

중국어	한국어	일본어	베트남어
小心: 조심하다	소심(小心)하다	しょうしん(小心): 소심	tiểu tâm[띠에우 떰]: 소심하다
硏究: 연구(하다)	연구(硏究)하다	けんきゅう(硏究): 연구	nghiên cứu[응이엔 끄우]: 연구(하다)
妻子: 아내	처자(妻子): 처자식	さいし(妻子): 처자식	thê tử[테 뜨]: 아내와 자식
非常: 대단히	비상(非常)하다	ひじょう(非常): 비상(시), 대단하다	phi thường[피 트엉]: 비상하다

한국어와 일본어의 어휘에 한자어가 차지하는 비중이 70% 이상이지만, 한·중·일에서 사용하는 한자의 형태에는 간극이 발생하였고, 단어에 구성된 한자는 같지만 의미가 다른 '동형이의어'가 많은 부분을 차지하고 있다. 이러한 상황에서 한·중·일 삼국이 한자를 동아시아의 공동 문어로 삼고, 조선시대 최치원이 가능했던 필담 커뮤니케이션의 효과를 기대하기란 어렵다.

2) 서로 다른 문자체계의 공존, '한글(한자)' 그리고 '가나-한자'

한 언어를 둘 이상의 문자체계로 표기하는 것을 다중문자사용(Digraphia)이라고 한다. 공시적으로 다중문자를 사용하는 대표적인 국가인 세르비아는 키릴 문자 기반과 로마자 기반의 두 가지 표기법을 사용한다. 한편 통시적으로 다중문자를 사용한 대표적인 국가인 몽골은 과거에 위구르 문자를 개량한 몽골 문자와 원나라 때 만들어진 파스파 문자를 썼지만, 현재 키릴 문자로 몽골어를 표기한다.[52]

여러 나라에서 다중문자의 하나로 사용되고 있는 한자는 공시성과 통시성을 함께 갖고 있으며, 동아시아 각국에서 다양한 양상을 띤다.

남북으로 분단된 한반도의 북한은 한글을 공식 문자로 사용하면서 한자 교육도 이뤄지고 있으며, 한국은 한글을 공식 문자로 사용하면서 일부 영역에서 한자를 '보조적'으로 사용하고 있다. 그리고 일본은 가나(仮名)와 한자를 혼용하고 있다. 그러나 베트남은 1945년 독립한 이후에 한자를 폐지

---

52 위키백과 '다중문자사용': https: //ko.wikipedia.org

하고 라틴문자 체계인 쯔 꾸옥 응으(國語字)를 사용하고 있으므로, 베트남 사회에서 한자에 대한 대중의 인식 수준은 매우 낮다.

현재 한국 사회에서 한자는 표지판, 신분증의 성명, 간판, 광고, 문헌, 편액, 중식당 메뉴판 등에서 찾아볼 수 있다. 한자는 여전히 지식과 소양의 표상이며, 브랜드에 전통적이고 품위 있는 이미지를 구축하는 요소로 작용한다. 그러나 문자의 측면에서 보면, 그 사용 범위가 지극히 제한적이다. 이와 다르게 일본 사회에서 한자는 통용 문자로서 일반 인쇄물에 가나와 함께 공존하고 있다.

베트남 사회에서 2천 년의 긴 역사적 흐름 속에 깊이 있게 뿌리 내린 한자는 문헌, 대련, 편액 등에 여전히 남아 있다. 그리고 베트남의 성명(姓名)과 수많은 어휘 뒤에 보이지 않는 한자의 그림자가 존재한다.

다중문자의 사용에는 문자 간의 우세, 열세의 세가 형성되며, 어느 정도 문자의 공진화가 이뤄지기도 한다. 문자사용의 측면에서 보면, 현재 한국 사회에서 한자는 열세에 있다. 하지만 한자의 수량적 범위를 제한하고 사용에 편리하도록 글자 형태를 조절해 온 일본 사회에서 한자는, 그 세를 가름하기 어려우며 가나(仮名)와 어느 정도 공진화가 이뤄졌다고 볼 수 있다.

동아시아의 공동 문어로서 정치, 경제, 문화의 시각적 소통 수단이었던 한자는 역사적으로 서로 다른 언어문자 정책의 소용돌이 안에서 그 명맥을 유지해 왔다. 현재 한·중·일 3국에서 사용하는 한자는 수량, 내용, 범위 등에 차이가 있지만, 한자 사용의 정책적 측면에서는 어느 정도 안정 가도를 걷고 있다고 할 수 있다. 한편, 한자의 형태 및 컴퓨터 입력 코드의 표준화 작업의 일환으로, '한·중·일 통합 한자(CJK Unified Ideographs)' 등을 공동 협력으로 제정하여 한자 정보화 처리의 불편함을 해소하고 국제 표준의 문자시스템으로 만들어가고 있다. 그리고 'CJK'에 'V'를 덧붙여 베트남의 '쯔놈'이 합세하였으며, 'CJKV'라는 이니셜은 동아시아 한자문화권의 상징이 되고 있다.

【표 9】중국, 한국, 일본의 한자 사용현황

중국	한국	일본
통용규범한자 8, 105개(2013)	대법원 인명한자 8, 142개(2018)	한자능력검정시험 약 6, 000개
상용한자 3, 500개(1989) 차상용한자 3, 000개	한자능력검정시험 특급 약5, 000개 한자능력검정시험 1급 3, 500개	인명용한자 2, 998개 상용한자 2, 136개
초등 어문교육용 한자 3, 000개	교육용한자 1, 800개 (고등학교 900개/중학교 900개)	초등 교육용한자 1, 006개
한·중·일통합한자(CJK Unified Ideographs, 11.0): 87, 887개		

과거에 한자는 동아시아 문화의 기저에 자리한 거대한 뿌리로서 뻗어 나가 하나의 '문화 영토'를 형성하였다. 그러나 현재 동아시아의 각 나라에서 저마다의 다른 문자문화의 열매를 맺고 있으며, 한자는 그 일부로 자리하고 있다.

이제 한자 중심의 동아시아 문화가 아닌 문자문화라는 큰 틀에서 동아시아 각국의 문자 조감도를 그려보아야 한다. 동아시아 문화에서 다른 문자와 공생하고 있는 한자의 역사적, 문화적, 실용적 가치에 대해 재평가하고 동아시아 공동의 정신문화유산, 그리고 각 나라의 문자문화로서 한자를 새롭게 인식할 필요가 있다.

9. 한자의 응용과 미래

이강재
(서울대학교)

우리는 앞에서 한자의 탄생과 변화, 그리고 동아시아 한자문화권 등에 대해 학습하였다. 이제 과거 이처럼 우리와 가까이에서 지내온 한자가 현재와 미래에는 어떤 역할을 할 것인지에 대해 논의해보자. 이는 한글전용론이나 한자병행론 등의 해묵은 논쟁을 하자는 것이 아니며, 현대사회를 살아가는 우리에게 한자는 어떤 의미가 있는 지를 생각해보자는 것이다. 즉, 우리에게 '한자'는 무엇인가에 대한 물음과 해답을 찾아보고자 하는 것이다.

우리에게 '한자'는 무엇인가? 결론을 단순화해서 말하자면, 한자는 우리 전통문화 이해의 매개체이며, 우리말 어휘의미의 정확한 이해를 위한 매개체이다. 또 중국과의 교류가 많아지면서 한자는 국제교류를 위한 소통의 매개체이기도 하다. 즉 중국어와 일본어라는 외국어를 표기하는 문자로서의 한자라고 할 수 있다.

또한 한자는 동아시아 공동의 문화유산이라고 할 수 있다. 한자가 비록 중국에서 만들어진 것이지만, 이미 한자는 중국만의 것이 아니며 한중일을 둘러싼 동아시아 공동의 문화유산이라고 할 수 있다. 물론 한자문화권에 속하는 한중일 삼국의 한자 사용상황은 같은 점도 있고 다른 점도 있다. 단적으로는 일상생활의 문자로서 한자를 사용하는 중국이 한자를 가장 중요하게 여기며, 다음으로는 일본이 한자를 많이 사용한다. 우리나라는 이미 일상생활에서는 한자를 사용하지 않아도 큰 불편함을 느끼지 않는 상황에 처해있다. 필자는 7, 8년 전에 서울시청 근처의 호텔 높은 층에서 아래를 살펴본 적이 있다. 당시 눈에 보이는 한자는 덕수궁의 정문인 대한문(大漢門)과 중국어 학원의 간판 두 곳뿐이었다. 이처럼 한자를 안다는 것은 우리말의 어원을 좀 더 잘 알고 언어생활을 할 수 있는 고급지식인으로서 생활을 도와주는 것이지만, 우리나라는 이미 일상생활에서 한자가 없다고 해도 의사소통에 불편을 느끼지 않는 단계에 이르렀다.

그렇다면 한자는 미래에도 여전히 유의미한 것일까? 이에 대해 해답을 찾아가기 위해 우리는 몇 가지에 대해 이야기하게 될 것이다. 먼저 한자는 도대체 얼마나 많은가에 대한 것이다. 물론 여기에는 한자의 수와 관련된 논의만이 아니고 연구와 학습용 한자, 혹은 상용한자 등에 대한 논의를 포함한다. 둘째로는, 디지털시대의 한자 사용에 대한 것이다. 디지털의 대세는 이미 더 이상 논의할 것도 없지만, AI(인공지능)의 시대에 수많은 데이터가 디지털화되면서 인류의 지식은 급속도로 축적되고 있고 이제 그것이 인공지능 스스로 학습을 해나가는 단계로 들어가고 있다. 이에 대한 이해를 위해 여기서는 한자를 컴퓨터를 통해 활용하고 입력하는 방법에 대한 그간의 변화와 현재의 모습 등을 언급하게 될 것이다. 셋째로는, 한자가 현실 속에서 어떻게 쓰이고 있는가를 살펴보고자 한다. 한자는 생각보다 우리 생활 속에 깊이 들어와 있으며 그 모습은 매우 다양하게 나타난다. 여기서는 이를 일상생활 곳곳에서 볼 수 있는 한자 응용의 구체적인 사례를 살펴보면서 한자의 미래를 생각하게 될 것이다. 이러한 논의를 통해 한자의 응용과 미래에 대해 독자 스스로 생각해볼 수 있는 기회로 삼고자 한다.

1. 한자의 수와
연구 · 학습용 한자

비전공자와 대화를 할 때 간혹 한자는 얼마나 많은지에 대한 질문을 받을 때가 많다. 그 질문의 내면에는 영어 학습에서 만나는 22,000개의 어휘나 33,000개의 어휘를 다룬 책이 있는데, 영어보다 더 복잡한 구조를 갖는 한자 역시 그처럼 많이 학습해야 하는 것인지에 대한 부정적 생각이 들어있다. 또한 이는 영어는 소수의 알파벳을 조합해서 단어를 만들기에 알파벳 자체의 학습이 어려운 것은 아니지만, 한자는 각각이 개별적으로 하나의 독립된 문자이기 때문에 훨씬 학습하기에 어려울 것이라는 인식이 포함되어 있다.

사실 현재까지 한자의 수에 대한 정확한 통계는 없다. 한나라 허신(許愼, 30~124년)이 한자의 본래의미를 설명하기 위하여 편찬한 『설문해자(說文解字)』에는 9,353자가 수록되어 있으며, 양(梁)나라 고야왕(顧野王, 519~581년)이 편찬한 자전인 『옥편(玉篇)』에는 16,917자, 그리고 송(宋)나라 때인

1008년에 출판된 운서인 『광운(廣韻)』에는 모두 26, 194자, 청나라 때의 『강희자전(康熙字典)』에는 47, 035자가 수록되어 있다. 이 책들에 당시의 모든 한자를 수록했다고는 할 수 없지만, 이 통계를 통해 시간이 지날수록 한자가 계속 증가하고 있다는 대체적인 경향을 알 수 있다.

현재에 출판된 서적에는 청대까지의 것보다 훨씬 많은 한자가 수록되어 있다. 『중화대자전(中華大字典)』에는 48, 200자, 『중문대사전(中文大辭典)』에는 49, 888자, 『한어대자전(漢語大字典)』에는 54, 678자, 『중화자해(中華字解)』에는 86, 000자가 수록되어 있다. 이 통계에서 제시한 글자 수에 약간의 차이가 있을 수는 있지만, 여기에 한국이나 일본, 베트남 등에서만 사용되는 해당 국가의 고유 한자까지 포함시킬 때 한자의 수가 최대 8만 자를 넘는다고 할 수 있다.

그러나 이처럼 많은 한자가 모두 일상적으로 사용되는 것은 아니다. 즉 상용한자의 수는 생각보다 많지 않다. 우리나라 중고등학교의 교육용 한자가 1, 800자이고 일본의 상용한자[當用漢字]는 1, 945자로 지정되어 있는데, 한자만으로 일상생활을 하는 중국이라고 해서 아주 많은 한자를 쓰는 것이 아니다. 현재 중국에서는 2, 500자를 상용한자로 지정하고 있으며 여기에 차상용한자 1, 000자를 더하여 3, 500자를 일상적으로 사용하는 한자로 지정하였다. 한자 3, 500자는 현대 중국의 신문이나 자료 등을 전산화하고 여기에 쓰인 한자를 빈도수로 정리할 경우 전체 사용되는 글자의 99.7% 이상을 차지하는 것으로 알려져 있다. 즉 3, 500자를 알고 중국에서 나온 문헌을 읽어본다면 1, 000자 중 3자를 제외하고는 모두 알고 있다는 것을 의미한다. 한국의 1, 800자, 일본의 1, 945자, 중국의 2, 500자 사이의 관계를 살펴보면, 삼국 공통의 한자가 1, 473자이고 두 나라 혹은 한 나

동아시아 한자인문로드 한자의 역사

라에서만 상용한자로 쓰이는 한자 등을 계산하여 모든 상용한자의 합은 2,857자에 이른다. 즉 3천자도 안 되는 한자를 학습하여도 한중일 삼국의 상용한자를 모두 학습한 것이 된다.

이는 옛 서적에 쓰인 한자에 대한 통계에서도 비슷하게 적용된다. 우리가 잘 알고 있는 유가경전인 『논어』는 현재 가장 널리 통용되는 판본의 경우 15,918자로 이루어졌는데, 개별한자의 수를 기준으로 보면 1,512자가 사용되었다. 마찬가지로 『맹자』 1,959자, 『시경』 2,939자, 『서경』 1,938자, 『역경』 1,595자로 작성되어 실질적으로 아주 많은 수의 한자가 사용된 것이 아님을 알 수 있다. 허성도 교수(서울대 중문과 명예교수)에 의해 조사된 국학연구용 사용한자 빈도조사에 의하면, 사용빈도가 가장 높은 '之(지)', '不(불)', '以(이)', '而(이)', '人(인)', '於(어)', '也(야)', '其(기)', '曰(왈)', '爲(위)' 10개의 한자가 전체 총 사용한자의 12%에 이르렀다. 또 이 통계자료에 의하면 1,000개의 한자를 학습할 경우 우리가 국학연구에 필요한 문헌을 보았을 때 전체 한자의 86% 이상의 한자를 알고 있는 것이다. 이를 좀 더 살펴보면 1,500자까지가 92.6%, 2,000자까지가 95.6%이고 2,500자가 97.2%에 이르고 있다. 즉 2,500자 정도의 한자만 안다면 전체 고전문헌에 등장하는 한자 중 97% 이상을 알고 있다는 말이 된다. 이처럼 한자의 전체 수가 8만여 자에 이른다고 하지만 실질적으로 상용되는 한자는 그다지 많지 않다. 이는 한자가 원래 특정 지역의 특정한 한 사람에 의해 만들어진 것이 아니고 여러 곳에서 여러 과정을 통해 만들어졌고 또 오랜 역사 속에서 한자의 모양이 달라진 것이 현대에 와서 공존하기 때문에 생긴 현상이라고 볼 수 있다. 이렇게 볼 때, 우리나라에서 교육용한자로 선정한 1,800자를 공부하고 여기에 더해 우리나라에서는 상용되지 않지만 현대 중국에서 상용되는 한자를 더 학습할 수 있다면 한국과 중국에서 쓰이는 한자를 거의 대부분 알고 있다는 평가가 가능하다. 한자의 학습을 무조건 어렵다는 생각을 버리고 영어 등에 쓰는 시간의 일부만이라도 할애한다면 매우 큰 효과를 볼 것이라는 점을 알아야 할 것이다.

2. 디지털시대의 한자 사용

이제 디지털시대의 거대한 흐름은 제4차 산업혁명의 물결로까지 거세게 우리의 곁에 다가와 있다. 이 흐름 속에서 한자는 앞으로 어떻게 될 것인가? 여기서는 먼저 컴퓨터나 모바일 휴대폰에 한자를 어떻게 입력할 수 있는지에 대한 이야기를 해보려 한다. 이미 글로벌화된 세상에서 컴퓨터나 휴대폰에 한자의 입력에 어려움을 느낀다면 그것은 한자의 미래를 위해서 부정적인 면이 있다. 그렇기 때문에 기술의 발전에 따라 한자의 입력법이 어떻게 발전해왔고 현재는 어떠한지를 논의하려는 것이다. 결론을 먼저 언급한다면, 현재 우리는 전자기기에서 한자를 사용하는 데에 큰 불편은 없다고 할 수 있다.

먼저 아래와 같은 컴퓨터의 한자 입력기를 상상해보자.

컴퓨터 모니터를 중심으로 원형의 키보드 6개와 사각형의 키보드 1개가 있고 원형의 키보드에는 각각 300 여개의 자판이 있으며 각 자판마다 한자 한 개가 쓰여 있다. 즉, 이 자판은 과거 출판과정에서 한자를 하나하나 골라서 조판을 했던 것처럼 한자의 입력이 키보드 자판 하나에 한자 하나를

【자료1】 과거 중국어 입력용 컴퓨터 키보드 예시

입력할 수 있도록 만들어진 것이다. 만약 한자의 입력을 위한 키보드가 위의 그림처럼 되어 있다면 저 많은 한자의 정확한 위치를 모두 외워야 하여 텍스트를 입력할 때마다 정신을 집중해서 자판을 찾아내어야 할 것이다. 이는 아마도 컴퓨터가 처음 소개되어 한자를 입력할 것을 궁리하면서 찾아낸 방법 중의 하나일 것으로 생각하지만, 이러한 방식으로 입력할 경우 한자는 디지털 환경에서 살아남을 가능성이 매우 희박하다고 할 것이다. 그러나 현재 한자의 입력방법은 이와 전혀 다른 양상으로 발전하여 누구나 쉽게 한자를 입력할 수 있는 단계에 와 있다.

1) 한국의 한자 입력방법

컴퓨터에서 한자를 입력하는 방법 중 우리나라의 입력법은 한자문화권 한중일 삼국 중 가장 불편하다고 할 수 있다. 그것은 대부분의 사람들이 경험하듯이 먼저 한글을 입력한 후 정해진 키보드를 눌러 동일한 발음을 가진 여러 한자를 보면서 그 중에 본인이 입력하고자 하는 한자를 하나하나 선택하는 방식이기 때문이다. 물론 아래아한글이나 MS 워드 등에서 단어별로 한자 변환이 가능하기는 하다. 그렇지만 이 또한 개별 단어별로 한 글자를 입력할 때와 동일한 방법을 반복하는 불편함을 피할 수 없다. 이 때문에 한자 입력을 많이 하는 사람은 원래의 프로그램에 없는 별도의 입력기를 설치하여 이를 통해 한자 입력의 불편을 보완하려는 경우가 있다.

국내에서 한자 입력에 대한 많은 논의와 입력법 개선을 위한 노력은 1990년대 말과 2000년대 초에 있었다. 이 때는 컴퓨터의 일반화와 한자로 된 국학자료의 입력 필요성이 대두된 시기이다. 여기에 정부에서 예산을 투여하여 조선왕조실록의 전산화 방침이 세워지면서 이에 대해 더욱 활발한 연구가 이루어진다. 그러나 이에 앞서 한자 전산화의 선구로서 서울대 중문과의 허성도 교수(현 명예교수)의 역할을 빼놓을 수 없다. 허성도는 1980년대 말부터 한자로 이루어진 국학 자료의 전산화 필요성을 역설하였고 그 실천으로서 본인이 직접 삼국사기, 삼국유사, 고려사는 물론 조선왕조실록의 입력을 시작하였다. 허성도는 또한 이 과정에서 컴퓨터에서 입력 가능한 한자의 부족을 절감하고 아래아한글과 협조하여 HSY(한국사료사연구소)코드를 개발하여 입력 가능한 한자가 1만6천 여자에 육박하도록 노력하였다. 사실 이때까지 한자의 입력은 KS코드에 있는 4, 888자만이 가능했는데, 이것을 이렇게 많이 늘렸다는 것은 매우 획기적인 것이었다. 한편 아래아한글에 있는 한자 입력법으로는 한자자료의 전산 입력에 시간이 많이 소요된다는 점을 개선하기 위하여 HSY입력법을 개발하기까지 하였다. 이 입력법은 '一'을 입력하고자 할 경우 이 한자의 뜻과 음에 해당하는 '하나일'을 입력한 후 space-bar를 치면 바로 해당 한자가 화면에 구현되는 방식이다. 그전까지 한자를 입력할 때 한글을 먼저 입력하고 다시 F9 기능키를 치기 위해 자판 위의 손가락을 상단으로 옮겨야 하는 불편을 해결한 것이다. 이 방식으로 입력 가능한 한자가 모두 3, 000자였는데, 한자 입력에 가장 빈번하게 등장하는 상용한자는 거의 망라되었다는 점에서 한자입력에서 중요한 역할을 하였다. HSY입력법은 아래아한글에 탑재되었고 사용설명서가 제공되었지만, 당시의 일반인은 그 정도 빠른 속도의 한자입력이 필요하지 않았기에 적극적으로 사용되지는 않다. 다만 허성도가 추진하던 국학자료의 전산화에는 중요한 역할을 한 것으로 평가할 수 있다. 이 당시에 부산대 중문학과 강식진 교수(현 명예교수) 역시 손오공타법이라고 하는 새로운 입력법을 개발하여 한자 입력을 편하게 하려는 노력을 한 것으로 알려져 있다. 다만 필자가 이를 잘 알지 못하기에 구체적인 설명은 생략하기로 한다.

이후 정부가 예산을 들여 국학 자료의 전산화에 나서면서 먼저 조선왕조실록을 전산입력하게 되는데, 한자입력법에서 새로운 방법이 속속 등장하게 된다. 이때 먼저 등장한 것이 서울시스템이라는 회사에서 개발한 '뿌리법'이다. 뿌리법은 키보드의 40개 키에 한자부수를 기준으로 248개의 필획을 유사한 것끼리 배열한 후 한자자형을 조합하여 입력하도록 하는 방법이다. 1990년대 중반 대만에서 개발된 창힐법(蒼頡法)과 유사하되 그것을 우리의 실정에 맞게 개발한 것이다. 팔만시스템이라는 회사에서 개발한 '재춘법'은 앞서의 다른 입력법보다 훨씬 편리한 것으로 평가받는다. 재춘법은 한자의 파자(破字)원리를 이용한 것이되 그것의 한글 발음을 입력하여 한자를 조합하도록 하는 방법이다. 가령 '해(蟹)'자를 입력할 경우, 이 한자가 자형을 기준으로 '角(각)', '刀(도)', '牛(우)', '虫(충)'으로 이루어져 있다는 점에 착안하여 '각도우충'이라고 입력하면 '해(蟹)'자가 화면에 구현되는 방식이다. 뿌리법이 키보드에 배정된 한자부수를 모두 암기해야 하는 것에 비하여 재춘법은 한글음을 기준으로 입력하기 때문에 한자를 잘 모르는 사람도 단시간에 학습이 가능하다는 장점이 있는 것으로 평가된다. 다만 위의 여러 가지 한자 입력방법은 한자를 전문적으로 입력할 필요가 있는 사람들이 사용한 것이고, 일반인들의 경우는 한자를 많이 사용하는 것이 아니므로 일반적인 워드프로그램에 있는 입력방법을 그대로 사용하고 있다고 할 것이다.

2) 중국의 한자 입력방법

(1) 한자 입력의 역사

한자가 쓰고 학습하기에 불편하다는 인식은, 현대중국 최고의 문학가로 알려진 노신(魯迅, 1881~1931)이 "한자가 없어지지 않으면 중국이 반드시 망하고 말 것"[漢字不滅, 中國必亡]이라고 말한 것에서 극명하게 드러난다. 이 말을 언제 어떤 상황에서 한 것인지는 명확하지 않지만, 중국인조차도 한자는 학습하거나 기억하여 생활하기에 불편한 문자라는 생각을 하고 있었음을 알 수 있다. 1949년 현대중국이 성립된 이후 중국 정부는 한자를 쓰기 쉽도록 만들기 위한 여러 가지 노력을 기울였다. 우리가 흔히 간체자라고 말하는 간화자(簡化字)를 제정하고 이를 보급하려고 한 것이 그 대표적인 것이다. 그럼에도 현대사회에서 한자를 전산화해서 입력한다는 것은 무척이나 어려운 일이었음에 분명하다.

컴퓨터를 비롯한 현대 전자기기의 대부분이 서구에서 발명된 것이기 때문에 영미권 사용자의 편의를 최대한 고려했다는 점에서 한자 이용자의 불편이 당연한 것이라 할 것이다. 현재 사용되는 일반적인 컴퓨터용 키보드는 쿼티(Qwerty)식이라고 하는데, 이는 1867년 미국의 크리스토퍼 숄

스가 개발한 것이다. 각자 사용하는 키보드를 보면 상단의 영어 알파벳이 Q-W-E-R-T-Y의 순서로 되어 있는데. 이 때문에 쿼티식이라고 부른다. 아직까지 전 세계 대부분의 키보드가 이 방식을 채용하고 있다.

1970년대말 중국과 대만, 홍콩 등 한자사용권 국가에서 영어로 된 컴퓨터에서 한자 데이터를 불러내어 사용하는 방법이 처음 시도되었다. 비록 이후 현재에 이르기까지 여러 시행착오의 과정을 거치지만, 이때 비로소 한자가 현대화의 대열에 본격적으로 참여하는 계기가 되었다고 할 수 있다. 종이, 인쇄술, 타자기, 컴퓨터로 이어지는 인류문화의 발전과정에 한자가 본격적으로 동참하게 된 것이다. 한자 입력을 위한 소프트웨어의 개발은, 1986년 중국의 스통(四通, stone)이라는 회사에서 신형 타자기를 개발하면서 시작된다. 그리고 1989년 진산(金山)이라는 회사에서 최초로 DOS용 중국어 워드프로세서프로그램인 'WPS'라는 프로그램을 개발하면서 본격적으로 워드프로세서의 사용이 시작된다. 이는 우리나라의 '한글과컴퓨터'와 비슷한 중국 토종의 워드프로세서이다. 이때 사용한 한자는 중국의 국가표준코드인 GB코드이다. 1995년 중국어 'MS-Word'가 보급되면서 지금은 토종 워드프로세서보다는 대체적으로 MS사의 것을 사용하게 되었지만, 당시 WPS 프로그램이 해낸 역할은 무시할 수 없다.

(2) 발음을 이용한 입력법

현재 가장 보편적으로 많이 사용하는 한자 입력법은 발음을 이용한 한어병음(漢語拼音) 입력법이다. 이는 중국어 한자음을 로마자로 표기하는 발음부호인 한어병음자모를 통해 입력하는 방법이다. 현대표준어인 보통화(普通話) 발음을 로마자의 자모로 표기하면 자음인 성모(聲母) 21개, 모음인 운모(韻母) 16개로 되어 있다. 이보단 앞선 발음표기법은 1918년 베이징 정부가 처음 정한 주음부호(注音符號)가 있지만, 이는 현재 중국에서는 사용되지 않고 타이완에서는 여전히 사용하고 있다. 한어병음을 통한 입력법은 중국의 컴퓨터나 휴대폰은 물론 우리나라에서도 현대중국어의 입력법으로 많이 사용된다.

휴대폰에서 한어병음자모를 이용한 한자 입력의 예를 '中国(Zhōngguó)'라는 단어를 입력할 경우를 통해 살펴보자.

【자료2】   【자료3】

먼저 휴대폰 하단의 언어선택을 통해 간화자 중국어[간체중문(简体中文)]을 선택한다. 물론 휴대폰의 설정에서 먼저 외국어로 간화자 중국어를 선택해두어야 한다. 여기에 위의 [자료2]처럼 '중(中)'의 중국어 발음인 zhong 을 입력하면 발음이 같은 '中(zhōng)', '种(zhǒng)', '重(zhòng)', '终(zhōng)', '众 (zhòng)', '钟(zhōng)' 등이 화면에 나타나는데, 이때 '中'를 선택하면 화면에 서 '中'자가 입력된다. 이때 [자료3]처럼 두 번째 '国(guó)'의 발음인 guo를 입 력하면 마찬가지로 같은 발음을 가진 '国(guó)', '過(guo)', '锅(guō)', '果(guǒ)', '裹(guǒ)', '郭(guō)' 등이 화면에 나타나며 이때 '国(guó)'를 선택하면 '中国 (Zhōngguó)'이라는 한자의 입력이 완성된다. 그런데 '中国(Zhōngguó)'이라 는 단어는 아래와 같은 방법으로도 입력할 수 있다.

【자료4】 　　　　　　　　　　　【자료5】

[자료4]처럼, zhong과 guo의 초성인 zh와 g를 함께 입력하면, 이 발음

을 초성으로 하는 '中国(Zhōngguó)', '這个(zhège)', '整个(zhěnggè)', '照顾(zhàogù)' 등이 화면에 보이며 이 중 '中国'을 선택하면 된다. 또 다른 방법은, [자료5]에서 보는 것처럼 'zhong'의 입력을 통해 '中'을 입력하고 나면 이 '中'자 뒤에 나와서 말이 되는 한자 중 출현빈도가 높은 '国(guó)', '的(de)', '午(wǔ)', '心(xīn)', '央(yāng)' 등의 글자가 자동으로 생성되므로 이 중 '国(guó)'를 선택하면 '中国(Zhōngguó)'이라는 단어가 완성되어 입력된다.

이상과 같은 한어병음을 이용한 입력방법의 장점은, 중국어 발음을 알고 있고 영문 타자에 능숙한 사람이라면 단순한 조작으로 손쉽게 입력할 수 있다는 것이며 또 어휘 단위의 입력이나 어휘의 성모만으로도 입력이 가능하다는 점이다. 다만 이는 한어병음을 배우고 익숙한 사람만이 입력할 수 있다는 것과 동일한 발음을 가진 한자가 많다는 점 때문에 속도에 한계가 있다는 것이 단점으로 꼽힌다.

컴퓨터의 워드프로세서에서 한어병음을 이용하여 한자를 입력하는 방법 역시 휴대폰의 경우와 거의 같다. 처음 워드프로세서 프로그램에 따라 주어진 자판을 한어병음자모 입력방법으로 선택하고 그 이후의 진행은 휴대폰에서의 사용법과 동일하기 때문이다.

(3) 필획을 이용한 입력

한자의 필획을 이용한 입력방법으로는, 타이완에서 개발되어 사용되었던 창힐법(蒼頡法)과 중국에서 개발되어 사용된 오필자형(五筆字形) 입력법이 가장 대표적이다. 창힐법과 오필자형 입력방법은 한자의 주요한 필획을 컴퓨터 키보드에 배정한 후 그 필획을 조합하여 한자를 만들어주는 방법이다. 오필자형은 현재까지도 중국에서 일부 사용되고 있으며, 한 번 익숙해지면 매우 편리하다고 평가된다. 아래에서는 오필자형에 대해 간략하게 소개하기로 한다.

오필자형 입력방법은 마치 한자의 부수를 쓰듯 글자를 나누어 쓰는 방식이며, 키보드의 각각에 한자의 필획이 나뉘어져 있다. 우리가 일반적으로 사용하는 한자자전의 부수는 214개인데, 이를 키보드에 모두 배치하기가 불가능하다. 이 때문에 이를 전형화 하여 다섯 가지 필획으로 만들고, 이를 오필획이라고 부른다. 여기에는 '一'(가로획), 'ㅣ'(세로획), 'ㅤ'(삐침 획), 'ノ'(파임획), '乙'(꺾임획)의 오필획을 기본으로 하여 한자의 모든 실제 필획을 분류한 결과 한자필획을 전체 125개로 나누고, 다시 이 125개 필획을 전체 문자키 26개 중 25개 문자키에 배치하고 나머지 Z키는 선택키로 남겨둔다. 이후 실제 한자를 입력할 때는 마치 글씨를 써나가듯이 모양에 해당하는 키보드를 입력하는 방법이다. 자판은 [자료6]과 같이 될 수 있다.

입력의 예시를 살펴보면 다음과 같다. 가령, '照(비칠 조)'자를 입력한다면 이 한자는 '일(日)+도(刀)+구(口)+화(灬)'로 구성되어 있으므로 J, V, K, O를 차례대로 입력하면 된다. 마찬가지로 '流(흐를 류)'자를 입력한다면, '수

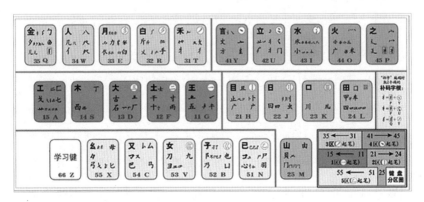

【자료6】

(氵)+두(亠)+사(厶)+천(川)'으로 구성되어 있으므로 I, Y, C, Q를 입력하면 된다. 그런데 만약 분해된 필획이 5개 이상이면 순서대로 3개까지만 치고 4번째 필획은 마지막 필획이 있는 자판을 치면 된다. 가령, '攀(매달릴 반)'의 경우 '목(木)+오(乂)+오(乂)+목(木)+대(大)+수(手)'로 구성되어 있지만 입력 시에는 '목(木)+오(乂)+오(乂)+수(手)'만 입력하면 되어 결국 S, Q, Q, R을 입력하면 된다. 두 개의 한자로 된 어휘를 입력할 경우에는 각 글자의 앞 두 필획만 치면 된다. 가령, 經濟(경제)를 입력하고자 한다면, 이 글자의 현대중국어 간화자인 经济의 자형을 기준으로 각 글자의 앞 두 필획인 '糸+又+氵+文'으로 구성되었다고 보고 X, C, I, Y를 입력하면 된다.

처음 오필자형을 보면 키보드에 분포된 필획을 모두 암기하고 있어야 하기에 복잡하게 보이며 속도향상을 위해서는 많은 숙달이 필요하다는 단점이 있다. 또 개별 한자의 구성요소를 어떻게 보고 어떤 자판을 쳐야 하는지에 대한 염려도 있어서 오필자형 입력 방법에 대한 전문 서적이 있을 정도이다. 그러나 익숙해지고 나면 속도가 무척 빠르기 때문에 대량의 작업을 요하는 전문가들이 이용할 수 있는데, 빠를 경우 1분에 200자 이상의 한자를 입력하는 것이 가능하다고 한다. 또한 이는 한어병음과 다르게 중복률이 거의 없을 뿐만 아니라 한자의 자형을 보고 입력하기 때문에 중국어의 발음을 모르는 사람도 모두 입력할 수 있다는 장점이 있다.

모바일 휴대폰에서도 자획을 이용한 입력 방법이 있는데, 이 또한 기본적으로는 오필자형 입력법을 이용한 것이라고 한다. 또 최근 컴퓨터의 마우스나 휴대폰의 터치패널 등을 이용하여 글자 모양을 그대로 그리는 방식도 발달하고 있는데, 이러한 과정을 통해 디지털 시대에도 한자의 입력법이 부단하게 개발되어 한자를 이용한 데이터베이스 과정에서 갈수록 어려움이 적어지고 있다고 볼 수 있다. 더구나 광학식문자판독장치인 OCR(optical character reader)의 발달에 따라 한자로 이루어진 한문문헌을 스캔하여 텍스트로 변환하는 것이 쉬워짐에 따라 자료의 전산화도 훨씬 용이해지고 있다. 이처럼 한자의 입력과 사용은 미래에 더욱 편리해질 것으로 보이며 디지털 시대에 한자는 더 이상 장애가 되지 않는다는 것을 알 수 있다.

3. 한자 응용의 현재와 미래

　　　　한자문화권에 속하는 한중일 삼국의 문자생활에서 한자가 차지하는 중요성은 중국, 일본, 한국의 순이라 할 수 있다. 당연한 이야기겠지만 중국의 문자는 한자이기 때문에 가장 중요한 문자일 수밖에 없고, 일본은 여전히 길거리 어디에서나 한자를 만나기 어렵지 않다. 그러나 우리는 이미 한자가 없다고 해도 의사소통에 큰 지장이 없으며, 일상생활에서 한자를 만나지 않고 지내는 때가 대부분이다. 그렇지만 우리나라에서 한자를 실생활에 응용하는 현상은 곳곳에서 여전히 진행형이다. 또한 이러한 한자의 응용은 미래에도 이어질 것이 분명하다.

　우리는 일생생활은 물론 다양한 분야에서 한자를 이용하는 현상을 찾아볼 수 있는데, 여기에서는 중국과 우리나라에서 한자가 쓰인 여러 상황을 보면서 한자에 대한 재미를 높여가고자 한다. 앞서 보았던 한자의 기원과 발전, 그리고 현대 중국의 간화자까지의 역사에 대한 이해가 있다면 한자

의 응용력을 더욱 높여줄 것이며 또한 여기서 이야기하려는 한자의 응용
이 더욱 큰 재미를 줄 것이다.

한자를 구성하는 요소로는 자형, 발음, 뜻 세 가지를 말한다. 이 중 자형
을 이용하여 한자가 갖는 형태적, 시각적 효과를 활용하는 경향이 있으며,
발음을 이용하여 소리와 청각의 효과를 이용한다. 또 뜻은 자형이나 발음
과 함께 종합적으로 활용되어 한자를 더욱 역동적으로 느끼게 해준다. 그
럼 이제 한자와 관련된 자료를 보면서 한자를 즐겨보도록 하자. 그리고 이
속에서 무한한 상상력과 함께 창의적인 발전이 가능하도록 하자.

1) 한자의 시각적 활용

[자료7]은 공익광고로 제작된 것인데, 누구나 보면 무
엇을 말하고자 하는지 쉽게 알 수 있다. 효도를 뜻하는 '孝'자(효도 효)에서
'자(子)'를 뒤집어 놓고서 한글로 '등 돌린 자식'이라는 말까지 있으니 훨씬
한자의 시각적 효과를 극적으로 느끼게 해준다. 물론 '효(孝)'라고 하는 원
래의 뜻과도 깊은 관련이 있으므로 단순히 시각적 효과만을 갖는 것은 아

니지만, 상용한자에
속하는 쉬운 한자를
통해 전달하고자 하
는 내용을 재미있게
전하고 있다. 중국어
에서 나온 공익광고
중에서 비슷한 내용

【자료7】

【자료8】   【자료9】중국 王東의 작품
                         왕국륜 편, 『漢字之光』, 156쪽(2003, 淸華大學出版社)

을 발견한 적이 있다. 즉, 사랑을 뜻하는 글자인 '愛'(사랑 애)자의 현대중국
간화자가 '爱'인데, 이 간화자에 '심(心)'자가 빠진 것에 착안하여 "사랑에
마음이 없으면 안 된다"는 메시지를 전달한 것이다. 이 또한 한자의 자형에
근거하여 특정한 메시지를 전달하는 것이라고 볼 수 있다.

　[자료8]은 서울의 어느 대학가에 있었던 주점의 간판이다. 우리말 주차
금지라는 말을 쓰면서 술을 뜻하는 '주(酒)'자는 그대로 두고 '차(車)'자에만
X표지를 하여 술과 자동차가 함께 할 수 없다는 것을 보여준다. 즉 음주운
전을 하지 않는다면 술은 좋다는 뜻을 나타낸다고 볼 수 있다. 이 간판 역
시 한 눈에 바로 그 의도를 알 수 있으니 한자를 매우 적절하게 이용한 사
례라고 할 것이다. [자료9]는 중국에서 나온 음주운전을 하지 말자는 공익
광고 포스터이다. 술을 뜻하는 '주(酒)'자에서 왼쪽의 점 세 개를 신호등으
로 바꾸고 그것을 붉은색으로 표현하여 금지를 나타내고 있다. 이 또한 한
자를 시각적으로 활용한 예에 속한다.

　[자료10]는 오래 전 부산의 지하철역에 있었던 제품 광고 포스터이다. 이

【자료10】   【자료11】   【자료12】

제품은 청소할 때 사용하는 표백제인데, 사용할 때에 나는 냄새를 싫어하
는 사람이 적지 않다. 광고 포스터에서는 이 제품의 이름에 들어가는 우리
발음 '락'과 같은 한자 '락(樂)'자를 이용하여 이 제품의 사용이 즐거움을
준다는 것을 나타낸다. 또한 이 한자의 중간에 들어가는 '백(白)'의 자리에
제품의 그림을 넣어서 이 제품의 기능이 표백제임을 은연중에 보여주고
있다. 한자를 활용하여 재미있게 만든 광고라고 할 수 있다. [자료11]은 앞
의 광고와 동일하게 '락(樂)'자를 쓴 장지훈 서예가의 작품이다. 원래 이 글
자가 음악을 뜻하는 글자로 만들어진 것이기 때문에 중간의 '백(白)'이 있
는 곳에 북을 그리고 양옆에 두 사람이 그 북을 치는 모습을 상형하여 작품
으로 만든 것이다. 이 두 자료는 모두 동일한 '락(樂)'이라는 한자를 활용하
여 광고와 예술작품에 쓰인 것인데, 각각의 의미를 살려서 재미있게 그 의
미를 전달한 것이라고 할 수 있다.

위 [자료12]는 중국의 항저우에서 본 어떤 업소의 외부에 있는 간판이
다. 언뜻 보아서 무슨 업소인지 알 수 없는 이 간판은 사실 발안마를 하는
곳이다. 간판 중앙에 있는 '구(口)'를 주변의 네 글자와 조합해보면 "오유
지족(吾唯知足)", 즉 나는 오직 발만을 안다는 뜻이 되어 발을 편하게 해주

【자료13】   【자료14】 중국 石才華의 작품,
                                                『漢字之光』 126쪽

는 곳이라는 점을 강조한 것을 알 수 있다. 사실 "오유지족(吾唯知足)"이라
는 말은 불교에서 "오직 만족할 줄을 안다."라는 뜻으로 쓰이는 것이다. [자
료13]은 국내의 어떤 지역에 있는 발안마를 하는 곳의 간판이다. 여기에도
'만족(滿足)'이라는 말을 써서 발인 '족(足)'을 충분하게 잘 해준다는 뜻을
나타내고 있다.

　[자료14]는 중국의 공익광고 포스터이다. 이 포스터에서 흥미로운 것은
아래를 뜻하는 '하(下)'자를 오려서 뜯어내고 보니 그것이 위를 뜻하는 '상
(上)'자가 되었다는 점이다. 중국어로 '하강(下崗)'이란 '작업대에서 내려오
다'는 뜻으로 '해고되다'는 의미를 갖고 있다. 반대로 '상강(上崗)'은 '작업
대로 올라가다', 즉 '취업하다' 혹은 '일하다'는 뜻을 나타낸다. 이 포스터는
중국이 개혁개방 이후 1990년대 중반 공기업 구조조정 과정에서 대규모의
실업이 발생하였을 때 나온 것이다. 즉 구조조정 과정에서 대규모의 실업
이 생겨서 해고되었지만, 어느 직장을 그만둔다는 것은 또 다른 직장에 취
업할 가능성이 있음을 의미하므로 실망하지 않고 재취업을 위해 노력하라
는 의미를 담고 있다. 어떤 직장에서의 해고가 곧 다른 직장으로의 취업을
나타낸다는 의미를 한자 '하(下)'자를 통해 재미있게 나타내고 있다.

　[자료15]는 중국의 어느 도시에 있는 문구점 간판이다. 그런데 '문(文)'

자를 독특하게 사람의 모양으로 그려 넣었으며 중앙에는 하트 문양을 표시하였다. '문(文)'자의 원래 뜻은 '무늬', '문양'을 뜻하는데, '무늬'를 뜻하는 한자로는 '문(紋)'이 있다. 즉 '문(文)'은 원래 '문(紋)'을 뜻하는 글자이며, '문(文)'보다 '문(紋)'자가 후에 나온 것이다. 또한 '문(文)'자는 제사 등의 주술을 행할 때 제사를 집행하는 사람의 몸에 문신을 한 것에서 연유한다. 따라서 위 간판에서 '문(文)'자의 자리에 사람모양을 그려 넣은 것은 한자의 근원과 관련이 있다고 볼 수 있다. 다만 가슴에 하트 모양을 한 것은 한자의 근원과 전혀 관련이 없는 것이기에, 위의 간판을 만든 사람이 한자의 본래 자형을 알고 저렇게 그린 것이 아니고 우연히 맞아떨어진 것일 가능성도 있다.

이상에서 살펴본 자료는 모두 중국과 우리나라에서 한자를 자형과 관련하여 시각적으로 활용한 것임을 알 수 있다. 이러한 시각적 활용은 보는 사람에게 강한 인상을 주어서 볼 때에도 재미를 느끼게 해주고 시간이 지나도 오랫동안 기억하도록 도와주는 기능을 갖고 있다.

2) 한자의 음성적 활용

한자에는 동일한 발음을 가진 글자가 많으며 이 때문에 한자를 음성적으로 활용한 많은 예를 곳곳에서 찾을 수 있다. 동음어를 통한 재미있는 유머도 많이 있는데, 두 사람이 등장하여 끊임없이 재미있는 대화를 해나가는 우리나라의 만담과 유사한 중국의 '상성(相聲)'에서도 동음어를 활용하는 경우가 많다. 아래에서는 간판이나 포스터, 상품의 이름 등 일상생활에서 만나는 한자의 음성적 활용을 살펴보게 될 것이다.

[자료16]은 몇 해 전에 지인으로부터 선물로 받은 골프공이다. 나는 골프를 전혀 하지 않기 때문에 잘 모르지만, 당시 지인이 골프 경기 중 홀인원을 했는데, 그들 사이의 일반적인 관례에 따라 주변 사람들에게 선물을 하였다고 한다. 이때 지인은 그림에 나오는 골프공을 만들어 선물하였는데, 여기에 새겨진 한자가 재미있게 만들어져 있다. 홀인원(Hole in one)은 골프에서 티샷이라고 하는 처음 친 공이 바로 홀컵에 들어간 것을 말한다. 그런데 위의 그림에서 '홀인원'으로 한자로 '홀인원(惚引圓)'이라 쓰고 있는데, 이 말은 "황홀하게도 원형의 컵에 빨려 들어가다"는 뜻으로 해석될 수 있어서 비록 홀인원 원래의 뜻과는 다르지만 홀인원 했을 때의 느낌과 분위기를 알 수 있게 해주는 말이 된다. 또 아래에 있는 '승승장구(乘勝長球)'는 원래 "싸움에서 이긴 기세를 타고 계속 적을 몰아 앞으로 달린다."라는 뜻을 가진 '승승장구(乘勝長驅)'에서 마지막 '구(驅)'를 '구(球)'로 바꾸어 쓴 것이다. 골프를 하는 사람들이 흔히 장타를 치는 것을 선호하기 때문에 결국

【자료16】

'승승장구(乘勝長球)'는 이번 홀인원을 한 기세로 계속 장타를 쳐서 좋은 성적을 올린다는 뜻이 될 수 있다. 동음어를 잘 활용하여 한자가 가진 본래의 뜻을 멋지게 살려낸 예라고 할 수 있다. 이 지인은 이에 앞서 나에게 한자 관련 강의를 들은 바 있는 데, 당시 지인은 이 골프공을 주면서

본인이 한자를 학습한 제자로서의 자격이 충분하지 않느냐고 말했고 나역시 이 정도의 창의적인 한자 활용이라면 정말 훌륭한 제자가 분명하다고 말하였던 것을 기억한다.

[자료17]은 어느 죽 전문점에서 신제품을 출시하면서 매장 내에 부착했던 광고포스터이다. 제품이름으로 '불낙죽'을 쓰고 있고 불고기와 낙지가 들어간 죽임을 알 수 있는데, 한편으로는 한자로 '불낙죽(不落粥)'이라고 써서 낙방하지 않는, 즉 절대합격의 뜻으로 설명하고 있다. 한자와 우리말의 동음어를 활용하여 재미있게 광고의 효과를 높이고 있다.

[그림18]은 서울의 모처에 있던 낙지전문점의 간판이다. 낙지전문점인데, 낙지라는 말을 '낙지(樂志)', 즉 '뜻을 즐기다', 혹은 '즐거운 마음' 정도의 뜻을 의도한 것이라고 할 수 있다. [자료19]는 막걸리전문점의 간판이다. 일반적인 막걸리집의 경우 주요한 안주가 전, 지짐이인 경우가 많기 때문에 지짐이와 음이 유사한 '지지미(知知味)'라는 말로 상호를 삼은 것으로 보인다. '지지미(知知味)'라는 말은 '맛을 알아보다', 혹은 '맛이 있다' 정도의 뜻으로 해석되기를 바라면서 지은 이름인 듯하다. 위 두 가지 간판에 보

【자료17】　　　　　　【자료18】

【자료19】   【자료20】

이는 상호는 모두 해당 식당의 특성에 맞도록 한자를 조합하여 만든 것으로 한 번 보면 바로 기억이 되는 효과를 노리고 있다.

[자료20]은 광주 송정역 앞의 송정시장에 있는 전집 간판인데, 한자로 '역전(驛煎)'이라고 쓰고 있다. 역 앞에 있기 때문에 '역전(驛前)'을 생각하게 되는데, 이곳에서 판매하는 물건이 전(煎)이기 때문에 한자로 '역전(驛煎)'이라고 한 것이다. 식당이 있는 위치와 식당의 특성을 잘 연결시킨 것으로 이 또한 한자를 음성적으로 잘 활용한 예라고 할 수 있다.

[그림21]은 여러 해 전에 있었던 락페스티벌의 홍보 포스터이다. 여기에 보이는 '락(樂)'은 대중음악의 종류인 록(Rock Music)을 가리키는데 그것이 즐거움을 준다는 뜻에서

【자료21】

'락(樂)'자로 쓰고 있다. 내가 속해 있는 서울대의 어느 동아리에서 공연 광고를 하면서 '희입합(喜入合)'이라고 쓴 적이 있었는데, 이것은 즐겁게 모두가 하나 되는 경지로 들어간다는 뜻을 갖고 있다. 우리가 잘 아는 힙합(hip

【자료22】

hop)을 하는 공연이었다는 점에서 이 또한 매우 재미있는 발상을 가진 것이라 할 수 있다.

[자료22]는 우리나라 소주 브랜드인 '처음처럼'의 중국 판매용 병이다. 중국어 브랜드 이름은 '초음초락(初飮初樂)'인데, 이는 '추인추럭'라고 발음되어 우리말 브랜드 이름인 '처음처럼'과 발음상 유사하다. 또 의미는 '처음 마시고 처음 즐기다'라고 할 수 있는데, 결국 처음 마실 때처럼 즐겁다는 뜻으로 해석 가능할 것이다. 발음과 뜻 모두 원래의 브랜드와 비슷하게 지어진 이름이라 할 것이다.

원래의 발음과 뜻을 모두 살려 브랜드의 중국어 이름을 잘 지은 것의 대표적인 것으로 코카콜라를 자주 언급한다. [자료23]은 중국에서 판매되는 코카콜라(Coca cola) 캔 제품이다. 이 제품이 처음 중국에 들어왔을 때 이름은 '蝌蝌啃蜡'라고 했다고 전해진다. 이것의 중국어 발음이 '커커컨라'인데, 당시로서는 이것이 원래의 발음에 가깝다고 생각하여 정한 것이다. 다만 이렇게 쓸 경우 한자의 뜻이 '올챙이가 양초를 씹는다'는 의미를 갖게 되어 원래의 제품과 전혀 다른 성격을 갖게 된다. 그래서 다른 이름을 생각하여 현재의 이름인 可口可乐(可口可樂)가 생겨났다고 하는데, 이는 마셔서 입이 즐겁다는 뜻을 바로 알 수 있기 때문에 매우 성공적인 브랜드 이름으로 자리 잡게 되었다.

코카콜라의 사례는 발음상의 유사성을 생각하되 원래의 뜻도 함께 생

동아시아 한자인문로드 한자의 역사

【자료23】　　　　　　　　　【자료24】

각해야함을 알려주는 것이다. 일본의 자동차인 마쯔다(mazda)의 중국진
출 초기 사례 역시 재미있는 이야기가 있다. '마쯔다'는 한자로 '松田'이라
고 쓰는데, 대부분의 일본 자동차가 중국에 진출할 때 그러했던 것처럼 마
쯔다 역시 원래의 이름인 '松田'을 사용하여 중국시장에 자동차를 출시하
였다. 중국어에게 있어서 '송전(松田)'은 발음이 sōngtián으로 표기되는데, 이
는 sòngtiān으로 발음되는 '송천(送天)'과 성조는 다르지만 거의 유사한 발
음이라고 할 수 있다. 따라서 중국인들은 이 자동차 이름을 듣고 '송천(送
天)'이라는 한자를 연상할 수 있는데, 이는 하늘로 보내다, 즉 죽음을 연상
할 수 있다. 이 때문에 원래 일본에서 쓰던 한자를 그대로 쓴다면 중국시장
에서 낭패를 볼 수 밖에 없다. 이에 마쯔다 자동차는 마쯔다라는 발음과 유
사한 '馬自達'라는 이름을 쓰게 되었다. 이때 '馬自達'라는 뜻은 말이 저절로
목적지에 도달하다는 뜻이 되어 자동차 본래의 목적인 이동수단임을 나타
내게 되어 자동차 이름으로서는 훌륭한 이름이 되게 된다.

　[자료24]에 나오는 SPAR는 네덜란드에서 처음 만들어진 마트 브랜드이
며, 우리나라에는 없지만, 유럽의 곳곳에서 만날 수 있는 곳이다. 이를 중

국어로 옮기면서 '십팔(十八)'이라는 발음이 유사한 숫자를 나타내는 한자로 쓰고 있다. 우리나라 사람에게는 그 발음이 우리말의 욕설과 비슷하여 거북스러운 면이 있지만, 중국인에게는 좋은 뜻으로 익히는 숫자이다. '팔(八)'자가 돈을 번다는 '발(發)'과 발음이 비슷해서 중국인이 좋아한다는 것은 우리나라 사람들 대부분이 알고 있다. 여기에 '십(十)'자를 더하면 '십(十)'자와 중국어 발음이 비슷한 '실(實)'로 익히게 되고 '십팔(十八)'은 '실발(實發)'의 뜻을 갖게 되는데, 이는 실질적으로 돈을 번다, 많은 돈을 번다는 뜻이 된다. 이 때문에 '십팔(十八)'은 마트라는 성격을 고려할 때 아주 좋은 브랜드 이름이라고 할 수 있다.

[자료25]는 중국에서 만난 자동차 번호판이다. 중국인들이 8자를 좋아해서 전화번호나 차량번호에 8888번이 들어간 것은 무척 비싼 가격에 거래가 된다고 알려져 있다. 그런데 최근 중국인들이 7자를 좋아하게 되면서 위와 같은 번호판도 간혹 만나게 된다. 과거 중국어에서 '9'는 '오래되다'는 '구(久)'와 동음어이기 때문에 '오랫동안'이라는 말로 해석하고, '7'은 부인을 뜻하는 '처자(妻子)'나 '화를 내다'는 '생기(生氣)' 등으로 해석되었다. 그런데 최근에는 '칠(七)'자가 곡괭이와 비슷한 모양이라는 점에 착안하여

【자료25】

'금을 판다', '돈을 번다'는 뜻으로 해석하면서 숫자 7을 선호하는 경향이 생겨났다. 물론 이는 사업을 하는 사람에게 자주 보이는 일이기는 하다. 또한 7의 발음이 친(親)과 유사하다고 보고 '977'을 '구친친(久親親)'으로 읽어서 '오랫동안

가까이 지내다', '영원히 사랑하다'는 뜻으로 해석하기도 한다. 이 때문에 위 그림에 보이는 97979는 오랫동안 돈을 번다는 의미를 갖는 번호라고 해석할 수 있을 것이다. 위 두 가지 자동차 번호판 사진이 어떤 지역의 최고급 호텔 앞에서 찍은 것이기 때문에 두 자동차 모두 사업을 하는 사람이 갖고 있는 자동차라고 볼 수 있을 것이다.

숫자와 관련하여 일화가 하나 있다. 전화번호에서 중국인이 8888이나 6688 등을 선호하는데, 이 번호는 우리나라에서도 고액을 주고 별도로 구입해야 하는 상황이 되었다. 이와 유사한 1688이라는 번호도 있는데, 이는 '일류발발(一流发发(一流發發))'과 발음이 비슷하여 '계속해서 돈을 번다'는 뜻을 가진다. 중국인이 좋아하는 이 번호를 우리나라 사람들은 아직 잘 모르고 있기 때문에 휴대전화를 만들 때 이 번호를 선택하면 잘 받을 수 있다. 재미있는 것은, 중국 관련 사업을 하고 있는 지인에게 이 사실을 알려주고 번호를 바꾸게 하였는데, 얼마 되지 않아 이전 번호를 갖고 있던 사람을 찾는 전화가 몇 통 왔는데, 발신자가 모두 중국인이었다고 한다. 중국인들은 이처럼 숫자와 동음어의 관계를 잘 활용하고 있으며, 이를 잘 알아둘 경우 한자의 현대적 활용을 이해하는 데에도 큰 도움이 된다.

[자료26]은 중국 베이징에 있는 한 만두전문점에 있는 광고 포스터이다. "비상소롱, 비상불가(非常小籠, 非嘗不可)."라고 되어 있는 중국어는 "특별히 맛있는 만

【자료26】

두이니 먹지 않으면 안 된다."라는 뜻이다. 그런데 여기에 보면 '특별히 맛이 있다'라는 '非常'(비상)과 '먹지 않으면'이라는 '非嘗'(비상)이 우리말 발음도 '비상'으로 같을 뿐만 아니라 중국어로도 동일하다. 이 두 말을 앞뒤로 배치하여 이 광고를 읽었을 때 매우 자연스럽게 발음되는 것을 이용한 것으로 이 또한 청각적 활용의 한 예라고 할 것이다.

이전에 '야호(夜好), 부산'이라는 구호가 있었는데, 놀라움을 표시하는 '야호'와 '밤이 좋다'는 '야호(夜好)'가 동음어라는 것을 활용하여 밤의 풍경이 아름다운 부산이라는 말이 되도록 한 것이다. 이처럼 일상생활 속에서 한자의 청각적, 음성적 활용과 관련된 예는 매우 많으며, 이는 중국은 물론 우리말에서 매우 자주 활용되고 있음을 보게 된다.

3) 한자의 종합적 활용

여기서 말하는 한자의 종합적 활용이란 앞서 보았던 시각적 활용이나 청각적 활용과 어떤 면에서는 중복되는 면도 있지만, 기본적으로 한자의 의미와 관련하여 재미있게 일상생활에서 사용된 예를 말한다.

[자료27]은 중국 시안(西安)의 대자은사(大慈恩寺)의 정심각(淨心閣)이라

【자료27】

동아시아 한자인문로드 한자의 역사

는 건물의 마주보고 있는 남녀 화장실에 붙어있는 4자로 된 글이다. 화장실 건물이 '정심각'이어서 '마음을 깨끗하게 하는 곳'이라는 뜻에서 느껴지는 한자의 유쾌한 활용도 그렇지만, 남녀 화장실 앞의 글 또한 재미를 주는 글이다. 먼저 '이고득락(離苦得樂)'이라는 말은 "괴로움을 떠나 즐거움을 얻다."라는 뜻인데, 불교의 용어이지만 누구나 화장실을 찾을 때의 괴로움을 잊게 만든다는 의미를 동시에 갖고 있다. 우리나라의 사찰에서 화장실을 근심을 푸는 곳이라는 뜻의 해우소(解憂所)라는 말을 쓰는 것과 비슷한 느낌을 준다. '만연방하(萬緣放下)'라는 말은 "온갖 인연을 다 내려놓는다."라는 뜻이다. 이는 불교에서 인연을 버림으로써 해탈의 경지에 들어간다는 말에서 나온 것인데, 이것이 그동안 몸 속에 들어있는 것들을 배설한다는 뜻으로 해석할 수 있다. 위 두 가지 4자로 된 글이 화장실 입구에서 있음에도, 대부분의 관광객은 그것에 대해 별로 주의를 하지 않기는 하지만 한자에 대한 관심을 갖고 보면 미소를 짓게 만들기에 충분하다.

[자료28] 중 앞의 것에는 '이수위천(以水爲天)', 즉 물을 하늘로 삼는다, 물을 하늘처럼 중시한다는 뜻이며, 뒤의 것은 '이식위희(以食爲喜)', 즉 먹는 음식을 즐거움으로 삼는다는 뜻이다. 모두 추측할 수 있듯이 앞의 것은 생수 광고에 나오는 말이고 뒤의 것은 식당에 있는 말이다. 그런데 이 두 가지는 모두 '민이식위천(民以食爲天)', 즉 "일반 백성들은 먹는 것을 하늘

【자료28】

처럼 여긴다."이라는 말과 연관이 있는 것으로 보인다. 전통적으로 중시되었던 '민이식위천(民以食爲天)'이라는 말에서 '민(民)'은 모두 생략하고 각자가 중시하고자 하는 바에 따라 말을 바꾸어 쓴 것이다. 위 그림을 보고 '민이식위천(民以食爲天)'이라는 말을 아는 사람은 좀 더 깊게 이해할 수 있고 그렇지 않은 사람은 평범하게 지나칠 가능성이 크다. 모두 중국에서 발견한 것인데, 이 때문에 한편으로는 한자를 일상으로 사용하는 중국에서는 고전에 대한 기본적인 지식이 필요하다는 점을 알 수 있게 해준다.

【자료29】

[자료29]은 대구 수성구의 길거리에서 발견한 것이다. "인자수성(仁者壽城)", 어진 사람들이 사는 수성구, 혹은 따뜻한 사람들이 사는 수성구를 만들자는 캠페인으로 보인다. "인자수(仁者壽)"라는 말은 『논어』에서 공자가 언급한 것으로 "어진 사람은 장수한다."라는 뜻인데, 그것을 수성(壽城)이라는 지명과 연결하여 아름다운 지역 만들기의 구호로 했다고 볼 수 있다. 공자의 원래 말을 알고 있다면 좀 더 깊은 이해가 가능한 구호이며, 한자로 된 문장의 의미를 잘 활용한 것이라 할 수 있다.

[자료30] 중 앞의 것은 서울 예술의 전당에서 있었던 서예작품 전시회의 포스터이며, 뒤의 것은 댄스공연의 포스터에 쓰였던 것이다. "천상천하, 유아독존.(天上天下, 唯我獨尊)"이라는 말에서 불교적인 색채가 있는 서예전이라는 것은 유추할 수 있는데, 여기에 더하여 이 전시회에서는 '문자반야

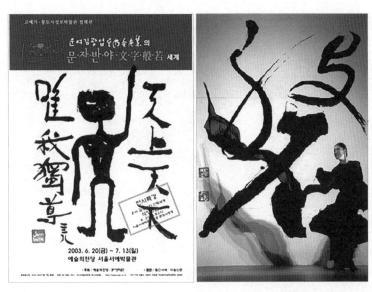

【자료30】예술의 전당 홈페이지(www.sac.or.kr)

(文字般若)', 즉 문자로 살펴보는 지혜의 세계를 말하고 있다. 한자가 일상 생활에서 지혜로까지 발전할 수 있음을 보여준다. 뒤의 것은 세계적인 무용단인 클라우드게이트(Cloudgate)의 공연에 대한 소개의 글에 있던 것인데, 이 당시 공연은 서예의 행서와 초서를 주제로 하였다. 즉 한자로 된 예술인 서예가 다시 무용으로까지 발전한 것이다. 이 공연은 세계적으로도 매우 유명한 공연인데 국내에서는 흥행에 큰 성공을 거두었다고 보기는 어려움이 있었다. 그럼에도 클라우드게이트의 무용 공연이 중국의 전통 사상과 연관 속에서 이루어진 적이 많았는데, 이 당시에 한자와 연관시켰다는 점에서 주목을 끌기에 충분하였다.

[자료31] 중 앞의 것은 전통적으로 많이 해오던 문자도(文字圖) 중 효(孝) 자 그림이다. 문자도는 주로 전통시대의 윤리도덕에 해당되는 효제충신예의염치(孝悌忠信禮義廉恥)의 8개 글자를 이용하는 경우가 많다. 孝자 그림

의 경우 붕어, 부채, 가야금 등 효와 관련
된 전통시대의 이야기를 자료 속에 넣어
서 표현한 것이다. 전통적인 문자도는 그
림에 따라 차이가 있기는 하지만 대체적
으로 비슷한 주제와 고사를 넣어서 그린
다. 뒤의 것은 현대 동양화 작가인 손동현
의 그림이다. 전통 문자도에서 연유하여 현대의 주요한 트랜드인 NIKE를
그림으로 나타내고 있는데, 이 또한 연관이 있을 것으로 생각되는 다양한
내용들이 글자 속에 들어있다. 전통 문자도의 현대적 변용이라고 볼 수도
있으며 새로운 양식의 팝아트에 속한다고도 할 수 있다. 비록 영어를 썼지
만, 전통적인 문자도를 응용했다는 점에서 함께 살펴볼 만하다.

[자료32]는 베이징 소재 식당의 간판인데, 중국 어느 곳에서나 만날 수
있는 평범한 식당의 간판인 것 같지만 자세하게 보면 재미가 있다. '熊家燒
烤(熊家燒烤)'라고 되어 있는데, 이 중 '웅가(熊家)'는 말이 식당 이름에 있다
면 웅(熊)씨 집안의 요리 혹은 사장이 웅(熊)씨라는 것을 나타내고 '소고(燒

烤)'는 볶고 튀기고를 뜻한다. 그
래서 위 식당의 간판에는 웅씨가
사장으로 있는 식당이라는 뜻을
나타내고 있다. 그런데 위 식당의
'웅가(熊家)'라는 말은 한자로 쓰
인 간판에서 알 수 있는 것과 전혀
다른 의미를 갖고 있다. 그것은 한
자 그대로 '곰집'이라는 말이며 곰
탕집이라는 말이다. 사실 이 식당

【자료32】

은 한국 유학생이 많은 지역에 있던 식당으로 한국에서 중국에 온 사람이
운영하고 있는 곰탕집이다. 따라서 이런 간판은 한자의 일반적인 것과는
전혀 다른 것이라는 반전의 재미를 주고 있으며, 생각에 따라서는 한자의
정상적인 활용이라고 볼 수 없기도 하다.

앞에서 우리는 한자가 미래시대에 유용하게 쓰일 것인지, 그리고 현재의
한자 응용상황에 대해 살펴보았다. 중국과 달리 우리나라의 일상생활에서
한자를 사용하지 않는다고 하여 아주 큰 불편을 느끼지 않는 것이 사실이
다. 그럼에도 한자의 수가 아주 많은 것도 아니므로 조금만 학습에 시간을
쓰면 기본한자, 상용한자에 대한 학습이 가능하며 또 일상생활에서도 한자
가 생각보다 많은 곳에서 활용되면서 상업적으로도 많이 활용되고 있음을
살펴보았다.

당연한 이야기지만, 한자의 응용은 아주 오래된 전통시대부터 있었고 현
대사회에서도 여전한 힘을 가지고 있다. 그렇기 때문에 한자를 모른다고
일상생활을 할 수 없는 것은 아니지만, 한자를 아는 사람과 모르는 사람은

그 교양의 차이에서 출발하여 미래의 신분상, 소득상 차이가 날 가능성이 매우 크다. 이제 한자는 손으로 암기하여 쓰기보다는 컴퓨터나 휴대폰에서 여러 한자 중에서 골라 선택하는 방식으로 이용되는 경우가 많다. 따라서 단순히 한자를 암기하는 것으로 한자 능력을 알 수 없으며 한자를 어떻게 창의적으로 활용하여 타인을 설득할 수 있는지가 중요하다. 즉 한자의 미래적 활용은 한자 지식이 창의적으로 사유하도록 확장시키는 데에 어떻게 도움이 되도록 할 것인지가 중요하다고 할 것이다.

10. 한글과 한자의 리터러시

조정아
(경성대학교)

1. 한글과 한자, 두 문자 사이

한국인의 언어생활 및 문자생활을 이야기할 때 한글 만큼이나 한자도 빼놓을 수 없다. 한글은 세계 다른 문자들과 견주어 보아도 아주 과학적이고, 체계적인 문자체계이다. 그러나 한자가 3세기 경 한반도에 전래된 이후 가장 오랫동안 한국인의 언어와 문자에 영향을 미친 문자라는 사실도 부정할 수 없을 것이다. 한자는 과거 오랫동안 동아시아에서 공동 문어(the cosmopolitan)로서의 지위를 누리면서 꾸준히 언어 교섭을 겪어왔다. 오늘날 더 이상 한자를 공식적인 문자로 사용하고 있지 않지만, 여전히 현대 한국어에서 한자어가 높은 비중을 차지하고 있다. 물론 한자가 표기수단이 되는 문자체계라면, 한자어는 고유어, 외래어와 함께 한국어 어휘를 이루는 구성요소이기 때문에 둘은 본질적으로 다르다. 그러나 한국어에서 한자어가 가지는 지위라는 것은 오랜 역사성으로 인해 여전히 특별하다. 문자와 문자로 이룩한 문화와 문명이 단시간에 이뤄지는 것이 아니듯이 단시간에 사라지지도 않는다. 이것이 곧 문자가 가진 힘이라고 할 수 있다.

이러한 맥락에서 보면, 한국 문자사에 있어서 가장 핵심적인 키워드는 한자의 수용과 한글의 창제이다. 한자의 수용과 변용, 그리고 새로운 문자인 한글의 탄생과 발전으로 이어지는 과정, 한자와 한글의 상호 교섭 과정 등이 한국인의 문자 생활에서 중요한 포인트가 되는 것이다. 따라서 한국에서 한글과 한자, 두 문자 사이의 관계를 면밀히 들여다보는 것은 꽤나 흥미로운 일이다. 한국인에게 긴 시간 유일한 문자였던 한자와 언문일치를 가져다준 선물 같은 문자 한글, 한자와 한글이라는 두 문자 사이의 관계를 통해서 여전히 한국인의 언어생활 및 문자생활에서 중요한 치트키처럼 기능하는 한자를 조망해본다면, 조금은 다른 시각에서 한자의 힘을 살펴볼 수 있지 않을까 한다.

2. 한자와 한글, 한문과 언문, 공동문어와 민족어

15세기 중반 '한글'이라는 우리 고유의 독창적인 문자가 만들어지기 이전까지 우리에게 한자는 유일무이(唯一無二)한 문자였다. 유일한 표기 수단이었던 '한자로 우리말을 어떻게 쓰고, 어떻게 쉽게 읽을 것인가' 하는 고민은 한자가 한반도에 전래된 3세기 이래로 오랜 기간 지속되었다. 한국어로 말하지만 한자로 쓸 수 밖에 없는 언문불일치(言文不一

致) 상황에서 한자로 우리말을 조금 더 쉽게, 그리고 본래의 의미에 가깝게 쓰고 읽으려는 시도로 탄생한 것이 이두(吏讀), 구결(口訣), 향찰(鄕札) 등이다. 그러나 표의문자(表意文字)인 한자로 우리말을 온전히 옮기는 것은 쉽지 않은 일이었다. 우리말을 그대로 옮길 수 있는 문자가 없었던 시기 동안 끊임없이 더 나은 표기 방식을 고민하고 우리말에 맞게 변형하여 한자라는 표기 수단은 유지하되 우리말을 쉽게 표기하여 의사소통이 원활할 수 있도록 노력을 기울였다. 이러한 노력은 남에게 빌린 옷에 내 몸을 맞춰보기도 하고, 조금씩 수선해서 입으려고 하는 노력에 빗댈 수 있다. 또 그 과정에서 내 몸에 잘 맞는 맞춤옷을 만든 것이 한글이었다.

그러나 한자를 기반으로 한 한자 문화는 오래도록 우리 문자 생활을 이루는 근간이었고 사상과 철학의 토대가 되었기 때문에 훈민정음이 창제된 이후에도 오랫동안 한자를 통한 문자 생활에서 벗어난 것은 아니다. 상층 문화를 향유하던 양반 지식인 계층은 한자를 통한 문자 생활에서 크게 불편을 느끼지 않았기 때문에 벗어나야 한다고 생각할 이유가 없었다. 그도 그럴 것이 당시 양반 지식인들은 한자와 한문으로 구축된 세계에서 일생을 보냈으며, 그들이 추구한 사상과 세계관 역시 한자와 한문을 바탕으로 이루어진 것이었기 때문에 그들을 둘러싼 거의 대부분의 문자생활은 한자와 한문을 통해 이루어졌다. 그러나 상층부의 양반과는 달리 기층부의 일반 백성이나 여성들에게는 한자와 한문에 대한 접근 자체가 어려웠다. 문자를 읽고 쓴다는 것이 곧 권위가 되었던 시기, 한자라는 문자가 곧 권위가 되었던 시기에 한글은 기층부 한자를 모르는, 알아서는 안 되는 백성이나 여성을 위한 문자였다. 물론 상층부 양반도 여성이나 일반 백성들과 소통하기 위해서는 한글을 기본적으로 읽혀 사용할 수 있었다. 즉 문자 사용이 상대에 따라 달랐던 것이다.

한글이 창제된 이후 조선의 문자 생활은 크게 한자를 기반으로 한 한문 (漢文)과 한글을 기반으로 한 언문(諺文)이 위계적으로 공존하는 다이글로시아(diglossia) 양상을 보인다. 다이글로시아는 한 언어사회 안에서 둘 이상의 변이어가 그 위상을 달리하며 사용되는 언어 구조를 말하는데, 이때 두 변이어는 상·하위로 우열의 사회적 인식이 뒤따르며 기능적으로도 제각기 달리 활용되는 것이 특징이다.[01] 사회언어학자인 찰스 퍼거슨(Charles A.Ferguson)은 다이글로시아라는 개념을 "한 사회 내에서 그 언어의 주요 방언형 이외에 또 다른 상층의 언어가 사용되는, 비교적 안정적으로 유지되는 언어적 상황"이라고 정의하였다. 즉 다이글로시아의 가장 중요한 특징은 상층언어와 하층언어가 기능적으로 뚜렷하게 분화되어 있다는 점[02]이며, 조선의 경우 상층부의 양반은 한자와 한문을 사용하고, 기층부의 백성과 여성은 한글과 언문을 사용하는 문자생활을 영위했으므로, 공동문어(the cosmopolitan)로서의 한문과 민족어(the vernacular)로서의 언문이 위계적인 관계를 형성하고 있었다고 할 수 있다. 이는 그리스·로마 문명을 이어받은 중세유럽에서 라틴어가 공동문어의 역할을 하고, 민족어로서 유럽의 여러 나라의 지역어들이 사용되었던 것과 상당히 유사하다고 할 수 있다.

---

01 박순함(1997), 「양층언어구조(Diglossia)연구의 약사-그리고 상민족어 개념과 한국적 유형에 관한 검토」, 『사회언어학』 5, 한국사회언어학회.

02 안예리(2019), 『근대 한국어의 변이와 변화』, 소명출판.

3. 한자로 기록된 것을 한글로 옮기기

       실제 한글이 창제된 이후 한글과 한자라는 두 문자체계가 공존하던 시기의 문자 생활은 어떤 모습이었을까? 막연히 두 문자를 쓰던 사용 계층이 달랐다는 정도로 알고 있던 당시의 문자생활을 문헌 자료를 대상으로 좀 더 자세히 들여다보자.

  한글은 창제 초기 조선의 통치 이념인 유교의 경전과 민간의 종교였던 불교의 경전을 우리말로 옮기고 한글로 적어서 보급하는 언해 사업을 시행하면서 점차 보급되었다. 언해(諺解)는 한자로 쓰인 한문을 우리말로 번역하여 한글로 쓰는 것을 말한다.[03] 창제 당시 한글은 '언문(諺文)'으로 불렸기 때문에 '언해'라고 한 것이다. 즉 언해는 번역의 일종이라고 할 수 있다. 언해는 대상 언어와 사용 시기가 한정되기 때문에 번역과 동일한 개념은 아니다. '언해'라는 말은 원문이 진서(眞書)인 한문인 데서 온 용어로, 대상 언어가 한어(漢語)가 아닌 문헌에는 언해라는 용어를 사용하지 않았다. 또 시기적으로는 16세기 말 이후부터 개화기 이전까지 사용되었다. 즉 언해는 한글이 창제된 이후부터 개화기까지 한문이나 백화문의 한어를 국어로 옮기고 한글로 표기된 문헌이나 그 번역 행위를 가리킨다.[04]

  '언해'라는 용어가 처음 책의 내지 제목에 등장한 것은 1518년에 간행된 정속언해(正俗諺解)부터이고, 판심 서명까지를 포함해서 본격적으로 서명

---

03   국립한글박물관(2014), 『한글이 걸어온 길』, 국립한글박물관.

04   윤용선(2012), 諺解 자료의 역사와 언어 양상에 대한 검토, 한국어문학 제58집.

(書名)에 쓰이기 시작한 것은 16세기 후반의 소학언해(1588) 등 교정청에서 간행된 문헌부터이다.[05] 실록에 '언해'라는 용어가 처음 등장한 것도 16세기 초반 '諺解醫書'라고 한 것이고, 기록상으로도 1510년대에 『노박집람(老朴集覽)』 범례, 『이륜행실도(二倫行實圖)』 서문, 『사성통해(四聲通解)』 등에 보인다. 15세기 말까지 언해된 책들의 기록에는 '언해'라는 말 대신 '역해(譯解), 역(譯), 번역(飜譯), 번서(飜書), 반역(反譯), 언석(諺釋), 언역(諺譯)' 등의 용어가 쓰였다.[06]

한글로 가장 먼저, 그리고 가장 많은 언해가 이루어진 것이 불경 언해였다. 불경 언해서는 전형적으로 한문 원문에 구결을 달고, 언해문을 배열한 방식으로 간행되었다. 1461년 교서관(校書館)에서 간행한 『능엄경언해(楞嚴經諺解)』을 이어 간경도감에서 『법화경언해(法華經諺解)』, 『금강경언해(金剛經諺解)』, 『반야심경언해(般若心經諺解)』, 『원각경언해(圓覺經諺解)』 등 여러 권의 불경 언해서들이 간행되었다.

불경 언해와 함께 사서삼경의 언해도 한글 창제 직후부터 진행되었지만 15세기에는 대체로 한문 원문에 구결을 단 책이 간행되었다. 1518년 『번역소학(飜譯小學)』이 간행되었으나 지나친 의역이라는 비판이 있었고, 이에 선조 때 교정청을 설치하여 소학과 사서삼경의 언해가 관(官) 주도로 진행되었다. 16세기 후반 『소학언해(小學諺解)』를 필두로 『효경언해(孝經諺解)』, 『중용언해(中庸諺解)』, 『대학언해(大學諺解)』, 『논어언해(論語諺解)』, 『맹자언해(孟子諺解)』 등이 간행되었다. 언해의 방식은 한문원문에 구결을

---

05   안병희(2009), 국어사 문헌 연구, 신구문화사.

06   김무봉(2012), 조선 전기 언해 사업의 현황과 사회 문화적 의의, 한국어문학 제58집.

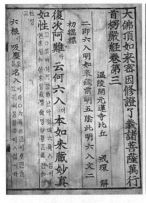

| 능엄경언해(1461) | 소학언해(1588) | 두시언해(1481) |
| 출처:국립중앙박물관 | 출처:국립한글박물관 | 출처:국립한글박물관 |

달고, 뒤이어 언해문을 붙이는 방식의 불경 언해와 다르지 않았다.

『용비어천가(龍飛御天歌)』, 『월인천강지곡(月印千江之曲)』과 같은 시가를 비롯하여 당나라 두보(杜甫)의 시를 우리말로 번역한 『분류두공부시언해(分類杜工部詩諺解)』도 1481년에 간행되었다. 두시언해에서 언해된 방식은 한문 원문에 바로 이어 언해문을 붙이는 방식을 취했다.

한글이 창제된 후 한문으로 된 불교 경전과 유교 경서를 한글로 번역하는 언해 작업을 통해서 수많은 언해서들이 간행되었다. 새로운 문자인 한글의 정착과 보급은 한자와 한글 간의 번역으로 시작되었다. 즉 한자와 한글의 첫 관계 맺음은 번역이라는 맥락에서 이루어진 원천언어(源泉言語, Source Language)와 목표언어(目標言語, Target Language)의 관계로 시작되었다.

4. 한글과 한자, 알맞게 쓰다

한글이 상당히 보급된 조선 후기는 한글과 한자를 양
손에 들고 쓸 수 있는 능력을 가졌지만 그렇다고 두 문자 중 어느 하나를
선택하는 것이 누구에게나 자유로운 사회구조는 아니었다. 마음대로 선
택할 수 있는 계층은 역시 상층문화를 누리던 계층으로 한정적이었다. 당
시 여건이 신분적 한계를 극복하고 한자와 한문을 익히기에는 한자에 대
한 진입 장벽이 높았기 때문이다. 한자를 모르기 때문에 문자 선택의 여지
가 없었던 일반 백성과 여성들과는 달리 한자로 자유롭게 문자 생활을 하
는 양반층은 용도와 대상을 고려하여 그에 맞는 글쓰기를 했다. 양반 계층
이 한글과 한자를 어떻게 함께 사용했는지는 몇몇 문헌 자료를 통해서 확
인할 수 있다.

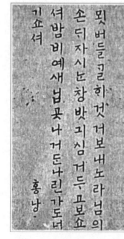

(1)홍랑의 시조

(2)최경창이 홍랑의 시조를 번역한 한시

(3) 송별(送別), 최경창이 홍랑에게 지
어준 한시

동아시아 한자인문로드 한자의 역사

위 자료는 (1) 한글로 쓴 홍랑의 시조, (2) 홍랑의 시조를 한문으로 번역한 고죽(孤竹) 최경창(崔慶昌, 1539~1583)의 한시, (3) 다시 이별을 겪으면서 홍랑에게 최경창이 지어준 답시이다. 고죽의 일기에 따르면, 두 사람이 이별한 뒤 홍랑은 (1)의 시조를 지어 최경창에 보냈다고 한다. 3년 뒤 재회한 두 사람은 또다시 이별하게 되는데, 이때 최경창은 홍랑에게서 받았던 시조를 한시(漢詩)로 번역한 번방곡(飜方曲)과 함께 송별(送別)이라는 한시도 지어 홍랑에게 이별 선물로 건네었다.

동시대 마음을 나누던 연인이었고, 그 애틋한 마음이 담긴 작품들이지만 홍랑과 고죽의 작품은 서로 다른 방식으로 전하고 있다. 한글로 기록된 시조나 한자로 기록된 한시나 모두 현대어로 번역이 필요하기에 아래와 같이 옮겨본다.

(1)

묏버들 글히 것거 보내노라 님의손디	산버들 골라 꺾어 보내노라 임에게
자시는 창밧긔 심거두고 보쇼셔	주무시는 창 밖에 심어 두고 보십시오
밤비예 새닙곳 나거든 나린가도 너기쇼셔	밤비에 새 잎이 나거든 나인가도 여기십시오
―홍낭	―홍랑

(2) 飜方曲

折楊柳寄與千里	버들가지를 꺾어 천릿길 가는 이에게 보내노니
爲我試向庭前種	나를 위하여 뜰 앞에 심어 주소서.
須知一夜新生葉	모름지기 아셔야 할 것은 하룻밤 사이 새잎이 나거든

憔悴愁眉是妾身　　초췌하고 수심어린 모습이 저의 몸이라는 것을.

　　─孤竹　　　　　　　　　　　　　　　　　　─고죽 최경창

(3) 送別

玉頰雙啼出鳳城　　고운 두 뺨에 눈물지으며 봉성을 나서네

曉鶯千囀爲離情　　새벽 꾀꼬리도 이별이 서러워 그리 우는가

羅衫寶馬河關外　　비단옷에 말 타고 강 건너 떠나갈 제

草色迢〃送獨行　　풀빛만 아득히 외로운 나그네 전송하리

　조선판 러브스토리의 주인공인 홍랑과 최경창이지만, 그들의 글에서 표현하고 있는 사랑과 이별의 정서와는 무관하게 그들의 문자생활을 본다면 신분에 따른 문자 사용 상의 차이를 단적으로 보여준다. 두 사람은 자신에게 더 익숙하고, 자신의 감정을 더 잘 드러낼 수 있는 문자를 사용했다. 그러한 문자가 홍랑에게는 한글이었고, 최경창에게는 한자였던 것이다. 기생이었던 홍랑은 사랑하는 연인에 대한 마음을 한글로 표현한 시조를 지었고, 최경창은 한글로 된 시조를 한시로 번역하여 홍랑에서 전했다. 최경창은 홍랑과 이별하는 마음을 전하기 위해 한자로 한시를 지어 보내기도 했다. 홍랑과 최경창의 연시(戀詩)는 조선의 문자생활이 다이글로시아 양상을 보인다는 사실을 단적으로 보여주는 예라고 할 수 있다.

　이러한 예는 조선시대 서간(書簡), 즉 편지글 중에서도 나타난다. 하나의 편지지에 한자와 한글 표기가 공존하는 경우가 있는데, 이 경우 편지의 발신자는 동일하지만 수신자가 다르다.

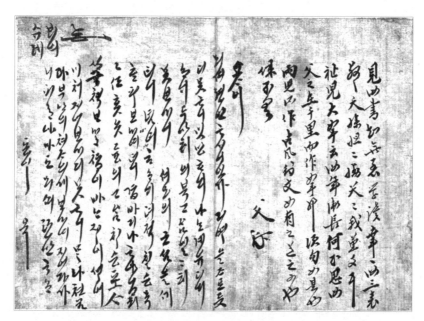
이옥이 아들과 서모에게 보낸 편지

　다음 편지는 이옥(李沃, 1641~1698)이 아들과 서모(庶母)[07]에게 보낸 편지
이다.

　　【眞書】네 글을 보고 별 일 없이 배우며 독서하는 것을 알았으니
　　다행이다. 네 셋째 외숙이 어려서 죽으니 슬퍼서 통곡을 한다. 나

07　이 편지는 연안이씨 식산종택에서 소장하던 것을 한국학중앙연구원에 기탁한 것으
　　로, 2016년 한국학중앙연구원 장서각에서 개최한 특별전 '한글, 소통과 배려의 문
　　자'의 도록에도 실려있다. 해당 편지만 보면, 한글 편지의 수신자는 서모보다 아내
　　일 가능성이 더 높아 보인다. 그러나 이 한글편지 외에도 이옥의 다른 한글편지가
　　몇 편 전하는데, 그 편지들의 내용과 상대높임법, 발신자 표시 등을 고려하면 이 편
　　지의 수신자도 서모로 보아야 한다.

는 그럭저럭 지낸다. 지아(祉兒)가 크게 장난을 친다고 하는구나. 너희는 나이가 점점 드는데, 어찌 네 아비가 천리에 있는 것은 생각지 않고 장난을 친단 말이냐. 모름지기 이와 같이 하지 말라. 두 아이가 지은 시나 글이 만약 있다면 보내는 게 좋겠다. 나머지는 이만 줄인다. 아비가

【諺簡】 요사이 평안하십니까? 소식을 자주 듣지 못하니 민망하네. 나는 겨우 지내네. 두 아이의 의복감을 일일이 보내지 못하니 서모에게 근심을 끼쳐 염려스럽네. 지난 번에 칠승목 한 필을 보내었으니 (두 아이에게) 겹바지나 지어서 입히고 또 홑옷과 중의(中衣)감으로 칠승포 한 칠을 보냅니다. 첩이 바느질이 설어 미처 지어보내지 못하니 재단해서 천금과 부만이의 처자에게 보내어 (홑옷과 중의를) 지어다가 입히시오. 아무쪼록 평안하시오. 같은 날 옥

[署押] 배(配)의 수례(手例)

이옥은 한 장의 편지에 아들에게는 한문서간을 쓰고, 서모에게는 한글로 편지를 써서 본가로 보낸다. 편지를 받는 아들이 한글을 모르지 않겠지만 한문 진서(眞書)로 편지를 썼고, 한글이 익숙한 서모에게는 한글로 편지를 써서 편지에 사용한 문자가 두 가지로 구별된다.

이러한 유형의 편지는 어렵지 않게 확인된다. 다음 편지는 안극(安極, 1696-1754)이 아들 안정복(安鼎福, 1712~1791)과 며느리에게 보낸 서간이다. 아들에게는 부인이 해산한 후 먹을 보약의 처방을 써주고, 며느리에게는 딸을 낳더라도 서운해하지 말고 건강부터 챙기라고 당부하는 내용을 적었다.

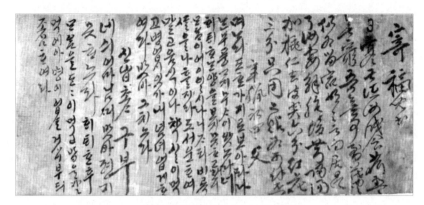

안극이 아들 안정복과 며느리에게 보낸 편지

【眞書】정복에게 보내는 글

추위가 매우 심한데 너의 먹고 자는 것은 어떠하냐? 근심스럽기

한이 없구나. 나는 무사히 무주(茂州)에 도착했고, 그대로 유숙했

다가 내일 거창(居昌)으로 향하려고 한다. 네 처가 해산한 뒤이니,

궁귀탕에 껍질을 벗긴 복숭아씨 6푼과 홍화 3푼을 가미하여 2첩

을 복용하면 괜찮을 것이다. 나머지는 세세하게 적지 않는다.

신년(辛年) 12월 4일 아비가.

【諺簡】며느리도 한가지로 보아라. 나는 무풍(茂豊)까지 무사히 왔

다. 너 해산하는 모습을 보지 못하고 나오니 마음이 어찌 잠시라

도 잊었겠느냐. 비록 딸을 낳을지라도 서운해 말고 음식이나 착

실히 먹고, (나는) 병 없으니까 내 염려는 없게 하여라. 바빠 그친

다. 신년 납월(臘月) 초사일. 시아비가.

네 시어머니께 바빠 편지 못한다. 해산한 후 마음을 단단히 먹고

밥을 잘 먹어야 병이 없을 것이니 부디 조심하여라.

편지의 발신자인 안극은 아들인 안정복에게는 한문으로 편지를 쓰고, 며느리에게는 '며느리도 흔 가지로 보아라'로 시작하는 편지를 한글로 썼다. 편지를 받는 수신자가 한자를 아는 아들인지, 한글을 아는 며느리인지에 따라 편지를 쓰는 문자를 선택하여 편지를 써서 보낸 것이다.

심지어 조선시대 왕도 편지를 쓸 때 부분적으로 한자와 한글을 섞어서 쓴 경우가 있다. 아래 첫 번째 편지는 1603년 선조가 딸인 정숙옹주에게 쓴 것으로, 정숙옹주가 마마(천연두)에 걸린 동생 정안옹주를 걱정하자 이를 안심시키는 내용의 편지이다. 편지 중 '陰ᄒᆞ니, 日光, 親히, 用藥홀, 醫官醫女, 待令ᄒᆞ려' 등의 한자어와 편지 작성일시를 밝힌 '萬曆三十一年癸卯復月十九日巳時' 부분은 한자로 표기하였다.

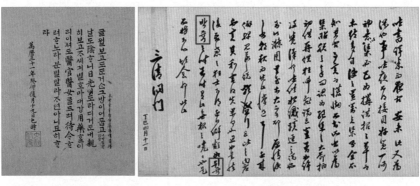

선조가 정숙옹주에게 보낸 편지   정조가 심환지에게 보낸 편지

오른쪽 편지는 1797년 정조가 신하인 심환지에게 보낸 편지이다. 한문으로 써내려간 편지 끝 부분에 '뒤죽박죽'이란 한글을 보인다. 편지를 쓰면서 '뒤죽박죽'이라는 의미의 적당한 한자 표현이 언뜻 생각나지 않자 한글 그대로 쓴 것으로 짐작된다. 이렇게 상층부 양반 계층의 해당되는 이야기지

동아시아 한자인문로드 한자의 역사

만, 주로 한자로 문자 생활을 하면서 필요에 따라 한글을 선택하는 경우가 나타날 정도로 한글이 자리잡게 된다.

조선시대 문헌 자료에서만 한자와 한글이 나란히 사용된 것은 아니다. 20세기 중반 문학작품에도 한글과 한자는 함께 나타나는 경우가 있다. 다음 시는 한글로 표기했을 때와 한자로 표기했을 때의 차이를 시적 장치로 활용하였다. 김수영이 지은 '비'라는 시의 4~5연을 읽어보면, 한자어를 곳곳에 사용하면서 한자 표기를 하고 있는 4연에 비해 5연은 고유어를 주로 쓰고 있어서 대조를 이룬다.

> ......
>
> 瞬間이 瞬間을 죽이는 것이 現代
> 現代가 現代를 죽이는 「宗教」
> 現代의 宗教는 「出發」에서 죽는 勞譽
> 그 누구의 詩처럼
>
> 그러나 여보
> 비오는 날의 마음의 그림자를
> 사랑하라
> 너의 벽에 비치는 너의 머리를
> 사랑하라
> 비가 오고 있다
> 움직이는 悲哀여
> ......

-김수영의 '비'

시인이 4연에서 쓴 '瞬間, 現代, 出發, 宗敎, 勞譬' 등의 한자어는 추상적인 개념을 표현하는 단어들이고, 이런 추상적인 개념을 한글이 아닌 한자로 표기하였다. 이렇게 한자어를 한자로 표기함으로써 바쁘게 움직이는 현대인의 비애를 표현하는 동시에 시를 읽는 피로감도 높이고 있다. 반면, 5연에서는 비를 사랑으로 표현하면서 고유어를 사용하여 여유롭고 편안한 분위기를 조성한다. 한자어와 한자, 고유어와 한글 중에서 어느 것을 시어로 선택하느냐에 따라 시적 분위기를 다르게 조성할 수 있음을 알 수 있다.

5. 한자, 한국어에 스며들다

한국어는 고유어, 한자어, 외래어로 구성된다. 엄밀히 말해서 한자어도 외래어의 일종이라고 할 수 있지만, 한국 고유의 한자음으로 읽히는 특수성 때문에 고유어로의 귀화성이 인정된다는 점에서 한자어를 별도로 구분하고 있다. 한국어에서 한자의 결합으로 이루어진 한자어의 특별함은 한자의 특성에서 기인하는 경우가 많다.

우선, 한자어는 고유어에 비해 단일한 의미를 가지는 경우가 많아서 고유어 한 단어에 여러 개의 한자어가 대응된다. 이러한 양상을 살펴볼 수 있는 예로 고유어 '믿음'에 대응되는 한자어 유의어를 살펴보자.

고유어		한자어		
어휘소	자질	어휘소	공통 자질	개별 자질
믿음	중립	신임(信任) 신뢰(信賴) 신용(信用)	인간과 인간의 믿음	상사->부하 중립 상업. 거래
		신앙(信仰) 신앙심(信仰心), 신심(信心)	인간과 신의 믿음	추상적 현상 구체적 실체
		신념(信念) 신조(信條) 소신(小信)	인간과 현상의 믿음	+당위성 구체적 조항 ±당위성

출처: 김광해(1988), 『고유어와 한자의 대응 현상』, 국어학회, 58쪽.

위 표에서 보듯이 고유어 '믿음'에 '신임(信任), 신뢰(信賴), 신용(信用), 신앙(信仰), 신앙심(信仰心), 신심(信心), 신념(信念), 신조(信條), 소신(小信)' 등의 한자어가 대응된다. 이러한 고유어와 한자어의 대응을 살펴보면, 고유어에 비해 한자어가 더 분화된 의미를 표현하고 있다는 것을 알 수 있다. 반면, 고유어는 한자어에 비해 더 큰 외연을 가지고 있음을 알 수 있다. 이는 하나의 한자가 하나 이상의 의미를 가지는 특징에서 기인한 것이다.

이렇게 분화된 의미를 보여줄 수 있다는 특성을 지닌 한자어는 일상 생활에서 기초 어휘로도 쓰이지만 학술 용어나 전문 용어 등으로 많이 쓰인다. 정밀하게 분화된 개념을 표현하기에 적합하기 때문이다. 한편, 한자 하나하나가 의미를 갖고 있기 때문에 한자어는 짧은 음절로 단어를 만들 수 있기 때문에 경제적이다. 고유어에 비해 단어 형성에 제약도 적어서 단어 형성에 자유롭게 참여하는 경향이 있다. 이는 고유어가 가진 단어 형성 제약에 대해 한자어라는 인식이 예외로 작동될 수 있도록 허용하는 것이다.

그래서 한자어 중 일부는 우리말에 동화되어 문장에서 쓰일 때나 단어 형성에 참여할 때 고유어처럼 사용되기도 한다.

한자어는 한국어 어휘이지만 기원적으로 한자로 구성된 어휘이기 때문에 한자의 특성이 살아있다. 한자 특유의 함축성과 경제성이 한자어에도 작용하여 한국어를 더욱 풍부하게 만들고 있다.

2018년 국립국어원의 신어 조사 자료를 보면, 단일어에서는 고유어에 비해 한자어는 약 5배, 외래어는 약 8배 정도의 높은 비율의 신어가 만들어졌다. 복합어에서는 한자어(162개)>외래어(178개)>고유어(97개)의 순으로 신어의 생산에 기여했다.

원어에 따른 신어의 결합 유형

원어		수(개)	비율(%)	결합 유형
단일 원어	고유어	16	3.7	고, 고+고, 고+고+고
	한자어	76	17.5	한, 한+한, 한+한+한, 한+한+한+한, 한+한+한+한+한
	외래어	129	29.7	외, 외+외, 외+외+외
계		221	50.9	
복합 원어	고+외	35	8.1	고+외, 외+고, 고+외+고, 외+고+고
	고+한	51	11.8	고+한, 한+고, 고+고+한, 고+한+고, 고+한+한, 한+고+고, 한+고+한, 한+한+고, 고+한+한+한
	외+한	116	26.7	외+한, 한+외, 외+외+한, 외+한+외, 외+한+한, 한+외+외, 한+외+한, 외+한+외+한, 한+한+한+외
	고+외+한	11	2.5	고+외+한, 고+한+외, 외+고+한, 한+고+외, 한+외+한+고

계	213	49.1	
합계	434	100	

출처: 2018년 신어 조사 보고서(국립국어원)

 접미 파생을 보이는 신어 중에서도 한자어 접미사가 참여하는 예가 고유어 접미사보다 우세하다. '-족(族)' 접미사를 포함한 단어가 20개로 접미 파생어 전체의 약 44.5% 정도를 차지한다. 그 다음으로 '-권(圈)'이 뒤를 이었다. 그 외에도 '-자(者), -체(體), -남(男), -단(團), -력(力), -선(船), -학(學)'이 접미사로 신어 형성에 참여하였다.

 지금 이순간에도 한자는 새로운 개념의 번역에도 사용되고, 신조어나 임시어를 조어할 때도 여전히 중요한 역할을 한다. 그 이유는 이미 기존 한국어에서 한자어가 차지하는 비중 자체가 높기 때문에 신어를 생성할 때 기존 어휘를 활용하는 것이 이점이 많기 때문이다. 기존 한자어가 가지고 있는 함축성과 경제성이 새로운 단어를 만들 때도 한자어라는 특별한 의식 없이 한국어의 일부분으로 단어형성에 참여하고 있다. 한자에 대한 어원의식이 사라진 것이 신어를 조어할 때 고유어와 마찬가지로 자유롭게 조어 과정에 참여할 수 있도록 하는 것이다. 물론 한자에 대한 어원의식이 사라진 것이지 해당 음절의 한자가 가진 의미는 여전히 살아 있기 때문에 조어과정에 참여할 수 있다.

코로나 관련 신어의 다듬은 말

다듬기 전	다듬은 후
언택트(untact)	비대면(非對面)
위드 코로나 시대	코로나 일상(日常)
코로나 블루(corona blue)	코로나 우울(憂鬱)
엔데믹(endemic)	(감염병) 주기적(週期的) 유행(流行)
팬데믹(pandemic)	(감염병) 세계적(世界的) 유행(流行)
에피데믹(epidemic)	(감염병) 유행(流行)
코호트(cohort) 격리	동일 집단 격리(同一 集團 隔離)

출처: 국립국어원 다듬은 말
https://korean.go.kr/front/imprv/refineList.do?mn_id=158

위 단어들은 2020년 코로나의 세계적 대유행으로 새롭게 등장한 외래어들을 우리말로 다듬은 것들이다. 국립국어원에서는 낯선 외래어와 외국어, 어려운 한자어들을 쉬운 우리말로 다듬는 우리말 다듬기를 진행하고 있다. 알기 쉬운 우리말로 다듬었다는 말들을 보면 대부분 한자어라는 것을 알 수 있다.

4차 산업혁명 시대를 표현하는 초연결(超連結), 초지능(超知能), 초융합(超融合) 시대라는 말도 모두 한자어로 번역되었다. 영어 'Hyper-connected, Hyper-intelligent, Hyper-convergence'에서 'Hyper'가 한자어 접두사 '초(超)-'로 새로 번역되면서 만들어진 신어들이 '초연결, 초지능, 초융합'이다. 이렇게 본다면, 앞으로도 한자는 여전히 한국어에서 새로운 단어 형성에 기여하면서 살아 있을 것이다.

법률 행정 용어 정비 사례

개정 전	개정 후
사지의 단(單) 마비가 인정되는 사람	팔다리의 일부가 마비된 사람
나안(裸眼)	맨눈
현훈(眩暈)	현기증
유상의치(有床義齒)	부분틀니
산동(散瞳)	동공확대
이루(耳漏)	귓물
탈실(脫失)	탈색
몽리자(蒙利者)	이용자
사력(砂礫)	자갈
조견표(早見表)	일람표

자료: 법제처, 행정안전부

　위 표는 법제처와 행정안전부에서 법률 및 행정용어 순화 사업을 실시하여 가다듬은 용어를 보인 것이다. 법률 행정 용어 중에 직관적으로 의미 파악이 쉽지 않은 한자어를 좀 더 쉬운 우리말로 정비하면, 해당 용어의 의미가 보다 선명해지기 때문에 이해가 빠르다는 장점이 있다. 그러나 단순히 현대국어에서 잘 쓰지 않는 어려운 한자어라는 이유로 쉬운 말로 대체할 경우 역사적으로 오랫동안 사용해온 한자어 유의어 하나를 잃어버리는 결과가 발생한다. 고유어와 한자어가 대응이 되면서 풍부한 유의 관계를 이룬다는 측면에서 본다면 어휘 사용의 다양성을 저해하는 결과가 될 수도 있다. 의사소통이 원활하도록 어려운 말을 다듬는 것은 필요한 일이지만, 무조건 쉬운 말로 바꾸는 것이 정답일지는 생각해볼 문제이다. 국어순화에 반대하거나 한자병용을 주장하려는 것이 아니라 단지 어려운 한자어라고 무조건 고유어로 대체하는 것이 능사는 아니라는 것이다. 순화사업을 진행할 때도 한자어 하나하나의 어원과 역사를 따지고, 다른 어휘들과의 계열관계나 조어력 등 세밀한 사항까지 따져서 고유어로 가다듬을 것인지, 유의어로 가르치고 알릴 어휘인지를 결정하는 신중한 입장을 취할 필요가 있다는 것이다. 우리의 사고나 언어 체계의 기반을 이루는 기존 개념어들을 모두 고유어로 대체하지 않는 이상 한자어는 지속될 것이고, 조어 과정에도 참여하여 새로운 말들을 만들어낼 것이다. 한자와 한자로 구성된 한자어가 우리의 언어생활에서 여전히 유용한 도구가 될 수 있다는 의미이다.

한국인에게 한자는 긴 시간 우리의 역사와 삶을 함께 해온 문자이다. 한글이 만들어진 후에는 꾸준히 한글과 한자는 관계를 맺으며, 조금씩 다른 모습과 위상으로 공존해왔다. 한글이 공식 문자가 된 이후에도 한자는 한국어 어휘의 절반 이상을 차지하는 한자어로 역할을 담당해왔다. 한글과 한자를 둘러싼 소모적인 논쟁도 진행중이지만, 그런 논쟁과 상관없이 언중들은 우리의 문자생활에서 한글과 한자를 어떻게 효율적으로 슬기롭게 쓸 것인가에 대한 해답을 알고 있는 것 같다. 한글과 한자 두 문자를 통한 한국인의 리터러시는 어쩌면 우리의 유전자에 탑재되어 있는지 모른다.

11. 문자기호 한자의 도상성과 인지적 기능

심현주
(경성대학교)

1. 음성중심주의(音聲中心主義)와 언어(言語)

세상에는 6,000개의 언어가 존재하고 6,000개의 언어를 기록하는 문자는 400여 개이다. 400여 개의 문자 중에 현재 사용하고 있는 문자는 50개에 불과하다. 400여 개의 문자에서 350개의 문자는 인류 문명사의 생존경쟁에서 사라지고 그 흔적만 남아있다. 문자보다는 목소리를 통한 소리가 먼저 발달한 것이다. 인간이 사용한 처음의 언어도 동물들의 공격을 피하고, 사냥을 목적으로 주고받던 몸짓과 소리였다. 문자가 만들어지지 않고 목소리로 소통한 언어만 사용했다는 흔적은 성경과 신화에도 등장한다. 예컨대 바벨탑 아래서 수많은 언어로 자신들의 이야기를 떠들어 대는 사람들의 모습은 문자보다는 언어가 중요한 소통의 도구였다는 것을 잘 보여주고 있다. 그래서 인류 문명사는 19세기 말까지 목소리 기반의 언어인 음성중심주의 세계관이 주도해왔다.

인류 문명사의 진화가 생각의 도구인 언어와 음성 중심으로 전개된 것은 사실이다. 20세기 검은아프리카의 지성으로 노벨 문학상을 받은 아마두 함파테 바(Amadou Hampete Ba)는 문자가 없이 언어만 존재하는 아프리카 문명에서 목소리 기반의 언어가 오늘날에도 중요하다고 강조했다. 그는 "아프리카에서 한 노인이 숨을 거두는 것은 도서관 하나가 불에 타버리는 것 같다."는 유명한 말을 하면서 음성 언어의 중요성을 이야기했다. 이야기꾼인 그의 작품은 음성 언어가 만들어 낸 이야기들의 결과물이다. 그래서 그는 아프리카에서는 문자보다 언어가 중요한 소통의 도구라는 메시지를 전하고 있다.[01]

17세기 프랑스의 철학자 데카르트도 언어 중심의 생각과 사고가 중요함을 강조했다. 그는 '나는 생각한다, 나는 고로 존재한다(我思故我在)'라는 경구로 음성중심의 이성이 인간의 존재를 보장한다고 했다. 목소리 기반의 언어가 인간의 생각과 사고를 지배하고, 그것이 인간의 존재 가치를 결정한다는 논리를 전개하고 있다. 그의 논리적 전개에는 인간이 언어와 음성으로 생각하고 소통하는 음성중심주의 사고가 지배하고 있음을 전제하고 있다. 언어를 매개로 끊임없이 생각하면서, 자신의 존재적 가치를 증명하는 것이 인간이라는 철학적 경구로, 인류 문명사가 인간이 언어를 매개로 사색하고 탐색하는 과정이고, 생각의 연속이 인간의 존재를 보장한다는 것이다. 이성 중심의 생각의 도구는 언어이고, 언어를 매개로 인간은 생각을 넘어 상상을 하게 되면서, 자신의 존재적 가치를 문명사에 남긴다는 함축적 의미가 숨겨져 있다.

---

01   아마두 함파테 바, 이희정 옮김, 들판의 아이, 북스코프, 2008

언어중심의 논리적 사고를 강화시키고 인간의 존재적 가치를 상징적으로 표현한 데카르트의 명제 '나는 생각한다, 고로 존재한다'는 한자로 아사고아재(我思故我在)이다. 나 아(我), 생각 사(思), 있을 재(在)로 구성된 철학적 경구이다. 마음 심(心)의 밭전(田)을 경작하는 생각할 사(思)와 흙 토(土)와 재주 재(才)가 결합한 있을 재(在)가 연상시키는 의미는 마음의 밭을 수련하면서 자신의 재능을 다지는 것이 인간의 존재라는 것이다. 인간이 이성을 중심으로 존재하는 인간이라는 것을 상징적으로 표현하고 있다.

몸과 감각이 아닌 마음의 밭을 경작한다는 함축적 의미는 연속적인 생각의 수련을 의미한다. 심신과 감각의 수련이 아닌, 마음과 정신을 수련하는 것을 의미한다. 특히 삼지창 모양의 나 아(我)는 인간이 도구를 사용하는 도구적 인간임을 상징하고 있다. 상형문자 나 아(我)는 사냥과 전쟁터에서 생존에 필요한 삼지창의 무기 아이템을 가진 것이 나라는 의미이다. 더 나아가 인간은 생각을 하는 삼지창 즉, 언어적 도구를 매개로 자신의 존재적 가치를 인정받을 수 있다는 은유적 표현으로 해석할 수 있다. 함축적 의미인 삼지창의 의미는 시대적 상황에 따라 다양한 의미로 확장될 것이다. 예컨대 인공지능 시대의 삼지창의 의미는 빅 데이터의 자동화 기술일 것이다.

음성중심주의 사고는 인류를 청각에 집중하게 만들었다. 인류사에서 언어를 통제한다는 것은 권력을 통제하는 것이고, 권력의 통제는 사람들의 청각을 통제할 수 있는 역량을 의미한다. 음성언어로 메시지를 전달하는 권력 집단과 귀에 들리는 메시지를 일방적으로 수용하는 서민 계층의 계급 구조를 강화하는 수단이 음성 언어이다. 그래서 언어와 말을 중심으로 권력을 잡으려는 집단과 계층이 늘어나고, 소리를 통해 대중들을 통치하는 선동과 프로파간다 정치가 등장하게 된 것이다.

한자를 미시적으로 해석해보면 음성언어 중심의 인류 문명사의 흐름을 명확하게 포착할 수 있다. 한자의 형상과 의미 하나하나가 인류 문명사의 흐름과 진화를 이해하는 키워드가 될 수 있다. 한자 언어(言語)를 미시적으로 해체하면 인류가 음성중심주의 관점에서 발전했음을 짐작할 수 있다. 갑골문에서 말을 뜻하는 말씀 언(言)은 입 구(口)에 말소리가 퍼져나가는 나팔의 모양을 형상화하고 있다. 음성으로 말을 하고 그 말이 퍼져나가는 이미지를 연상시키는 말씀 언(言)은 인간의 감각 중에서 음성과 청각을 활용하여 소통하는 도구임을 시각적으로 보여주고 있다. 말씀 어(語)는 말씀 언(言)과 나 오(吾)로 조합된 한자로 말과 말씀을 주고받고, 서로 이야기한다는 의미를 연상시키고 있다. 한자 언어(言語)의 조합은 목소리로 다양한 말을 전달하고 소통하는 음성 중심의 도구임을 가시적으로 보여주고 있다.

영국의 사회인류학자 잭 구디(Jack Goody,1977)[02]는 19세기 말까지 인류 문명사가 목소리 중심의 구술 문학으로 전개되었으며, 글쓰기가 배제된 지식 사회라고 언급했다. 즉 문자가 배제된 구술 중심의 사회였다는 것이다. 문자화된 기록물을 읽고 쓰는 능력인 리터러시(literacy, 文明能力) 능력이 배제된 지식 사회로, 문자에서 지식과 정보를 획득할 수 없었다. 19세기 말까지 일반 대중이 아닌 특권 계층에서만 리터러시 능력을 취득할 수 있었다. 인류의 방대한 기록 역사에서 글쓰기와 읽기는 소수 엘리트 집단의 권력을 상징하는 전유물이었고, 대부분의 사람들은 구술의 의사소통에 의존했다는 것이다.

예컨대 음유 시인이 다양한 신화의 이야기를 전하는 순간, 소리의 리듬과 억양 그리고 표현은 목소리를 통해 사람들에게 즉각적으로 전달되면서

---

02 잭 구디, 김성균 역, 야생정신 길들이기, 푸른 역사, 2009년

동아시아 한자인문로드 한자의 역사

구술 문학 장르의 특성을 만들었다. 고대 페르시아의 조로아스터교와 인도 힌두교 브라만의 사제들은 목소리 기반의 종교적 낭송을 수행했으며, 이러한 종교적 행위는 쓰기보다는 구술 문학의 중요성을 보여주는 사례이다. 중국의 수려한 자연을 배경으로 정자에서 시를 낭송했던 시인들과 신화, 민담, 전설 등의 서사를 전하던 문학인들도 목소리 기반의 구전 문학의 중요성을 실천한 문화적 활동의 사례들이다. 또한 오랫동안 한자 교육도 음성중심주의적 관점에서 진행되어 왔다. 한자의 교육 방법론에서 목소리와 청각을 활용한 한자의 암송 혹은 독송의 방법이 최상의 방법으로 취급받았던 시절도 구술 문학의 중요성을 보여주는 사례이다.

2. 한자는 문자기호(文字記號)

유럽 기호학을 창시한 소쉬르는 언어기호 중심의 기호학 이론을 이분법으로 전개하였다. 소쉬르는 문자를 언어의 소리를 단순하게 표기하는 이차적 코드의 기능으로만 접근했다. 문자의 개념을 음성언어를 재현하거나 모방하는 것으로 단순화하여 문자의 기능을 협소하게 접근하였다. 음성중심주의(音聲中心主義)는 정신과 물질을 대립적으로 보는 관점이다. 말과 사상을 담고 있는 언어가 문자보다 우위에 있으며, 문자는 언어를 단순하게 기록하는 코드로서 구술언어의 기호라고 간주했다.

실제로 소쉬르는 언어 기호에 있어 기표(記標)를 청각적 이미지로 기의(記意)를 개념으로 규정하는 관계 속에서 기호 생성을 설명했다. 기표는 기호형태이고 기의는 기호내용이다. 예컨대 동물 馬(말 마)는 말의 청각적 이미지인 기표와 말의 개념이 조합하여 말이라는 언어기호가 생성된다. 상형문자로서 언어기호 말 마(馬)는 말의 모양(머리, 갈기, 꼬리, 네 다리)을 연상시키는 청각적 이미지가 기표(記標)이고, 포유류에 속하는 말이란 개념은 기의(記意)로, 기표와 기의가 조합하여 말 마(馬)라는 언어기호가 생성된다는 논리구조이다.

데리다(1967)[03]는 문자학(Grammatology)에서 자신이 주장하는 문자의 철학적 세계관을 고찰하였다. 그는 언어중심의 언술작용에 관한 보조적 역할을 수행하는 것이 문자의 기능이라는 관점을 버리고, 문자 쓰기의 파생물이 음성이라고 주장하였다. 또한 음성 언어 관점에서 하나의 기표가 하나의 기의로 대응한다는 소쉬르의 언어 기호 관점을 부정하고, 하나의 기표가 다양한 기의로 의미를 그릴 수 있다는 차연(différance)의 개념을 제시한다. 소쉬르의 언어기호 관점을 음성중심주의(音聲中心主義)로 규정하고, 문자기반으로 인류의 문명을 설명하고 해독할 것을 제안했다. 그리고 인류 문명사에서 오랫동안 언어기호의 이차적 코드로 간주되었던 문자의 관점과 기능을 확장하자고 했다. 그의 주장은 문자가 구술 언어의 기호라는 관점을 배제하고 문자 중심의 문명사를 접근할 것을 제안한 것이다.

데리다의 문자학은 목소리 중심의 듣는 감각에 집중한 언어의 세계관에서, 쓰고 기록하는 시각과 촉각이 작동하는 문자의 세계관으로 전환하는 담론이다. 한자로 문자(文字)의 글월 문(文)은 청각에서 촉각으로의 전환했음을 시각적으로 보여주고 있다. 상형문자 글월 문(文)은 글이나 문장이란

03　Jacques Derrida, 김성도 역, Grammatology, 민음사, 2010

374　　　　　　　　　　　　　　　　　동아시아 한자인문로드 한자의 역사

뜻을 갖고 있으며, 갑골문에서 사람이 두 팔을 벌리고 가슴에 문신을 그린 형상을 하고 있다. 문자는 인간의 감각인 촉각을 이용해 쓰는 행위가 중요함을 알리고 있다. 팔을 벌리고 무언가를 기록하고 그리는 쓰기의 행위가 문자의 본질적 속성이라는 것이다.

또한 문자 자(字)는 집 면(宀)과 아들 자(子)자가 결합한 모습으로, 집에서 아이를 키운다는 뜻을 갖고 있다. 진시황 시대에 쓰기 시작한 자(字)는 집에서 아이를 키우면서 가족이 만들어지듯이 문(文)과 문(文)이 조합하여 새로운 문자와 문장이 끊임없이 만들어진다는 의미를 내포하고 있다. 한자 문자(文字)의 어원과 파생된 의미 속에는 데리다의 문자중심주의 세계관을 담고 있음을 짐작할 수 있다.[04] 청각의 소통 체계에 기초한 언어(言語)의 개념에 반하는 한자 문자(文字)의 개념에는 시각과 촉각의 감각을 확장하는 문자중심주의 세계관을 함축적으로 전달하고 있다.

갑골문의 어원론에서 문자(文字)는 쓰고 기록하고, 새로운 글과 문장을 무한히 생성하는 의미를 갖고 있다. 문자(文字)는 진시황 시대에 등장한 글자로 진시황은 자신의 업적과 역사를 문자(文字)로 기록하기 위한 것이다. 즉 진시황 시대에 등장한 문자(文字) 속에는 쓰는 행위인 촉각과 시각의 감각적 행위를 전재하고 있다. 어쩌면 진시황 시대부터 중국은 문자중심주의 세계관을 꿈꾸었던 것일지 모른다는 추측을 해본다.

하영삼(2019)[05]은 한자가 알파벳 문자와는 달리 형체 속에 뜻을 고스란히

---

04 하영삼, 음성중심주의와 문자중심주의 https://jmagazine.joins.com/monthly/view/319782

05 하영삼, 연상한자, 도서출판 3, 2019.

담고 있으며, 원래의 뜻에서 확장되는 파생 의미 역시 대단히 체계적이며 논리적인 법칙을 갖고 있다고 주장한다. 그의 주장은 한자가 논리적이고 인지적인 문자기호(文字記號)임을 강조하고 있다. 미학적 차원의 한자의 형체는 시각적 모양새를 담고 있는 것이고, 의미의 확장과 파생은 모양새를 보고 연상적 의미를 도출하는 인지적 활동의 결과라는 것이다. 한자가 청각 중심의 언어기호의 기능을 성실히 수행하면서, 더불어 한자 쓰기의 촉각과 시각의 감각적 활동을 요구하는 문자기호라는 것이다.

3. 한자는 기억과 생각의 도구

한자는 사람들의 사상과 행동을 기록하고 저장하기에 적합한 기억과 생각의 도구이다. 한자는 건축 구조처럼 쓰기의 순서, 방향, 조합의 논리적인 구조와 패턴을 간직하고 있는 문자이다. 한자의 논리적 구조는 쓰기 행위에도 일정한 도식화를 요구한다. 한자의 쓰기 패턴은 한자를 사용하는 사람들의 기억 속에 습관으로 자리 잡고 있다. 사회학자 부르디외(1976)[06]가 제안한 사회구성원의 습관 즉, 아비투스(habitus)가 한자를 통하여 형성된다는 것이다. 사람들의 무의식에 저장된 습관인 아비투스의 개념은 한자를 사용하는 사회구성원들의 집단기억 속에 저장되어 있는 쓰기의 습관이고, 이것은 사회문화적 전통 속에서 전승된다. 한자 쓰기는

---

06 홍성민, 피에르 부르디외의 구별짓기 -읽기와 쓰기-, 현암사, 2014

기초자인 부수를 쓰고, 다른 한자를 조합하여 새로운 글과 문장을 만드는 쓰는 행위는 습관화된 일정한 패턴이다. 한자를 사용하는 한자문화권의 구성원들은 동일한 한자쓰기 아비투스를 가지고 공감대를 형성하고 있다. 한자쓰기 아비투스(habitus)는 쓰기의 좌우/상하 등의 촉각의 움직임과 의미를 공유하는 사람들의 무의식적 습관, 기억 그리고 사회문화적 전통을 지칭하는 개념이다. 한자 쓰기라는 집단의 습관이 전제하지 않았다면, 동아시아의 한자문화권의 연대와 동질감은 강하게 작동하지 않았을 것이다.

동아시아 한자문화권의 문명적 동질감은 문자기호인 한자의 인지적 기능으로 가능한 것이다. 알파벳 문자와 달리 한자는 도상이 작동하는 문자이다. 그림 도(圖)는 '그림'이나 '계산하다'라는 뜻을 가진 글자로, 에워 쌀 위(囗)자와 마을 비(鄙)가 조합된 것으로, 중국의 변방 지역을 뜻하는 글자로 지도를 의미한다. 모양이나 형상이라는 뜻을 가진 글자인 모양 상(像)은 사람 인(人)자와 코끼리 상(象)이 결합한 모습이다. 사람(人)이나 물건(物件)이 닮는다는 모양, 형상을 뜻하는 글자이다. 도상은 사람이나 물건이 닮는 유사성의 의미를 함축하고 있다. 문자기호인 한자를 포착하는 순간 사람들의 연상 작용이 작동한다. 사람들의 제스처, 행동, 사물의 모양새 등을 모티프로 그려진 한자의 기초자인 도상은 한자가 지시하는 대상이 무엇인지 연상하게 만들고, 생각의 지평과 기억의 의미망을 확장시키고 있다.

4. 아날로그 한자와 디지털 한자

문자기호인 한자는 매체의 진화에 따라 물질성을 갖게 되었다. 한자의 물질성은 식물, 광물, 동물, 몸, 디지털 스크린 등에 한자의 의미를 기록하고 흔적을 남기는 것을 의미한다. 3,300만 년 전부터 한자는 거북이, 코끼리, 흑, 철, 구리, 대나무, 종이, 유리, 도자기, 스크린 등에 기록하고 메시지를 전달하는 소통의 도구로 진화하였다. 한자의 등장을 알리는 상나라 시대 만들어진 갑골문은 3,000개 정도로 거북이 배나, 동물 뼈의 물질성을 부여받아 당시의 날씨, 정치, 사냥 등을 기록한 그림문자로 흔적을 전하고 있다. 자연에서 추출한 식물과 동물의 물질성은 오늘날의 디지털 스크린으로 진화하여 한자의 서체와 의미를 온라인에서 전파하고 있다.

문자의 물질성 연구는 문자와 이미지 연구에 집중한 프랑스의 안 마리 크리스틴(1995)[07] 교수가 시작하였다. 그녀는 고대 중국의 그림과 서체 연구를 시작으로 알파벳과 표의문자의 상관성에 관심을 갖고, 문자 연구를 언어학에서 기호학으로 전환하는 화두를 던졌다. 또한 문자에 물질성을 부여하며 기록과 흔적을 남기는 것은 인류가 '문자의 창문, 스크린' 기능을 발견했기 때문이라고 주장했다. '문자의 창문, 스크린' 기능은 문자의 면이 물질성에 따라 각기 다른 인터페이스를 만들면 문자의 존재감을 과시하는 것이다.

---

07 Christine, A History of Writing: From Hieroglyph to Multimedia, Flammarion-Pere Castor, 2002

아날로그 한자와 디지털 한자의 구분은 한자를 기록하는 매체의 물질성과 한자를 쓰는 사람들의 쓰기 행위에 따라 식별할 수 있다. 아날로그 한자는 종이, 대나무, 청동, 바위, 몸 등의 물질성을 부여하는 문자 스크린으로 구분할 수 있다. 디지털 문자는 2D, 3D의 디지털 그래픽 기술을 이용하여 기계적으로 생성된 문자로 온라인 세상에서 끊임없이 확산되고 재생산되는 속성을 가지고 있다. 또한 아날로그 한자의 쓰기는 흔적을 남기고 기록하는 사람들의 힘과 방향 그리고 물질의 저항에 따라 각기 다른 기록의 흔적을 남기게 된다. 예컨대 주술적 믿음과 기복신앙의 맘으로 유명 사찰의 암벽에 새긴 한자의 쓰기 행위는 바위의 강도에 따라 강한 힘을 요구하고 있다. 반면에 디지털 문자는 사람들의 강한 압력을 요구하지는 않는다. 전통의 쓰는 행위가 아니라, 촉각을 이용한 터치를 통한 기록의 흔적을 남기고 있다.

미학 차원에서 문자기호인 한자의 고찰은 한자를 쓰는 인간의 행위와 감각기관이 연결되어야 한다. 상하좌우의 구조화된 방향으로 한자를 쓰는 행위는 손의 움직임으로 일정한 패턴과 함께 다양한 감각이 동시에 작동하는 순간이다. 시각과 촉각이 작동하면서 다른 감각기관인 후각, 미각, 청각의 감각이 작동하게 만드는 통합적인 공감각적 활동이 작동한다. 종이, 가죽 등의 냄새를 느끼면서 촉각의 강도를 조절하면서 한자의 아름다운 서체를 쓰는 행위는 아날로그 한자의 매력 중에 핵심이다. 즉 아날로그 한자의 쓰는 행위는 손의 촉각을 자극하면서 다른 감각기관을 자극하는 공감각적 기능을 수행하고 있다. 알파벳과는 달리 도상성이 강한 그림문자인 한자는 시각과 촉각으로 쓰는 순간 심상의 이미지가 그려지고, 의미가 연상되는 공감각이 작동하는 문자이다.

예컨대 한자 쌀미(米)자를 쓰는 순간 열십(十)자 주위로 낱알이 흩어져 있는 이미지가 심상으로 그려지고, 쌀로 준비한 밥과 죽의 맛을 느끼게 하는 미각이 생기면서 공감각이 작동하게 된다. 다른 문자와 달리 아날로그 한자의 쓰기 행위는 시각적 이미지와 의미가 연동하여 다양한 감각을 자극하는 기능을 수행하면서, 우리의 감각과 기억의 영역을 확장시키는 기능을 수행하고 있다.

반면에 디지털 한자의 쓰기 행위는 손의 강도가 중요하지 않은 스크린의 터치로 이루어진 행위이다. 한자의 흔적을 기록하는 디지털 스크린은 아날로그에서 포착된 종이와 잉크의 냄새는 지각할 수 없으며, 단순한 시각적 감각이 강하게 작동하는 터치의 감각만 보여주고 있다. 디지털 한자는 한자에게 부여된 아날로그 한자의 물질성을 감각적으로 느낄 수 가 없다는 것이다. 물론 디지털 그래픽 기술로 스크린의 배경을 종이, 대나무, 유리 등으로 구성할 수 있지만, 아날로그 한자에서 몸의 감각으로 체감한 문자 스크린의 질감과 느낌을 상실한 가상의 문자 스크린이다. 하지만 우리는 마치 종이, 대나무, 유리 등에서 한자 쓰기를 하는 착각을 하게 된다. 즉 디지털 문자 스크린의 인터페이스 기능으로 마치 한자를 쓰는 착각을 하게 만드는 것이다.

최근 박물관이나 미술관을 방문한 관객의 위치와 움직임을 키넥트 센서인 동작인식 카메라로 감지하여 한자 쓰기의 동작을 미디어 아트로 체험시키는 콘텐츠가 좋은 호응을 유도하고 있다. 가상현실인 VR 기술을 이용해 한자 쓰기를 체험하는 것, 증강현실인 AR 기술을 이용해 숨겨진 한자를 찾거나, 인터랙션이 작동하는 한자 쓰기를 체험하는 콘텐츠도 증가하고 있다.

5. 한자의 도상성(圖像性)과 인지적 기능

문자중심주의 세상을 선도하는 한자는 기록의 흔적을 남기는 순간 매체의 물질성을 부여받으며, 사람들의 감각에 즉각적으로 지각되는 도상성의 독특한 특성을 보이고 있다. 중국 한자의 육서 중 상형(象形), 지사(指事), 회의(會意) 문자는 도상성의 원리가 강하게 작동하는 문자이다. 문자기호학을 연구하는 백승국(2016)[08]은 언어가 소리를 모방해서 발달했듯이, 문자는 실제 존재하는 사물의 도상적 모티브를 중심으로 발달했다. 동아시아의 한자문화권 사람들은 한자의 도상성을 공유하고 있다. 그림문자 또는 상형문자인 한자의 원형(元型)은 자연환경, 인간의 움직임, 사물 등을 모티프로 한자가 만들어졌기 때문이다. 그래서 그들은 한자를 지각하고 인지하는 공통의 인지적 프로세스를 공유하고 있는 것이다.

한자의 형체, 혹은 형태는 알파벳 문자보다 더 복잡하지만 도상적 의미가 연상되는 인지적 기능으로 직접적 의미를 전달할 수 있는 소통의 도구라는 점에서 알파벳 문자와는 다른 매력이 있다. 무엇보다도 한자의 독특한 시각적 특성은 사각형의 맞춤형 문자기호라는 것이다. 한자는 삼각형 혹은 육각형도 아닌 사각형을 선택했다. 그 이유는 사각형의 안정된 틀 속에서 도상적 모티브를 배치하고, 파생된 의미를 연상시키는 구조 원리를 선택했기 때문이다. 즉 상형문자에서 표의문자까지 문자 변형의 진화과정이 순조롭게 이루어진 것은, 한자 사각형(四角形)의 안정된 프레임 속에서

---

08 백승국, 문자기호학과 인터랙티브콘텐츠, 기호학연구49, 2016, p88.

구조적이고 인지적인 한자 원리가 연쇄적으로 이루어졌기 때문이다.

분석 심리학자 융의 원형(元型) 개념을 적용하면 한자의 도상성과 인지적 기능을 이해할 수 있다. 융의 원형 이론은 집단 무의식에 원초적 이미지가 존재한다는 것이다. 그렇다면 동아시아 한자문화권에서 한자를 쓰고 읽는 리터러시(literacy, 文明能力) 능력이 가능한 사회구성원의 집단 무의식에 한자의 원형이 존재한다는 추론이 가능하다. 동아시아에 한자문화권이 조성된 것은, 사회구성원들의 집단 무의식에 한자의 원초적 이미지가 각인되어 있기 때문이다. 한자 원형(元型)에서 으뜸 원(元)은 사람 인(人)자의 머리부분에 획이 하나 그어져 있어, 모든 일의 시작이라는 으뜸, 근본, 시초를 의미한다. 모형 형(型)은 흙에서 만든 거푸집을 의미하고 있다. 한자 원형(元型)은 갑골문인 상형문자가 근본 또는 시초이고, 원형의 거푸집에서 처음 만들어진 상형문자가 다른 부수와의 조합을 통해 새로운 한자로 생성되는 의미의 파생이 이루어져 오늘날의 문자 체계가 만들어진 것이다.

동아시아의 한자문화권 사람들의 집단 무의식에는 문자기호로서 한자의 도상성이 의미와 연결되는 한자 의미망(意味網)에 저장되어 있다. 인지의미론의 개념인 의미망(semantic net)은 한자의 도상성과 인지기능이 한자문화권 사람들의 뇌 속에서 순식간에 이루어지는 과정을 압축적으로 설명할 수 있는 개념이다. 사람들이 문자를 보고 의미를 연상하고 의미를 부여하는 것은 다양한 의미의 주제들이 범주화되어 의미망에 저장되어 있기 때문이다. 사각형에 담긴 한자를 지각하는 순간 부수의 도상성이 의미망의 의미와 연결되는 연상 작용이 작동하여 한자의 의미작용을 해석한다는 것이다.

최근에는 한자의 도상, 상징, 인지의 기능을 기업의 광고홍보 전략에 적극적으로 적용하는 사례들이 늘어나고 있다. 알파벳과는 달리 한자는 소비자의 도상, 상징, 인지기능이 한순간에 작동하게 만드는 가시성과 주목성이 강한 문자기호로 기업의 광고홍보 전략에 적극적으로 활용되고 있다. 그 이유는 도상성이 작동하는 한자가 기업의 상징적 이미지를 구축하기에 적합한 구조를 가지고 있기 때문이다. 인지기능은 한자가 시각적 데이터로 정보를 제공하고 기억에 저장시키는 기업의 브랜드 로고나 제품의 패키지 등에 적극적으로 사용되고 있다.

예컨대 중국인 9억 명이 사용하고 있는 모바일 간편 결재 기업인 알리페이의 로고는 한자문화권 소비자들에게 도상성과 상징성을 작동하여 브랜드 이미지를 각인시키고 있다. 2015년 새롭게 변경한 알리페이의 로고는 한자 지탱할 지(支)를 형상화한

〈그림1 알리페이 로고〉

것이다. 지탱할 지(支)는 '지탱하다', '버티다', '유지하다'라는 뜻을 가진 문자이다. 지탱할 지(支)는 또 우(又)와 열 십(十)자가 결합한 모습을 형상화하고 있다. 하지만 지탱할 지(支)자에 쓰인 열 십(十)자는 숫자와는 관계없이 나뭇가지를 표현한 것이다. 로고의 슬로건은 지부보(支付宝)이다. 슬로건의 의미는 사람에게 보물, 물건을 건네주는 것을 지탱하고 유지하는 기업의 모바일 간편 서비스란 함축적 의미를 내포하고 있다.

한자문화권의 라면 시장에 강하게 소구하는 주)농심의 브랜드 매울 신(辛)라면은 한자의 도상성과 상징성을 활용하여 브랜드 이미지를 강화하고

〈그림2 辛라면〉

있는 대표적인 사례이다. 辛(매울 신)은 라면의 매운 맛을 연상시키는 공감각적 기능을 수행하고 있다. 라면의 매울 신(辛)을 지각한 소비자들은 辛 라면의 맛을 연상하면서 제품의 정체성을 확인한다. 상형문자 매울 신(辛)자는 '맵다', '고생하다', '괴롭다'라는 뜻을 가진 글자이다. 매울 신(辛)의 원형은 노예의 몸에 문신을 새기던 도구를 형상화한 문자로 노예의 삶이 괴롭고 고생한다는 것을 매운 것으로 표현한 것이다.

2003년 주)화요가 만든 소주 브랜드 화요(火堯)는 한자가 사각형 문자로 도상성과 상징적 의미가 융합하여 만들어진 문자임을 보여주고 있다. 브랜드 불 화(火)와 높을 요(堯)는 소주 브랜드 화요가 증류주이고 고급스런 소주라는 의미를 함축적으로 전달하고 있다. 화요(火堯)는 붉은 사각형에 생성한 하나의 새로운 문자로 한자문화권 소비자들에게 무슨 뜻인지 해석하라고 주문하고 있다. 문자에 재미요소를 첨부하여 브랜드 네이밍의 의미를 해석하게 만들고 있다.

〈그림3 화요 네이밍〉

최근 중국의 기업들은 한자와 이미지를 결합하여 새로운 시각화 문자로 만들어 브랜드 이미지를 각인시키는 효과를 구사하고 있

'화요' 煐 = 火 + 堯　화(火)는 불을, 요(堯)는 높고 존귀한 대상을 뜻한다.

〈그림4 화요 네이밍〉

다. 시각화 문자를 전문적으로 제작해주는 영역이 광고의 새로운 분야로 부상하고 있다. 흥미로운 점은 일반인들도 시각화 문자에 관심을 갖고 있다는 것이다, 사례로 북경에서 전문 생선구이 식당을 개업하려는 중국인이 SNS에 자신의 손으로 작성한 그림과 문자를 올리고 식당의 로고를 무료로 만들어 달라는 재능 기부 메시지를 포스팅했다. 그가 올린 것은 시각화 문자를 구성하는 한자 생각 사(思), 물고기, 불, 프라이팬 등을 그린 사진이었다. 놀라운 것은 몇 시간 후에 식당의 로고와 슬로건을 제작한 전문디자이너의 사진이 게재되었다. 한자와 이미지를 조합한 창의적인 시각화 문자로 사람들에게 많은 반응과 공감을 이끌어 냈다.

문자기호학 차원에서 흥미로운 분석이 가능한 시각화 문자이다. 한자는 도상, 상징, 인지의 과정이 순식간에 작동하는 시각화 문자이다. 특히 동아시아의 한자문화권 사람들에게는 로고가 무슨 뜻인지 의미를 해독하라는 미션을 주고 있다. 식당의 로고는 프라이팬에 생각 사(思)를 배치하고, 부수 마음 심(心)은 불과 생선으로 형상화하였다. 식당의 로고인 시각화 문자 아래에 배치한 한자 환미사고(換味思烤)의 문자유희가 흥미롭다. 중국인에게 잘 알려진 사자성어 환위사고(換位思考) 즉, 상대방의 입장에서 생각한

〈그림5 식당 네이밍〉

〈그림6 식당 로고〉

다는 의미를 가진 한자로 문자놀이를 하고 있다. 환위사고(換位思考)에서 자리 위(位)를 맛 미(味)로, 생각할 고(考)를 말릴 고(烤)로 변경하여 식당의 메뉴와 맛 그리고 서비스 정신을 함축적으로 전달하고 있다.

한국의 식당에서도 시각화 문자인 한자를 적용하는 사례가 늘어나고 있다. 한자의 도상, 상징, 인지기능을 활용하여 한순간에 식당의 메뉴, 서비스, 맛의 가치를 각인시키는 전략을 활용하고 있다. 2008년에 설립된 아비꼬 푸드사는 매운 카레 아비꼬를 브랜드로 만들어 프렌차이즈를 확장하고 있는 회사이다. 매운 카레인 아비꼬는 100시간을

〈그림7 광고 포스터〉

정성 들여 준비한 카레라는 차별성을 부각시키기 위해 한자 일백 백(百)을 시각화 문자로 만들어 소비자들에게 소구하고 있다. 100시간의 정성이라는 카피와 함께 일백 백(百)을 이미지화하고 있다. 일백 백(百)은 흰 백(白)자와 한 일(一)자가 결합한 형상인데, 한일자를 카레를 담은 스푼으로 형상화하고 있다. 갑골문에서는 일백 백(百)은 지붕에 매달린 말벌의 집을 형상화한 것이다. 말벌의 집에 100마리의 꿀들이 집을 만드는 것처럼 100시간의 정성을 들여 만든 카레라는 비유를 하고 있다.

중국의 가전제품 회사인 팡타이(FOTILE)사는 베이징 지역신문 경화시보(京华时报)에 문자유희를 활용한 광고 퀴즈를 제시하여 신제품의 기능과 효용성을 강조하는 광고 마케팅을 적용하고 있다. 중국과 동아시아 한자문화권의 소비자에게 소구하는 문자유희 기반의 흥미와 호기심을 자극하는

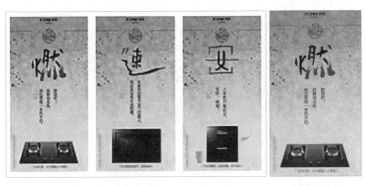

<그림8 광고 포스터>　　　　　　<그림9 광고 포스터>

광고 포스터를 만들어 시각화 문자를 제공하고 있다. 팡타이(FOTILE)사는 고유한 글꼴인 '팡타이 꿈의 송체(方太梦想宋)'를 개발하여 광고콘텐츠나 상품의 포장 패키지 등에 적용하고 있다. 예를 들어 한자 불 연(燃)은 '불에 타다'라는 뜻을 가진 글자로, 불 화(火)자와 그러할 연(然)자가 조합하여 형상화한 문자이다.[09] 음식을 조리하는 가스레인지의 기능을 즉각적인 의미로 전달하기 위해 火(불 화)에 움직임을 적용하여 제품의 기능과 효용성을 소구하는 시각화 문자이다.

중국은 스마트폰에서 사용하는 이모티콘을 시각화 문자로 만들어 사용하고 있다. 청화대학교 천난(陈楠) 교수가 젊은 세대들을 소비층으로 제작한 갑골문 이모티콘은 한자의 시각화가 중요한 소통의 도구임을 보여주고 있다. 갑골문을 활용하여 제작한 문자가 WeChat에서 적극적으로 사용되고 있다. 갑골문에 등장하는 소, 양, 토끼, 강아지 등을 모티브로 재미요소가

09　심현주 외, 漢字符號的象似性研究, 한자연구, 25호, 2019

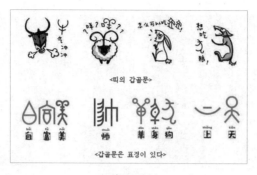

〈그림9 WeChat〉

접목된 시각화 문자를 선보이고 있다.[10] 천난 교수의 이모티콘은 갑골문을 핵심 모티브로 다른 한자와 결합하여 유머를 전달하고 있다. 갑골문에 재미와 의미를 접목하여 사람들의 도상과 인지기능을 작동시키는 문자유희의 도구로 사용하고 있다.

6. 미래 한자의 모습(模襲)

미래 사회는 인공지능 기술이 조성하는 자동화된 사회로 진화할 것이다. 인류의 문명사가 인공지능 기술로 인해 급변하게 될 것이다. 우리의 소통 방식에도 커다란 변화가 생길 것이다. 우리의 생각과 사고를 전달하고 생각의 흔적을 기록하는 방식도 달라질 것이다.

하지만 문자화된 기록물을 읽고 쓰는 능력인 리터러시(literacy, 文明能力)

---

10   심현주 외, 漢字符號的象似性研究, 한자연구, 25호, 2019

능력은 사라지지는 않을 것이다. 인류가 걸어온 행로를 문자로 기록하고 흔적을 남기는 것은 그 자체로 숭고한 미학적 활동이며 인류 문명사의 원동력이다.

동아시아 한자문화권의 사람들은 한자를 읽고 쓰는 동일한 습관을 가지고 있다. 가정, 학교에서 한자를 암송하고 쓰는 연습을 한 기억이 무의식에 저장되어 있다. 일상생활 속에 한자를 사용하지 않아도 불편하지 않지만, 우리의 무의식에는 한자를 외우고 쓰기 연습을 한 흔적이 저장되어 있다.

인공지능 시대에 한자에 관한 리터러시(literacy, 文明能力) 능력을 공유하고 있는 한자문화권은 매력적인 시장이다. 동아시아의 기업들이 한자문화권의 소비자들에게 소구하는 광고홍보, 패키지 전략으로 한자를 적극적으로 활용하고 있다. 알파벳과는 달리 한자는 도상과 상징 그리고 인지적 기능이 강하게 작동하는 문자기호이기 때문이다. 기업들은 한자와 이미지를 창의적으로 조합하여 시각화 한자를 개발하여 소구하고 있다. '시각화 한자(視覺化 漢字)'를 지각한 한자문화권의 소비자가 제품의 차별성이 무엇인지, 기업의 서비스는 무엇인지, 즉각적으로 인지하게 만드는 기억의 도구로 사용하고 있다.

'구슬이 서 말이라도 꿰어야 보배다(玉石经过精雕细琢才有其价值)'라는 속담이 있다. 한자가 매력적인 문자기호로서 동아시아의 한자문화권 사람들에게 소구할 수 있는 다양한 콘텐츠 소재를 기획하고 발굴할 수 있는 창의적 발상이 필요한 시점이다.

참고문헌

1. 한자의 기원과 갑골문

郭沫若, 『甲骨文合集』, 中華書局, 1978-1983.

李學勤 외, 『英國所藏甲骨集』, 中華書局, 1985.

中國科學院考古研究所, 陝西省西安半坡博物館 『西安半坡』, 文物出版社, 1963.

裘錫圭, 『文字學槪要』, 商務印書館, 2013.

李大遂, 『簡明實用漢字學』, 北京大學出版社, 2003.

李宗焜, 『甲骨文字編』, 中華書局, 2012.

李宗焜, 『當甲骨遇上考古-導覽YH127號』, 中央研究院歷史語言研究所, 2006.

馬如森, 『殷墟甲骨文實用字典』, 上海大學出版社, 2008.

牟作武, 『中國古文字的起源』, 上海人民出版社, 2000.

蘇北海, 『新疆岩畵』, 新疆美術攝影出版社, 1994.

張玉金, 夏中華, 『漢字學槪論』, 廣西敎育出版社, 2001.

趙峰, 『漢字學槪論』, 廈門大學出版社, 2009.

허성도 외, 『중국어학개론』, KNOU PRESS, 2008.

黃建中, 胡培俊 『漢字學通論』, 華中師範大學出版社, 1990.

류동춘, 「갑골문에 보이는 '其'의 용법과 어법화 과정」, 『언어와 정보 사회』 제35호, 2018.

백은희, 「상주시기 인칭 대명사 용법의 변이양상과 유형학적 의미」, 『중국문학』 제64집, 2010.

張玉金, 『殷都學刊』1, 「甲骨金文中'其'字意義的研究」, 2001.

容庚 編著, 張振林 · 馬國權 摹補,『金文編』, 中華書局, 1985.

中國社會科學院考古研究所編,『殷周金文集成』(全十八冊), 中華書局, 1984.8-1994.12.

_____,『殷周金文集成釋文』(全六卷), 香港中文大學中國文化研究所 出版, 2001.

張亞初 編著,『殷周金文集成引得』, 中華書局, 2001.

華東師範大學中國文字與應用中心編,『金文引得 · 殷商西周卷』, 廣西敎育出版社, 2001.

_____,『金文引得 · 春秋戰國卷』, 廣西敎育出版社, 2002.

編寫組編寫,『金文今譯類檢 · 殷商西周卷』, 廣西敎育出版社, 200.

周法高 主編; 張日昇 · 徐芷儀 · 林潔明 編纂,『金文詁林』(全18冊), 香港中文大學出版, 1974.

陳初生,『金文常用字典』, 陝西人文出版社, 1987.

戴家祥,『金文大字典』, 學林出版社, 1995.

王文耀,『簡明金文辭典』, 上海辭書출판사, 1994 .

郭沫若,『兩周金文辭大系圖錄考釋』(上下卷), 上海書店出版社, 1999.

_____,『金文叢考』3冊, 1932.

陳夢家,『西周銅器斷代』(上下卷), 中華書局, 2004.

吳鎭烽 編,『金文人名匯編』, 中華書局, 1987.

劉志基 等主編,『金文今釋類檢(殷商西周卷)』, 廣西敎育出版社, 2003.

馬乘源,『商周靑銅器銘文選』(全四冊), 文物出版社, 1986 · 1987 · 1988 · 1990.

唐蘭,『西周靑銅器銘文分代史徵』, 中華書局, 1986.

楊樹達,『積微居金文說』, 中華書局, 1977.

陳初生 等著,『商周古文字讀本』, 語文出版社, 1989.

王煇,『中國古文字導讀-商周金文』, 文物出版社, 2006.

趙誠,『二十世紀金文硏究述要』, 書海出版社, 2003.

周寶宏 著,『近出西周金文集釋』, 天津古籍出版社, 2005.

崔恒昇,『安徽出土金文訂補』, 黃山書社, 1998.

劉雨 編著,『商周金文總著錄表』, 中華書局, 2008.

崔南圭 著,『中國古代金文의 理解-殷商兩周靑銅器金文100選解說』, 신아사, 2009.

中國靑銅器全集編纂委員會,『中國靑銅器全集』共16卷, 文物出版社, 1996-1998.

3. 전국시대 문자 기록의 다양성과 그 특징

李學勤,『잃어버린 고리』, 학연문화사, 1996.

許進雄, 조용준 옮김,『중국 문자학 강의』, 고려대학교출판부, 2013.

리쉐친, 심재훈 옮김,『중국 청동기의 신비』, 학고재, 2005.

陳煒湛·唐鈺明著, 강윤옥 옮김,『중국 고문자학의 이해』, 현학사, 2005.

黃德寬·陳秉新著, 河永三 옮김,『漢語文字學史』, 東文選, 2000.

馬承源主編, 崔南圭譯注,『上海博物館藏戰國楚竹書』, 소명출판사, 2012.

崔南圭,『郭店楚墓竹簡』, 소명출판사, 2012.

羅福頤主编,『古璽文編』, 文物出版社, 1959.

趙平安,『隸變研究』, 河北大學出版社, 2009.

黃錫全,『汗簡注释』, 武漢大學出版社, 1990.

段玉裁,『说文解字注』, 上海古籍出版社, 1981.

高明,『古文字類編』, 中華書局, 1980.

高明,『古陶文彙編』, 中華書局, 1992.

陳初生,『金文常用字典』, 陝西人民出版社, 1987.

何琳仪,『戰國文字通論』, 中華書局, 1989.

容庚主编,『金文編』, 科学出版社, 1959.

何琳仪,『戰國文字通論』, 中華書局, 1989.

湯余惠,『戰國銘文選』, 吉林大學出版社, 1993.

姜允玉,『춘추전국시기 出土文物에 기록된 文章符號 고찰』, 中語中文學 제45집, 2009.

6. 당대 자양학과 과거

『舊唐書』, 中華書局, 1995.

『新唐書』, 中華書局, 1995.

『干祿字書』, 唐顏元孫『後知不足齋』本 華文書局

『五經文字』, 唐張參『後知不足齋』本 華文書局

『九經字樣』, 唐唐玄度『後知不足齋』本 華文書局

『唐六典全譯』, 甘肅人民出版社, 1997.

『唐摭言』, 臺灣中華書局, 1966.

「張參五經文字之研究」李景遠 國立政治大學中國文學研究所碩士論文 1990.

「隋唐字樣學研究」李景遠 國立臺灣師範大學國學研究所博士論文 1997.

唐代明書科考述 盛奇秀 文史哲 1987.2.

科擧制度對唐代書法人才培養的影向 朱瑞雪 重慶科技學院學報 2011年 24期

唐代明書科與書學敎育 金瀅坤 遼寧大學學報 第44卷 第2期 2016.3.

唐代書法與仕進研究 元志立 文史博覽 2013.5.

淺析書法及科擧在漢字規範化中的作用 傅庭麟 何占濤 遼寧大學學報 2009.1. 第37卷 第1期

科擧考試與漢字文化-兼析進士科一枝獨秀的原因 張亞群 中國地質大學學報 第9卷 第6期 2009.11.

科擧制度對唐代書法人才培養的影響 朱瑞雪 重慶科技學院學報 2011. 第24期

從正字之書的先進思想談現代漢字規範問題 毛麗娟 內蒙古電大學刊 2016. 第4期

7. 두 번째 한자 개혁: 간화자의 탄생

김언종, 「동아시아 각국에의 한자 전파시기에 관하여, 한국어문학국제학술포럼 학술대회, 2008.

沖森卓也(Okimori Takuya)·康仁善, 「古代 東아시아의 漢文 變容」, 『구결연구』 20, 2008.

박진수·廉松心, 「동아시아 문화 교류의 전망과 언어 커뮤니케이션-한자 사용의 과거, 현재, 미래」, 『아시아문화연구』 8, 2004.

고노시 다카미쓰(神野志隆光), 「문자와 말-동아시아 세계에서의 고찰」, 『일본문화연구』 7, 2002.

이동희, 「동아시아 삼국의 한자문화의 역사와 미래 전망」, 『동서인문학』 49, 2015.

이진오, 「한국에서 한자문화의 수용과 변용」, 『동북아시아문화학회 국제학술대회 발표자료집』, 2001.

노영순, 「베트남에서 한자의 쇠락: 프랑스 식민주의와 베트남 민족주의 사이에서」, 『아세아연구』 110, 2002.

楊保筠, 「한자에서 베트남 문자로: 20세기 중구고가 베트남 간 문화교류 과정 중의 중요 사건」, 『한자한문연구』 6, 2010.

Nguyen Ngoc Tuyen·이찬규, 「베트남어의 한자어 수용 양상 연구 - 한국어 한자어
수용 실태를 참고하여」, 『인문과학연구』 54, 2017.

최영애, 『중국어란 무엇인가』, 통나무, 1998.

대만교육부 〈이체자자전〉: https://dict.variants.moe.edu.tw

에스놀로그, https://www.ethnologue.com

위키피디아, https: //ko.wikipedia.org

김언종, 「동아시아 각국에의 한자 전파시기에 관하여」, 한국어문학국제학술포럼 학
술대회, 2008.

沖森卓也(Okimori Takuya)·康仁善, 『구결연구』 20, 「古代 東아시아의 漢文 變容」, 2008.

박진수·廉松心, 『아시아문화연구』 8, 「동아시아 문화 교류의 전망과 언어 커뮤니케이
션-한자 사용의 과거, 현재, 미래」, 2004.

고노시 다카미쓰(神野志隆光), 『일본문화연구』 7, 「문자와 말-동아시아 세계에서의
고찰」, 2002.

이동희, 『동서인문학』 49, 「동아시아 삼국의 한자문화의 역사와 미래 전망」, 2015.

이진오, 『동북아시아문화학회 국제학술대회 발표자료집』, 「한국에서 한자문화의 수
용과 변용」, 2001.

노영순, 『아세아연구』 110, 「베트남에서 한자의 쇠락: 프랑스 식민주의와 베트남 민
족주의 사이에서」, 2002.

楊保筠, 『한자한문연구』 6, 「한자에서 베트남 문자로: 20세기 중구고가 베트남 간 문
화교류 과정 중의 중요 사건」, 2010.

Nguyen Ngoc Tuyen·이찬규, 『인문과학연구』 54, 「베트남어의 한자어 수용 양상
연구 - 한국어 한자어 수용 실태를 참고하여」, 2017.

최영애, 『중국어란 무엇인가』, 통나무, 1998.

대만교육부 〈이체자자전〉: https://dict.variants.moe.edu.tw

에스놀로그, https://www.ethnologue.com

위키피디아, https://ko.wikipedia.org

11. 문자기호 한자의 도상성과 인지적 기능

백승국, 「문자기호학과 인터랙티브콘텐츠」, 『기호학연구』 49, 2016, p.88.

심현주 외, 「漢字符號的象似性研究」, 『한자연구』 25호, 2019 .

아마두 함파테 바, 이희정 옮김, 『들판의 아이』, 북스코프, 2008.

잭 구디, 김성균 역, 『야생정신 길들이기』, 푸른 역사, 2009.

하영삼, 「음성중심주의와 문자중심주의」 https://jmagazine.joins.com/monthly/
   view/319782

하영삼, 『연상한자』, 도서출판 3, 2019.

홍성민, 『피에르 부르디외의 구별짓기 -읽기와 쓰기-』, 현암사, 2014.

Christine, *A History of Writing: From Hieroglyph to Multimedia*, Flammarion-
   Pere Castor, 2002.

Jacques Derrida, 김성도 역, 『Grammatology』, 민음사, 2010.

저자 소개
(가나다순)

강윤옥(姜允玉)

명지대학교 중어중문학과 교수

저서: 『중국문화 오디세이』, 『중국 고문자학의 이해(역)』 외 다수

김병기(金炳基)

전북대학교 중어중문학과 교수

저서: 『사라진 비문을 찾아서』, 『문자·문화·사회 알쏭달쏭함을 헤집다』 외 다수

김은희(金殷嬉)

성신여자대학교 중국어문·문화학과 교수

저서: 『동서양 문자의 성립과 규범화(공저)』, 『한자문화학(역)』 외 다수

류동춘(柳東春)

서강대학교 국제인문학부 중국문화전공 교수

저서: 『중국어학개론(공저)』, 『隸變연구(역)』 외 다수

박흥수(朴興洙)

한국외국어대학교 중국언어문화학부 교수

저서: 『한자에 반영된 중국문화』, 『현대 중국어 준접사 연구』 외 다수

심현주(沈賢珠)

경성대학교 한자문명연구사업단 HK연구교수

논저: 「한자 기호의 도상성 연구」, 「박물관학과 인터랙티브 콘텐츠 연구」 외 다수

윤창준(尹彰浚)

계명대학교 인문국제학대학 중국학전공 교수

저서: 『고문자연구 방법론』, 『한자자원입문』 외 다수

이강재(李康齊)

서울대학교 중어중문학과 교수

저서: 『고대중국어어휘의미론(역)』, 『고려본 논어집해의 재구성』 외 다수

이경원(李景遠)

한양대학교 ERICA 중국학과 교수

저서: 『수당자양학연구』, 『중중한/한한중사전』 외 다수

조정아(曹禎我)

경성대학교 한자문명연구사업단 HK연구교수

저서: 『정미가례시일기 복식 어휘(공저)』, 『조선시대 한글편지 어휘사전(공저)』 외 다수

최남규(崔南圭)

전북대학교 중어중문학과 교수

저서: 『금문의 이해 Ⅰ·Ⅱ』, 『갑골문의 어법적 이해』 외 다수

* 도서에서 사용된 이미지는 가능한 출처를 모두 밝혔으나 오래 전 자료이거나 출처가 불분명한 경우 미처 표기하지 못한 곳이 있습니다. 이미지 사용에 대한 문의는 한자문명연구사업단으로 연락 부탁드립니다.

경성대학교 한국한자연구소 HK+사업단 교양총서
동아시아 한자인문로드

한자의 역사

초판 1쇄	2020년 4월 28일
초판 2쇄	2021년 10월 12일
지은이	강윤옥, 김병기, 김은희, 류동춘, 박흥수, 심현주, 윤창준, 이강재, 이경원, 조정아, 최남규
기 획	경성대학교 한국한자연구소 HK+사업단
펴낸이	이대현
펴낸곳	도서출판 역락
편 집	이태곤 권분옥 문선희 임애정 강윤경
디자인	안혜진 최선주 이경진
마케팅	박태훈 안현진
주 소	서울시 서초구 동광로 46길 6-6 문창빌딩 2층
전 화	02-3409-2060(편집), 2058(마케팅)
팩 스	02-3409-2059
등 록	1999년 4월 19일 제303-2002-000014호
전자우편	youkrack@hanmail.net
홈페이지	www.youkrackbooks.com

ISBN   979-11-6244-522-8 04700
       979-11-6244-631-7 (세트)

* 이 도서의 국립중앙도서관 출판예정도서목록(CIP)은 서지정보유통지원시스템 홈페이지(http://seoji.nl.go.kr)와 국가자료종합목록 구축시스템(http://kolis-net.nl.go.kr)에서 이용하실 수 있습니다. (CIP제어번호 : CIP2020017003)

* 이 저서는 2018년 대한민국 교육부와 한국연구재단의 지원을 받아 수행된 연구임.
  (NRF-2018S1A6A3A02043693)